도널드 덕

어떻게 읽을 것인가

디즈니 만화로 가장한 미 제국주의의 야만

도널드 덕

어떻게 읽을 것인가

디즈니 만화로 가장한 미 제국주의의 야만

How to Read Donald Duck was originally published in Chile as *Para Leer al Pato Donald*
by Ediciones Universitarias de Valparaíso, in 1971.
Copyright ⓒ Ariel Dorfman and Armand Mattelart 1971

이 책의 다른 번역본은 다음과 같다.
Para Leer al Pato Donald, Buenos Aires, 1972
Come Leggere Paperino, Milan, 1972
Para Leer al Pato Donald, Havana, 1974
Para Ler o Pato Donald, Lisbon, 1975
Donald l' imposteur, Paris, 1976
Konsten Att Lasa Kalle Anka, Stockholm, 1977
Walt Disneys "Dritte Welt", Berlin, 1977
Anders And i den tredje verden, Copenhagen, 1978
Hoes Lees ik Donald Duck, Nijmegen, 1978
Para Ler o Pato Donald, Rio de Janeiro, 1978
이외에도 그리스어 판(1979), 핀란드어 판(1980), 일본어 판(1983), 세르비아-크로아티아어 판, 헝가리어 판,
터키어 판 등이 있다.

Copyright ⓒ Ariel Dorfman and Armand Mattelart 1971
Korean translation copyright ⓒ 2003 by Saemulgyul Publishing House.
Korean translation rights arranged with The Wylie Agency(UK) LTD through Eric Yang Agency, Seoul.

도널드 덕
어떻게 읽을 것인가

How to read Donald Duck

디즈니 만화로 가장한 미 제국주의의 야만

아리엘 도르프만 · 아르망 마텔라르
김성오 옮김

일러두기

1. 이 책은 A. Dorfman & A. Mattelart의 *How to Read Donald Duck: Imperialist Ideology in the Disney Comic*을 우리말로 옮긴 것이다.
2. 우리말 옮긴이 주는 본문 옆에 달았고, 지은이 주와 영역자 주는 책 말미에 따로 실었다.
    단, 영어판 서문의 경우 옮긴이 주는 그 장 바로 뒤에 후주로 실었다.

차례

영어판 서문	9
영어판 서론(1991) | 데이비드 쿤즐	13
도널드 덕 연구를 위한 변명	49
서론: 디즈니랜드 클럽에서 장군이 되기 위한 지침	53
1장 "삼촌, 피임약 좀 사주세요……"	67
2장 '아이'에서 '고귀한 야만인'으로	87
3장 '고귀한 야만인'에서 '제3세계'로	105
4장 위대한 낙하산병	137
5장 아이디어 제조기	161
6장 케케묵은 동상들의 시대	187
결론: 도널드 덕에게 권력을?	225
부록: 도널드 덕 대(對) 칠레 사회주의 — '공정 사용'과 관련한 대결	239
주	263
참고 문헌	281
칠레판 언론 평가들	310
영문판 언론 평가들	311

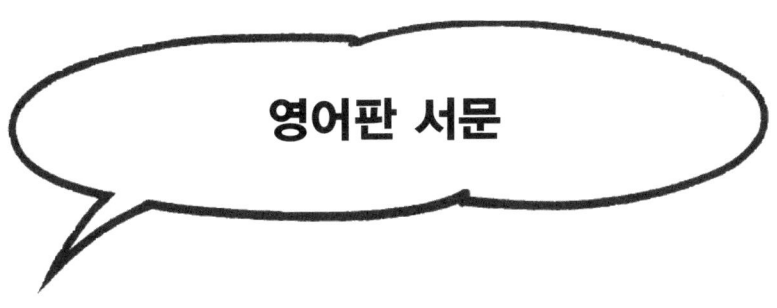

영어판 서문

칠레에서 이 책이 분서당했다고 해서 새삼스레 놀랄 필요는 없다. 이미 수백 권의 책이 폐기되고, 수천 권의 책이 판금되거나 검열을 당했으니 말이다.

이 책은 1971년 중반, 칠레 혁명의 와중에 집필되었다. 당시 구리 광산은 회수되고 토지는 농민에게 반환되었으며, 로커펠러와 그레이스, 구겐하임, 그리고 모건[1]의 축재 수단이던 산업은 칠레 민중에 의해 환수되고 있었다. 이러한 일들은 미국 정부와 다국적 기업들에게는 도저히 참을 수 없는 것이었다. 따라서 무슨 수를 써서라도 이를 막아야 했다. 그리하여 이미 당시에 많은 혐의가 있었던 대로, 그리고 이후 키신저와 포드, 콜비[2]가 확인해준 바대로 미 정보 기관의 지휘와 재정 지원 아래 칠레의 입헌 정부를 무너뜨리려는 음모가 꾸며졌다. 이를 위해 곧 '보이지 않는 봉쇄'가 이루어졌다. 신용 대부가 거부되고, 산업 설비를 이용하기 위해 구매한 부품들이 송달되지 않았다. 이어 미국의 칠레 국영 은행 구좌가 폐쇄되었다. 또한 전세계적으로 칠레 산 구리에 대한 통상 금지 조치가 취해졌다.

그러나 두 가지만은 봉쇄되지 않았다. 먼저 칠레의 군부를 위한 전투

* 이 장의 옮긴이 주는 14쪽을 보라.

기와 탱크, 군함 및 기술 지원, 두번째로는 칠레의 대중 매체를 위한 각종 잡지와 TV 연속물, 광고와 여론 조사가 바로 그것이다. 이들 매체들은 대부분 여전히 소수 집단의 수중에 장악되어 있었지만 그들은 서서히 특권을 잃어가고 있었다. 그리하여 그들의 대중 매체는 부르주아들이 이전의 특권을 그대로 유지하기 위해 미국 방송 매체의 힘을 빌려 봉기에 나서도록 분위기를 조성해나갔는데, 이는 몇 년 뒤인 1973년 9월 11일에 현실로 나타났다. 미국 전문가들의 조언 아래 모든 신문, 주간지, 월간지, 뉴스 속보, 영화, 만화책에서 이들의 심리전의 병기고는 나날이 강화되어갔다. 피노체트 장군의 말을 따르자면 이를 위해 바로 "정신을 지배"해야 했고, (소위 '빈 주전자와 솥들의 행진'이라고 불리는 최초의 토착 파시즘 대중 집회와 맞아떨어져 1971년 12월에 출판된 잡지 『디즈니란디아』의) 도널드 덕의 말에 따르면 "왕을 복위"시켜야 했다.

그러나 민중들은 왕의 복위도 사업가의 복귀도 원하지 않았다. 사회적 · 경제적 해방과 함께 진행된 칠레 민중의 문화적 공세는 벽화, 민중 신문, TV 프로그램, 영화, 연극, 노래, 문학 등 다양한 형태로 전개되었다. 민중들은 다양한 강도로 인간 활동의 모든 분야에서 자신들의 의지를 표현했다. 이러한 공세의 가장 중요한 무기는 아마 정부[민중 연합 정부]출판사인 키만투[3]에서 전개한 활동일 것이다. 이 출판사는 2년 반 동안 5백만 권의 책을 펴냈는데, 이것은 과거 70년 동안 칠레 전역에서 출판된 것의 두 배나 되는 분량이었다. 게다가 이 출판사는 이미 민중 연합 정부가 출범하기 이전에 인수한 바 있는 몇몇 잡지의 내용을 변화시키고 새로운 잡지를 발간했다. 이 책은 바로 이처럼 민중이 문화적 해방을 향해 전진하는 변화무쌍한 상황에서 집필되었다. 이는 또한 막대한 이익을 남기며 미국으로부터 제3세계로 수출되는 '대량의 또는 대중적인' 문화 상품들을 비판하는 과정이기도 했다. 우리는 그저 현실적인 필요에 응했을 뿐, 이 저술은 결코 강단의 연구 논문이 아니었다.

하지만 저 9월 11일의 미친 주구들에게 벽화는 도저히 용납할 수 없는 것이었다. 그것은 단지 도시와 기억을 더럽히는 커다란 '오점들'일 뿐이었다. 그들은 파시스트 청년단원들을 동원해 다채롭게 채색된 전국의 벽화와 모든 노래 가사를 하얗게 덧칠해서 지워버렸다. 그들은 민족 해방 투쟁에 관한 내용이 단 한 가지도 기억되지 못하도록 음반을 파괴하고 가수를 살해했으며, 라디오 방송국과 출판사를 파괴했고, 언론인을 투옥하고 처형했다.

그러나 그들은 이 같은 문화적 '오점들'을 길거리에서 쓸어내는 것만으로는 만족하지 못했다. 이러한 '오점'을 가슴속에 품고 있는 모든 사람, 즉 투사, 노동자, 농민, 피고용인, 학생, 애국 군인을 제거하고, 새로운 삶의 창조자들 그리고 우리가 만들어냈으며 우리 모두가 함께 살아나가야 할 새로운 삶을 철저하게 제거했던 것이다.

칠레 민중과 우리의 화급한 필요에 따라 투쟁 과정에서 잉태되고 만들어진 이 책이 이제는 칠레에서 멀리 떨어진 디즈니 삼촌[4]의 땅에서, 바로 ITT[5] 사의 가시 돋친 철조망 너머에서 출판되게 되었다.

디즈니 씨, 당신의 오리를 돌려주겠소. 털도 뽑았고 굽기도 잘 구웠소. 뱃속을 들여다보면 당신은 '벽에 쓰인 글'[6]을 볼 수 있을 것이오. 우리의 손은 지금도 벽에 쓰고 있소.

"도널드, 고 홈!"

1975년 1월, 망명지에서
아리엘 도르프만과 아르망 마텔라르

옮긴이 주

1. J. D. Rockefeller: 19세기 후반에 스탠더드 오일(사)을 설립해 반(反)독점법이 통과되기 전까지 미국 업계를 지배했다.
W. R. Grace: 미국계 복합 기업체를 설립하여 남미의 농업·운송업을 상당 부분 지배했다.
M. Guggenheim: 1920년대에는 칠레와 콩고에 각각 질산 산지와 고무 농장을 소유했다.
J. P. Morgan: 세계 최초의 10억대 기업인 유나이티드 스테이츠 스틸 사(United States Steel Corporation)를 설립. 보험업, 금융업, 선박업 등 공격적인 다각 경영으로 금융 트러스트라는 비난을 받기도 했다. 로커펠러 가(家)와 더불어 미국 경제를 양분한다고 할 수 있을 정도의 가문이다.
2. H. A. Kissinger: 국제 관계와 핵 무기 방어 전문가로, 국무장관 등을 지냈으며 닉슨 대통령의 중국 방문, 북베트남과의 평화 협정 체결, 1973년의 아랍-이스라엘 전쟁 휴전 등을 성사시킨 공로로 노벨 평화상을 수상한 바 있다.
G. R. Ford: 미국의 38대 대통령.
W. E. Colby: 미국의 법률가이자 정부 관료. CIA 부국장과 국장 역임.
3. la Empresa Editorial Quimantu: 키만투는 칠레 원주민인 마푸체(Mapuche) 인디오 언어로 '지식의 빛'을 뜻한다.
4. 이 책 본론에서 드러나듯, 디즈니 캐릭터 중 다수는 친인척간이다. 그러나 영어의 uncle, aunt, cousin 등은 우리말보다 광범위한 친족 관계를 가리키며 디즈니 캐릭터들간의 정확한 촌수에 대해서는 논란이 많으므로 편의상 각각 삼촌, 이모 및 사촌으로 옮기기로 한다. 삼촌과 이모가 가령 숙부와 백모보다는 더 친근감이 있다는 점에서 그리 부적절한 번역어는 아닐 것이다.
5. 한때 사업 다각화로 국제적 대기업의 반열에 올랐으나 1995년에 해체 및 인수 합병된 미국의 전화 통신 회사.
6. 이는 『구약 성서』, 「다니엘서Book of Daniel」 5장에 대한 인유이다. 즉 유대 민족이 유수(留守)되어 있던 바벨론의 왕 벨사살(Belshazzar)이 우상을 섬기며 첩과 술, 황금에 둘러싸여 방탕하게 지내자 갑자기 사람 손이 나타나 왕궁 벽에 '메네 메네 데겔 우바르신(Mene, Mene, Tekel, Upharsin)'이라는 알 수 없는 글을 쓰고 사라진다. 이에 왕이 유대 출신 현인 다니엘을 불러 해석시킨즉 그 글은 '신이 정한 벨사살 왕의 기한이 다 되어 페르시아 사람 메데스(Medes)가 그의 뒤를 잇게 된다'라는 뜻인데, 이는 후에 실현되었다. 따라서 'See the Handwriting on the Wall'은 통상 '곧 밀어닥칠 재앙을 예견한다'는 뜻으로 쓰인다.

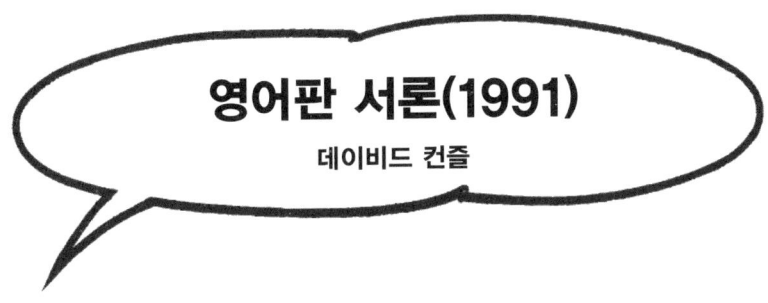

영어판 서론(1991)
데이비드 컨즐

월트 디즈니 월드¹의 로고는 미키 마우스의 귀를 달고 있으며 D자 안에 들어 있는 지구 모양을 하고 있다.

오락 산업은 미국의 (항공 우주 산업 다음으로) 두번째로 큰 단일 수출 산업이다. …… 오늘날 문화는 이 나라의 가장 중요한 생산물이며, 경제력과 세계에 행사하는 정치적 영향력의 실질적인 원천이다.

(1990년 12월 24일자 『타임』, 강조는 저자)

1. 미국 플로리다 주 올랜도에 위치한 대규모 놀이 공원.

대통령들의 이름은 바뀌어도 디즈니라는 이름은 남는다. 미키 마우스가 태어난 지 62년이 흘렀고, 그의 주인이 죽은 지 24년이 지났어도 디즈니라는 이름은 여전히 세상에서 가장 널리 알려진 북아메리카인의 이름일 것이다. 그가 금세기 부르주아 대중 문화의 가장 중요한 인물이라는 데에는 별다른 논란의 여지가 없어 보인다. 왜냐하면 한 개인으로 볼 때 그는 이 문화가 번성할 수 있는 토대가 되는 몇 가지 신화를 세계 각처에 유포하는 데 어느 누구보다도 크게 기여했기 때문이다. 특히 보편적이며 시공을 초월하며 게다가 비판으로부터도 자유로운 것으로 간주되는 '순수(innocence)'라는 신화를 말이다.

그러나 미국이 정치적으로 '순수하다'는 신화는 마침내 깨지고 있고, 그것이 감추고 있던 실상은 중요한 영역에서 백일하에 드러나는 중이다. 그럼에도 불구하고 문화적으로 순수하다는 소위 위대한 미국의 꿈은 전지구인의 상상력을 여전히 황홀경 속에 잡아두고 있다. 이 꿈이 디즈니와 관련된 부분에 대해서는 리처드 시컬이 『디즈니식의 각색본 — 월트 디즈니의 생애, 시대, 예술 그리고 상업』(1968)에서 최초로 중요한 문제를 제기한 바 있다. 그러나 통찰력 있고 신랄한 이 분석조차도 많은 측면에서 아직도 환상을 떨쳐버리지 못했다. 디즈니의 작품들은 최악의 경우에도 '순수한 재미'를 위해서 만들어졌기 때문에 사회적으로는 무해하다는 환상 말이다.

디즈니는 시시한 마술사는 아니다. 그러므로 웃음 짓는 가면 뒤에 숨어 있는 자본주의 이데올로기의 험상궂은 얼굴을, 미키 마우스의 장갑 속에 감추어져 있는 쇠주먹을 들추어내어 이 마술사의 속임수를 폭로하기 위해서는 도르프만과 마텔라르의 안목이 필요했다. 그러나 두 사람의 저술의 가치는 특정 부류의 만화 혹은 특정한 문화 사업가에 대한 조명에 있다기보다는 자본주의와 제국주의의 가치들이 문화에 의해 유지되는 방식에 대한 조명에 있다. 그리고 다름 아니라 만화라는 매체의 단순함이 저자들로 하여금 매우 복잡하게 얽힌 과정을 분명하게 드러낼 수 있도록 해주었다.

미국의 많은 문화 비평가들은 디즈니라는 마술사의 살살 녹이는 주문에 콧방귀를 뀌고 그의 김빠진 속임수로부터 멀찌감치 물러나 있다. 그래서인지 그가 도대체 무엇을 날조하고 있는지, 게다가 단지 물건뿐만 아니라 사람들까지 얼마나 교묘하게 조종하고 있는지를 알아차리지 못하고 있다. 그는 단지 살아 있는 듯한 로봇만 만들어내는 것이 아니다. 그는 사람 또한 빚어낸다. 그러나 불행히도 많은 매체 비평가들은 지난 수십 년 동안 대중들의 정서에 대한 중요한 위협 요소로 주로 '성과 폭력'으로 점철된 영화와 소위 '공포 만화', 그리고 TV 코미디 특유의 허무맹랑함에 초점을 맞추어왔다. 많은 미국 지식인들이 디즈니에 대한 암묵적인 동조에 젖어들게 된 것은 이렇게 설명할 도리밖에 없다. 즉 그들 또한 디즈니의 기본적인 가치관을 공유하며 많은 대중 또한 똑같은 문화적 특권을 누리고 있다고 말이다. 그러나 부와 여가를 최고로 치는 디즈니의 꿈과 제3세계의 현실적인 필요 사이의 끔찍한 차이를 무시한 채, 이들이 공유하고 있는 이러한 이데올로기를 비자본주의적인 저개발 국가들에게 강요하는 순간 그러한 동조는 명백한 범죄 행위가 되어버리고 말 것이다.

　디즈니 이데올로기에 대한 최초의 철저한 분석이 문화적으로나 경제적으로 미 제국에 가장 철저하게 종속된 식민지 중의 하나에서 나온 것은 결코 우연이 아니다. 이 책은 칠레를 그러한 종속으로부터 해방시키려는 투쟁의 열기 속에서 태어났다. 이후 라틴 아메리카에서 많은 판본이 나온 이 책은 제3세계의 부르주아 매체를 해석하는 데 가장 강력한 도구가 되었다.

　사실 1970년까지 칠레는 미국 기업들의 이익에 완전히 저당잡혀 있었다. 칠레의 1인당 외채는 전세계에서 두번째로 많았다. 심지어 사회주의로의 평화로운 길을 걷기 시작하던 민중 연합 정부 시기(1970~1973)에도 구리 광산을 국유화하는 것이 대중 매체를 미국의 영향력으로부터 해방시키는 것보다 더 쉽다는 사실이 드러났다. 가장 인기있는 TV 채널들은 <FBI>, <미션 임파서블>, <디즈니랜드> 등을 포함 방송 프로그램의 절반 가량을 미국에서 수입했으며, 1972년 6월까지 영화관에서 상영된 영화의 80퍼센트 — 칠레는 실질적으로 자국 영화 산업이 없다 — 가 미국에서 들여온 것이었다. 『엘 메르쿠리오』 등을 포함한 주요 신문사와 잡지사는 펩시콜라 사의 부회장으로 마이애미에 거주하면서 칠레의 가장 큰 기업체들 다수를 통제하고 있던 어거스틴 에드워즈가 소유하고 있었다. 따라서 민중 연합 정부는 보수주의적인 이익에 봉사하는 수많은 대중 매체에 대항하여 — 포스터나 벽화, 새로운 종류의 만화책과 같은 — 일련의 대안 매체를 통해 민중에게 다가가고자 애썼다.[1]

그러나 칠레 전역의 신문·잡지 가판대는 미국산 또는 미국식의 조잡하지만 겉은 화려한 만화책들, 즉 (정작 미국에서는 더이상 팔리지 않는 몇몇 작품을 포함해) 『슈퍼맨』, 『론 레인저』[2], 『레드 라이더』[3], 『플래시 고든』 등의 표지와 (물론) 다양한 디즈니 잡지로 장식되어 있었다. 세계 어느 나라에서도 디즈니가 소위 '어린이 만화' 시장 — (대부분의 제3세계 국가에서처럼) 칠레에서 이 용어에는 성인들이 읽는 잡지도 포함된다 — 을 이토록 완전하게 장악한 경우는 거의 없다. 그러나 민중 연합 정부 출판사 키만투의 보호 아래 디즈니의 패권에 대항하는 강력한 저항이 일어났다.

이러한 문화 공세의 일환으로 나온 『도널드 덕, 어떻게 읽을 것인가』는 1971년 말에 출판과 동시에 베스트셀러가 되었고, 그 후에 나온 여러 라틴 아메리카 판본 역시 마찬가지였다. 그리고 실질적인 대안으로 온통 미국화되고 디즈니로 물든 과거의 문화적 풍조에 새로운 가치관의 쐐기를 박아 넣을 목적으로 『꼬마 악당(Cabro Chico)』[4] 안에 재미있는 어린이 만화를 실었다. 이 두 모험적 시도는 부르주아 매체가 오래 전부터 굳건히 자리잡고 있던 시장에서 경쟁을 벌여야만 했는데, 부르주아 매체는 이러한 투쟁에 대비해 철저하게 상업적인 나름의 기준을 확립해두고 있었다. 그러나 양자 모두 부르주아 언론의 적개심을 불러일으킬 만큼 대성공을 거두었다. 따라서 「학부모들께 드리는 경고」[2]라는 큰 표제 아래 칠레의 대표적인 반동적 일간지인 『엘 메르쿠리오』는 이 같은 일련의 노력을 교육

2. 미 서부극의 주인공 이름으로, '혼자 다니는 방랑자'를 뜻한다.
3. 이 만화책의 TV 시리즈는 우리나라에서 <전격 제트 카>라는 제목으로 방영된 바 있다.

4. 도르프만과 마텔라르도 이 작업에 참여했다.

과 미디어를 통제하고, 어린이들을 '세뇌해' '교묘한 이념적인 밀수품을' 주입하며, 디즈니 캐릭터들에 대해 '편견을 갖게 하려는' 정부(민중 연합 정부)의 '음모'의 일환이라고 비난했다. 게다가 극히 조잡한 외국인 혐오증에 호소할 생각으로 "칠레와 외국 출신의 훈장님들"(달리 말하면, 이름에서 드러나듯 각각 독일계 유대인과 벨기에 혈통인 이 책의 저자들)을 거듭해서 들먹였다.

칠레의 부르주아 언론은, 정부가 바로 부르주아 언론들이 하려고 하는 짓, 즉 검열을 일삼고 반대자들의 목소리를 침묵시키는 일을 하고 있다고 비난하는 등, 정부에 대한 신뢰를 깎아내리기 위해 극히 야비한 거짓말과 왜곡을 일삼고 공포를 조장하기도 했다. 그러나 온갖 책략에도 불구하고 정부를 지지하는 민중의 목소리가 날마다 커져가는 것을 보자 그들은 이를 무력으로 개입하고자 군대를 불러들였다.

1973년 9월 11일, 칠레 군부는 미국의 원조를 등에 업고 남미 대륙 역사상 가장 피비린내 나는 반혁명을 감행했다. 이에 따라 수만 명의 노동자와 정부 옹호자가 살해되었다. 민중 연합에 호의적이던 모든 예술과 문학은 즉각 탄압받았다. 벽화들은 파괴되었다. 책과 포스터 그리고 만화책들은 공공연하게 불태워졌다.[3] 좌파 지식인들은 색출·투옥되어 고문당하고 살해되었다. 박해받은 이들 가운데에는 바로 이 책의 저자들도 포함되어 있었다.

이 기간 내내 『도널드 덕, 어떻게 읽을 것인가』는 칠레에서 판금되었다. 심지어 피노체트가 선거로 축출된 이후에 열린 최근의 민주적인 공간에서도 여전히 고국에서는 구해볼 수가 없다. 이 기간 내내 디즈니 만화들은 파쇼 정부의 축복 속에 진정 칠레다운 민중 연합 유형의 만화들 — 이 만화들을 그렸던 작가들은 망명지로 내몰리고 침묵을 강요당했다 — 과 전혀 경쟁하지 않고 계속 번영을 구가했다. <공급 및 가격 위원회Junta>

— 『칠레 모니터 Chile Monitor』(런던, 1974)

가 1973년 칠레에서 선포한 '전시 상태'는 디즈니 만화에서도 드러내놓고 선포되었다. 1973년 말의 한 호에서 마르크스와 헤겔(어쩌면 실제로는 엥겔스를 의미할지도 모른다)이라는 이름의 무자비한 대머리수리로 상징되는 아옌데 정부는 무력에 의해서 쫓겨난다 ― "꼴좋다! 저 망나니 같은 놈들한테는 총이 약이라니까!"

물론 『도널드 덕, 어떻게 읽을 것인가』는 칠레에서 판금당했다. 이 책을 갖고 있다가 발각되면 목숨을 내놓아야 했다. <공급 및 가격 위원회>는 칠레로부터 마르크스주의 혹은 민중 예술과 문학의 흔적을 모조리 "씻어냄"으로써 그들의 제국의 주인들의 문화 사절들을 보호했다. 그들은 어떤 종류의 문화가 자신들의 이익에 가장 잘 부합하고, 미키와 도널드가 권좌를 유지하는 것을 도와주며, 사회주의의 유입을 막고 "타락한" 칠레에 "미덕과 순수"를 되찾아줄 것인지를 잘 알고 있었다.

이 책은 분노와 풍자 그리고 정치적 열정을 담고 있는 책이다. 그리고 저자들의 이 같은 열정은 개인적으로 기만당했다는 생각에서 생겨난 것이기도 하다. 왜냐하면 이들 자신이 디즈니 만화와 영화를 보면서 자랐고, 지금은 거부하지만 디즈니의 이데올로기를 주입받았기 때문이다. 그러나 이 책은 그것을 훨씬 더 넘어선다. 즉 라틴 아메리카와 관련해서만 이야기하고 말 성질의 저서가 아닌 것이다. 왜냐하면 미국 문화가 그토록 커다란 재앙을 일으키면서 세계 각국에 강요하고 있는 지배 체계는 바로 미국 내에서도 해로운 결과를 낳았기 때문이다. 그리고 이는 디즈니를 위해 일하는, 다시 말해서 그의 이데올로기를 생산하는 이들에게도 해당된다. 디즈니의 상품들이 만들어지는 전반적인 조건이 피고용인들로 하여금 삶과 노동 관계 속에서 소비자들뿐만 아니라 그들도 함께 종속되어 있는 바로 그 착취 체계를 재생산하도록 만들고 있기 때문이다.

* * *

　디즈니를 자본주의 체제 안에 정확하게 위치시키기 위해서는 디즈니 프로덕션과 월트 디즈니 월드에서의 노동 조건을 상세히 분석해야 한다. 그러한 연구(이는 불가피하게 배후에서 디즈니⁴⁾가 온갖 조작을 일삼고 있는 비밀의 장벽을 무너뜨릴 것이다)는 아직 나오지 않았다. 그러나 디즈니 만화가 생산되는 조건과 그것을 만들어내는 사람들, 그리고 이 사람들이 본인의 노동 및 디즈니와 맺고 있는 관계에 대해 여기저기에서 모아들인 정보를 짜 맞춰보는 것으로부터 시작할 수는 있을 것이다.

　지난 한 세대가 지나도록 디즈니는 자기 만화를 진지하게 생각한 적이 없다. 심지어 자기 만화의 존재를 공식적으로 인정하지도 않다시피 했다.⁵⁾ 두 가지 최대 수익 사업인 영화와 놀이 공원의 흥행에 주력하느라 그럴 여유가 없었던 것이다. 만화는 기껏해야 새로운 만화책이 (1973년의 <로빈 후드>처럼) 새로운 영화의 인기 몰이에 유용한 경우에나 '부수적인 수익 활동'으로 따라다녔다. 실제로 만화에서 발생하는 특허권 사용료는 이 회사의 총수입 중 작은 부분을 차지하는 '기타 활동 부서'의 총수입 중에서도 미미한, 그것도 계속 감소중인 '출판부'의 수입의 일부분에 지나지 않는다. 다른 형태의 '교육용' 도서나 아동 도서 시장에서는 디즈니의 몫이 극적으로 증가한 반면 미국 전체의 만화 시장이라는 파이에서 그가 차지하는 몫은 확실히 줄어들었다.

　그러나 외국의 경우 디즈니 만화 사업은 여전히 사방을 휘젓고 돌아다니는 생쥐와 비슷하다고 할 수 있다. 심지어 디즈니 만화 영화나 TV 프로그램을 접할 수 없는 세계의 많은 지역에서도 만화책만으로도 디즈니 캐릭터들을 알고 있다. 영화표를 사지 못할 정도로 가난한 사람들 또한 사지는 않는다 해도 친구에게 빌리거나 해서 언제든지 만화책을 손에 넣을 수 있다. 더욱이 미국의 경우 만화책의 유통 수치는 캐릭터들의 문화적 영향력을 가리키는 지표로는 전혀 적절하지 못하다. 1948년 이래 미키 마우스를, 그리고 1955년 이래 도널드 덕을 주인공으로 하는 새로운 만화 영화 시리즈가 전혀 만들어지지 않았기 때문에(TV는 재방송할 뿐이다) 지난 20년 동안 고안된 고전적 캐릭터들이 등장하는 새로운 이야기는 만화에서만 찾아볼 수 있을 뿐이다. 따라서 (미국과 외국에서) 독자 대중의 의식 속에 과거의 인기있는 캐릭터들이 계속 살아 있도록 만들며 이들의 인기를 이용하는 대규모 판매 활동에 호의적인 태도를 갖게 하는 것은 바로 만화책과 신문 연재 만화이다.

홉사 선교사와 같은 평화 봉사단원이나 홍보처의 '친선 사절'들처럼 디즈니는 각국의 현지어를 습득한다. 그는 현재 18개 언어를 유창하게 구사할 수 있다. 라틴 아메리카에서는 스페인어와 포르투갈어를 할 줄 아는데, 물론 다른 지역이나 모국인 미국에서 만들어지는 것들과 약간 다르게, 다른 방식으로 만들어진 잡지들을 통해 이들 언어를 구사한다. 실제로 디즈니 만화의 스페인어판은 최소한 네 종류에 달하는데, 이 이본(異本)들의 차이가 기본적인 내용에 변화를 가져오는 것은 아니다. 아무튼 그러한 차이들의 정확한 함의를 파악하기 위해서는 엄청난 분량의 연구가 필요할 것이다. 그러나 이처럼 이본들이 존재한다는 사실은 디즈니 제국 안에 있는 이 작은 구석이 몇 가지 구조적인 특이성을 갖고 있다는 것을 가리킨다. 왜냐하면 디즈니 만화는 디즈니의 다른 어떤 매체보다도 생산 과정의 모든 단계에서 해외 노동에 체계적으로 의존하고 있기 때문이다. 즉 해외 토착민들이 스스로를 식민화하는 데 직접적으로 기여하는 것이다.[6]

다른 다국적 기업들처럼 디즈니도 조직과 생산에 있어 해외의 자회사나 '독점 판매사'들에게 상당한 재량권을 허용하면서 업무를 분산시키는 편이 이익이라는 것을 알게 되었다. 그리고 일반적으로 이들 자회사는 이탈리아의 몬다도리 사나 영국의 인터내셔널 프레스 사 같은 해당 국가의 거대한 대중 언론 재벌과 긴밀하게 연결되어 있다. 따라서 칠레판 역시 다른 외국어판들과 마찬가지로 필요한 소재를 미국 외의 다른 몇개국의 공급처에서 들여온다. 이처럼 외국의 자회사들이 수입하거나 자체적으로 만들어낸 다양한 이야기들을 교환하면서 상호 원조하는 것은 분명 모회사의 이익에도 도움이 될 것이다. 해외의 편집자들은 또 이야기를 자국 내에서 처리하는 것이 여의치 않을 경우 만화를 팔고 있는 국가의 특정한 대중적 취향이나 판매 조건에 맞을 법한 유형의 이야기나 이야기들의 조합("이야기 섞기")을 취사선택할 수 있다. 또한 편집하고(예를 들어 국민 감정에 거슬리거나 부적합한 장면을 삭제한다") 대사들을 이러저런 식으로 부정확하게 번역하거나 일정 정도 자유롭게 각색하며, 향토색을 가미한다(여기서 '향토색'이란 말 그대로 이해해야 한다. 왜냐하면 잡지의 인쇄 용지는, 해당 지역 언어로 대사와 색깔을 넣으면 되게끔 미리 흑백의 투명 용지, 즉 "대지[臺紙]"에 찍힌 상태에서 외국의 인쇄소로 배달되기 때문이다). 스크루지의 경쟁자이자 돈을 물 쓰듯 하는 로커덕[5], '비트 족' 부류의 페더리 덕[6], 그리고 얼간이 요원인 O.O. 덕[7] 같은 몇몇 캐릭터들은 오직 혹은 주로 외국어판에서만 알려져 있으며, 고향인 미국에서는 전혀 인기를 끌지 못했다. 특히 이탈리아 사람들은 토착적인 캐릭터들을 만들어내는 데 아주 유능한 것으로 입증되었다.

이런 식으로 드러나는 외국 편집자들의 기호는 취향상의 차이를 제법 크게 드러낸다. 브라질과 이탈리아는 물리적 폭력과 유혈이 낭자한 내용 쪽으로 더 많이 기울며, (스칸디나비아와 독일 그리고 네덜란드처럼) 칠레는 (외관상으로는) 뚜렷이 어린이 집단을 겨냥하여 좀더 차분한 모험으로 기운다.

그런데 1973년의 반혁명은 이 서론에도 실려 있는 노골적인 반마르

---

5. 이 인물의 공식 명칭은 'John D. Rockerduck'으로, 물론 역사적 인물인 존 D. 로커펠러에 대한 인유이다.
6. Fethery Duck: 영어 단어 '깃털 달린(feathery)'의 철자만 약간 변용한 것이다.
7. 영어로는 통상 'Double O Duck'이라고 읽는데, 물론 영화 시리즈 <007>에 대한 인유이다. 눈을 크게 뜨고 있는 것 같은 글자체의 모습을 주목할 것.

크스주의 선전물 같은 괴상한 만화가 칠레판에 실리도록 부추겼는데, 이는 디즈니 본부를 당혹스럽게 했다. 또한 말놀이(pun)에 적합한 번역어를 찾아야할 필요성 때문에 지역적인 특색이 가미되었다. 이 책의 122쪽을 보면 이것을 잘 알 수 있는데, 여기서는 가능하다면 디즈니 만화의 영어판 원본이 아니라 저자들이 이용했던 칠레 판본의 스페인어를 번역하는 것을 원칙으로 하기로 했다.[8] 영어 원판에서는 꼬마 오리들이 주인들에게 '스퀘어 댄싱'을 가르쳐주겠다고 제안하는데, 이 '스퀘어'라는 단어의 중심 취지인 '네모짐 또는 공정함'은 원시 시대부터 내려온 안데스 산지의 접대 문화에서 빌려온 것이다. 칠레의 스페인어판에서는 이 단어를 'cuadrarse'로 번역해 말놀이를 하고 있는데, 이 스페인어는 '(과거의 잘못 등에 대해 스스로) 책임을 지다'와 '(군인들이 상관 앞에서 그렇듯) 차려 자세로 서 있다'를 의미한다. 이 만화가 1973년 이후에 그려졌다는 것을 아는 독자라면 이것을 번역하기는 쉽지 않지만 그래도 마음을 달래주는 의미를 가진 원문을 의도적으로 군사 용어화시켰다고 생각지 않을 수가 없을 것이다. 따라서 다른 비군사적이고 비위계적인 말놀이도 가능한데 과연 무의식적으로 이런 군대식 용어를 택했는지는 독자들의 판단에 맡기겠다..

디즈니는 해외에서는 계속 엄청난 인기를 구가하고 있지만(게다가 계속 증가하고 있기까지 하다) 미국 시장에서는 1950년대에 정점에 이른 후 이에 비례해 늘지는 않았으며, 오히려 매출액의 감소는 다른 고전 만화들을 능가하고 있다. 통상 TV와의 경쟁이 만화 시장 침체의 주요 원인으로 거론된다. 배포와 관련해 보급망의 조직과 운용의 어려움이 또 다른 원인으로 이야기된다. 그리고 디즈니에 특히 영향을 미치고 있는 세번째 요인은 지난 20여 년 동안의 전체적인 문화적 변동에서 찾을 수 있다. 이것은 미국의 수많은 아이들과 십대의 취향을 변화시켰으나 여러 측면에서 볼 때 디즈니의 매체는 이를 무시하고 있는 듯하다. 이처럼 변화하는 환경에도 불구하고 디즈니의 공식이 영화와 놀이 공원 사업에서 성공적으로 유지될 수 있었던 것은 바로 낡은 내용에 갈수록 무겁게 덮어 씌워지는 기술적인 장치라는 외투 때문일 것이다. 그러나 오늘날에도 35년 전 시작했을 때와 (채색, 인쇄 등에서) 똑같은 생산 기술에 의해 묶여 있는 만화는 새로운 오락 장치들을 따라잡지 못하고 있다.

그러나 미국에서 만화 사업을 상업적으로 쇠락시킨 요인들은 세계의 다른 저개발 국가들에서는 결코 미국에서와 똑같은 비중을 갖고 있지 않다. 식민 지역에 대한 대도시 중심부의 지배를 나타내는 말인 "문화 지체"는 낯익은 현상이다. 심지어 미국 내에서조차 디즈니 만화는 중서부와 남부에서 상대적으로 더 잘 팔린다.

그런데 미국 내부로부터 외국 시장에 만화를 공급하는 것은 최근 몇 가지 어려움에 봉착했다. 디즈니가 직접 통제하지도 않고, 이제는 상당 부분 재간행본들에 의존하고 있으며, 점점 수익성이 떨어지고 있는 미국의 국내 시장은 어쩌면 완전히 끝장나도록 방치될 수도 있을 것이다. 그러나 이처럼 국내 시장이 위축될수록 디즈니는 우리에게 잘 알려진 제국주의적 자본주의의 메커니즘에 따라 더 강력하게 해외로 뻗어나가게 마련이다. 그리고 해외 시장이 확장될수록 (이미 살펴본 대로 식민지들이 독립적인 생산 역량을 보인다는 사실에도 불구하고 혹은 바로 그 때문에) 디즈니는 이 시장이 미국으로부터의 공급에 지속적으로 의존하도록 만들어야만 하는 압박을 더 많이 받게 된다. 그러나 칼 바크스[8]와 같이 마소처럼 꾸준히 일하는 전문가가 은퇴하고 다른 이들은 저임금과 다른 제약 조건에 환멸을 느끼게 됨에 따라 디즈니는 인력 충원이라는 문제에 직면하게 되었다.

디즈니는 외국 시장을 겨냥하여 국내 생산을 재활성화할 필요에 대해 역시 그다운 방식으로 대응했다. 즉 노동자들과 생산물에 대한 고삐를

8. 1935년에 디즈니에 입사해 도널드 덕, 미키 마우스, 포키 피그 등의 캐릭터를 그렸다. 한때 독자적인 창작 활동을 위해 디즈니 사를 퇴사했었으나 디즈니 코믹물에는 여전히 참여하였고, 1966년 은퇴한 후에도 디즈니의 만화 주인공들을 계속 그렸다.

조이고 기존의 기준을 철저히 준수할 것을 다그쳤던 것이다. 그리고 직접 통제할 수 있는 영역에서는 철저하게 통제했다.

그리하여 장차 디즈니를 위해 일할 자유 계약 작가들은 1970년대에 디즈니 출판물 분과로부터 우선「해외 만화책 프로그램」을 위해 만들어진 일련의「만화 예술 세부 규칙」을 전달받았다(외국 시장을 그다지 염두에 두지 않았고, 비록 전력을 기울이지는 않았지만 새로운 인재를 끌어들이려고 애쓰고 있던 웨스턴 퍼블리싱 사는 명문화되지도 않고 또 그다지 엄격하지도 않은 규칙 아래 운영되고 있었다). 그런데 이 규칙은 새로운 캐릭터와 배경의 고안을 촉진하는 대신 정반대의 일을 하고 있다. 이에 따르면 반드시 기존의 캐릭터들만 사용하고, 게다가 "어떠한 상향적인 계층 이동도 있어서는 안 된다." 그리고 "우리 이야기에서 보조적인 인물들은 결코 스타가 되어서는 안 되며 단지 조연에 그쳐야 한다." 이처럼 혹독한 금지 사항은, 과거에는 오리 나라의 배역들에게 일정 정도 성장 잠재력과 함께 융통성을 가져다주었으며, 이를 통해 2류 캐릭터들이 주요 캐릭터로 상승하고 심지어는 주인공이 될 수 있도록 해주었던 바로 그것을 억압하기 위해 의도된 것 같다. 이처럼 모든 것이 정해져 있는 캐릭터들은 이제 꼼짝 못하도록 고정되어 있는 위계 구조 안에서 옴짝달싹할 여지가 없게 되었다. "반드시 준수해야만 하는 일련의 행동 양식"을 그대로 따라야 하기 때문이다. 이러한 지침에 들어 있는 권위주의적인 어조는 명백하게 이야기 작가에게 어떠한 유형의 창조적인 작업도 못하게 하려는 의도에서 나온 것처럼 보인다. 또 어떤 식으로든 이야기에 향토색을 가미해서도 안 된다. 왜냐하면 덕버그는 미국 내에는 없다고 명시되지만 "모든 곳이 덕버그가 될 수 있으나 막상 어느 곳도 덕버그는 될 수 없기" 때문이다. 즉 특정한 지역을 나타낼 수 있는 언어의 모든 흔적을 없애야 하듯, 구체적인 지리적 위치를 드러낼 수 있는 어떠한 흔적도 없애야만 한다.

9. 이 책의 저자들이 주장하듯 데이지와 도널드, 그리고 미니와 미키는 디즈니 만화에서 명백히 결혼한 것으로 그려지지는 않는다. 그럼에도 불구하고 이 두 쌍은 성이 각각 'Duck'과 'Mouse'인데, 그렇다면 이들은 애당초 친척이라고 볼 수도 있다. 실제로 이 같은 의혹은 독자와 평자들에 의해 제기된 바 있으나, 디즈니 만화 자체가 다소 일관성이 떨어져서 정확히는 알 수 없다.

그리고 섹스뿐만 아니라 사랑 또한 금지된다(미키와 미니, 도널드와 데이지[9]의 관계는 '정신적[platonic]'인 것이다. 그러나 정신적인 형태의 사랑은 아니다). 총기류에 관한 규정은 '구식 대포나 나팔총'을 제외한 모든 무기를 불법화하고 있다. 물론 상황에 따라서는 (다른) 무기를 위협 수단으로 휘두를 수는 있지만 결코 사용해서는 안 된다. 어떠한 '비열하고 현실주의적인 사업 수완'도, 어떠한 '사회적 차이'[9]나 '정치 이념'도 있어서는 안 된다. 무엇보다도 인종을 그리거나, 특히 인종을 상투적으로 그려서는 안 된다. "원주민들을 결코 흑인이나 말레이시아 원주민으로 그려서는 안 되며, 또는 특정 인종=원주민 하는 식으로 등치시켜서는 안 되며, 어떠한 상황에서도 그들을 우둔하거나 추하거나 열등한 인간 혹은 범죄자로 형상화해서는 안 된다."

그러나 이 책의 분석에서 확실해지며 디즈니 만화를 조금이라도 아는 누구에게나 명백하듯, 도널드 덕 이야기든 아니면 미키 마우스 이야기든 과거에 (성적 금지 사항을 제외하고) 이 규칙들 가운데 어느 것도 지켜진 것은 없다. 실제로 이 규칙들은 특히 칼 바크스에 의해 시도 때도 없이 조롱당했는데, 그와 검열관과의 싸움을 기록한 자료는 우스꽝스러운 읽을거리를 제공해준다.[10]

일례로 덕버그는 (최고의 도널드 덕 이야기를 만든 칼 바크스가 살았던 캘리포니아 주 소재 헤미트처럼) 숲과 사막에 인접해 있는 캘리포니아 주나 미국 중서부의 전형적인 소도시와 같다. 사실 디즈니 만화는 풍속과 언어에서 미국식(Americanism)으로 가득 차 있다. 탐정 미키는 근무중에는 연발 권총을 차고 다니며, 가끔은 총에 맞기도 한다. 스크루지 삼촌은 종종 노골적으로 비열한 장삿속을 드러내며, 만화 예술 세부 규칙에 "나쁜 사람은 아니다"라고 명시되어 있음에도 불구하고 시종일관 비난받을 행동만 한다(이로 인해 그는 어린 조카 오리들에게 한방 먹는다). 디즈니 만화의 이야기들은 부자와 무일푼인 사람(스크루지와 도널드), 그리고 고결한 오리들과 면도도 안 한 추레한 도둑들 사이의 "사회적 차이"로 가득 차 있다. 정치 이념도 종종 전면에 등장한다. 그리고 말할 것도 없이 원주민들은 종종 어리석고 추하며 열등한 인간 혹은 범죄자로 그려진다.

그렇다면 「만화 예술 세부 규칙」은 오히려 디즈니 스튜디오측의 터무니없는 환상을, 즉 통제에 대한 환상과 실제로는 결코 존재해본 적이 없는 순수성에 대한 환상을 고스란히 보여주는 것 같다. 독자 대중 역시 디즈니 만화뿐만 아니라 디즈니 전반에 대해서도 이러한 방식으로 생각하도록 요구받는 듯하다. 그러나 과거의 대중적 성공, 그리고 다른 만화들과 비교했을 때 드러나는 독특한 성격 등은 의심의 여지없이 금전적 탐욕과 비열한 장삿속, 그리고 외국의 다른 민족들에게 가하는 모욕 등 자본주의에 고유한 일련의 사회·정치적 현실이 전면에 부각되었기 때문에 가능했다.

그러나 디즈니 스튜디오가 다시금 미국의 만화 생산의 통제권을 장악하고 있는 오늘날에도 위의 규칙은 여전히 규제력을 잃고 있지 않으며, 만화가들과의 계약은 (이제는 은퇴한 글래드스턴 시니어 편집장의 관점을 따르면) 가령 작품에 대한 모든 권리를 모든 나라에서 그리고 철저하고도 영구히 양도한다는 — 즉 그의 말을 빌리자면 "모든 인권에 대한 포기 각서" — 요구를 포함해 "섬뜩한" 것이 되었다. 따라서 만화가들은 (본인이 소유하고 개별적으로 팔아도 되는 것으로 글래드스턴이 허락한) 자기 작품의 원본뿐만 아니라 글래드스턴 휘하의 어느 노련한 작화가(作畵家)의 말대로 "마치 우리가 미처 말하지 않은 생각마저도 그들이 이미 소유한 것처럼" 모든 삽화와 문안, 온갖 종류의 참고 자료, 그리고 "유형무형의 온갖 생각과 구상"까지도 양도해야 한다.

한편 만화의 이야기 가운데 상당 부분은 항상 스튜디오 밖에서 만들어지고 출판되는 까닭에, 실제로 그것들의 내용이 디즈니의 다른 매체만큼 그렇게 엄격하게 통제받은 적은 결코 없었고, 이로 인해 분명히 혜택을 누렸을 것이다. 따라서 다름 아니라 스크루지 삼촌의 창조자인 칼 바크스가 만들어낸 최고의 '비(非)디즈니적 디즈니' 이야기 중 몇 작품은 모든 것을 극단적으로 단순화하는 철저하게 반동적인 디즈니 이데올로기 이상의 어떤 것을 드러낸다고 주장할 수도 있을 것이다. 칼 바크스의 작품에는 만화 세계의 어느 곳을 뒤져도 찾아볼 수 없을 사회적 리얼리즘의 요소와 함께 디즈니 만화 세계의 어느 곳에서도 찾아볼 수 없을 풍자적 요소가 들어 있다. 심지어 바크스의 가장 총명한 제자 중의 하나인 데이브 왜그너는 "바크스는 전후 디즈니 제국의 획일적인 반동적 경향으로부터 유일하게 예외인 사람"이라고까지 말한다.[11] 그러나 바크스가 디즈니 만화 전체와 맺고 있는 관계는 문제적이다. 그에게는 최고의 도널드 덕 이야기들에 대한 책임은 있어도 모든 도널드 덕 이야기에 대한 책임은 없으며, 마찬가지 이유로 도널드 덕 외의 디즈니 이야기들에 대해서는 더구나 책임이 없다. 심지어 외국어판을 위해 선택된 그의 이야기들조차도 때로는 교묘하면서도 중요한 내용의 변화를 겪어야만 했다. 만약 그렇다면 디즈니가 물어뜯는 것이 바크스가 물어뜯는 것보다 훨씬 해롭다는 것이 증명될 수도 있을 것이다. 그래서인지 디즈니 만화를 다룬 몇 안 되는 미국의 비평가들은 바크스의 작품들을 뛰어난 예술가의 작품으로 꼽은 바 있다. 미국적 관점(그것이 마이크 배리어와 같은 자유주의자의 것이든 아니면 왜그너와 같은 마르크스주의자의 것이든)에 따른 전반적 평가를 보자면 비록 바크스는 대체로 정치 철학에서는 명백하게 보수적이지만 동시에 때때로 자유주의자의 모습도 보여주며 또한 미국 사회의 온갖 모순과 함께 심지어 이 사회를 사로잡고 있는 고통을 상당히 뚜렷하고 기지 넘치게 그려낸다는 것이다. 이리하여 바크스의 만화는 엘리트 부르주아들의 저술과 예술의 반열에 올라서게 되는데, 미국의 비평은 대중 매체를 통해 이루어지는 매문(賣文) 행위가 아니라 바로 이처럼 고급한 수준에서 이루어진다. 하지만 결국 바크스는 기껏해야 부르주아 이데올로기의 떳떳하지 못한 자의식을 대변할 뿐이다. 이 때문에 때로 순수성이라는 가면이 벗겨지기도 한다(후기 작품에서 그가 외국과의 전쟁이나 공해 등 특정한 사회 현실을 점점 더 많이 취급할 때 특히 그러하다).

이 책을 처음 출간한 이후 도르프만 본인은 '괴물의 뱃속'에서 망명 생활을 하면서 자신이 통렬히 비난했던 만화들에 대해, 적어도 도르프만 자신도 뛰어난 풍자가로 인정했으며 심지어 루이스 캐럴[10]에 비견하기도 했던 칼 바크스의 작품들에 대해서만은 한층 관대한 의견을 갖게 되었다.[12]

지난 20년 동안 바크스는 초기의 무명 시절에 겪었던 상대적인 빈곤함과는 아주 대조적으로 1967년에 은퇴할 무렵부터 원작 만화와 석판화, 그리고 그림들이 열렬한 수집과 판매의 대상이 되는 등 소규모의 문학 산업을 일으킨 일종의 컬트적 인물이 되었다. 디즈니 밑에서의 그의 작업 조건을 볼 때 그는 월트 디즈니 삼촌이라고 할 수 있는 스크루지 삼촌 밑의 도널드 덕과 비슷하게 보인다.

결코 휴가를 위한 시간과 돈이 있을 것 같지 않은 사람. 그의 삶은 저축은 꿈도 꿀 수 없을 정도의 성과급만을 받는 지속적이며 단조로워 보이는 노동으로 점철되었고, 결코 모험을 하지 않았고 하려고도 노력하지 않았으며, 단 한 번도 해외 여행을 하지 않았고 미국 내에서조차 아주 조금밖에는 여행하지 않은(기껏해야 캘리포니아 주와 오리건 주의 숲을 여행했던), 말하자면 '평균적인' 미국 노동자들과 (그리고 아마도 수많은 그의 독자의 부모들이 살았을 삶과) 엇비슷하게 살았던 사람. 바로 이 사람이 끝없는 여가의 세계를, 즉 '일work'이 소비와 이국적인 것의 향유, 그리고 일을 하지

10. 본명은 찰스 럿위지 도지슨(Charles Lutwidge Dodgson)이며, 영국의 수학자이자 작가이다. 대표작으로 『이상한 나라의 앨리스 Alice's Adventures in Wonderland』 등이 있다.

않으려는 맹렬한 경쟁과 동의어가 되고, 이를 위해 지구의 도처로부터 재화가 넘치도록 흘러 들어오고 있는 세계를 끊임없이 그려냈다.

어느 대담에서 사회자가 배리어의 『칼 바크스와 만화의 기술』[13]에 실린 위의 글을 읽어주자 바크스는 한바탕 크게 웃으며 "그냥 웃어넘기기에는 너무나 사실이다"고 대답했다. 이어 진정한 재능은 언젠가는 보상받으리라는 자본주의 신화에 충실한, 전형적인 자기 폄하의 어조로 "저는 정말이지 그만한 능력이 없습니다. 그러니까 제가 이 모양으로 있죠"라고 말을 맺었다.

그렇다면 바크스는 지금 어디에 있는가? 전세계의 비평가들은 어떤 경향을 따르든 그의 중요성에 대해서는 동의하고 있다. 그러나 이처럼 중요한 것이 정치적·이념적으로는 과연 어떤 성격을 갖고 있는가 하는 문제는 『도널드 덕, 어떻게 읽을 것인가』의 예외적인 성공에도 불구하고 미국의 바크스 전문가들의 요새를 뚫고 들어가지는 못하고 있다. 역설적으로 — 그러나 당연히 — 바크스에 대한 해석 작업은 오히려 미국 내에서 극히 엄격한 제약을 받고 있다. 그리고 그에 못지않게 당연한 일로, 도르프만과 마텔라르의 이론이 비판적인 반대와 억압을 가장 적게 받은 곳은 바로 라틴 아메리카이다(이 책은 해적판을 포함하여 스페인어로만 31개의 판본이 있으며 전세계적으로는 15개의 언어로 번역된 바 있다). 독일의 한 대형 출판사는 대중 예술의 문고본 총서로 도르프만과 마텔라르의 이론에 기반해 바크스의 이야기들을 분석한 책을 발간한 바 있다. 이 책은 그의 이야기를 1946년부터 1967년까지의 역사적 시기를 따라가며 미국이 제3세계에서 헤게모니를 장악하기 위한 투쟁과 관련된 중요한 순간들 — 한국 전쟁, 냉전, 석유 탐사, 우주 개척 경쟁, 쿠바 혁명, 베트남 전쟁 등 — 과 관련해서 분석해 보이고 있다.[14] 그럼에도 불구하고 권위 있는 바크스의 전기 작가이자 서지학자인 마이크 배리어는 여전히 "바크스 최고의 이야기들은 거기서 오늘날 미국 사회를 위한 교훈을 도출하려는 시도들을 무산시킨다……풍자는 특정한 사회적 불의가 아니라 인간 본성을 향하고 있다"고 주장하고 있다.[15]

유감스럽게도 디즈니는 아직도 꼭 필요하며 가치 있는 사업, 즉 칼 바크스 전집 30권[16]의 출판 — 이제 막 완간되었다 — 에는 신중에 신중을 기하고 있다. 유용하지만 대체로 방어적이며 찬양조인 본문 비평 자료는 도르프만과 마텔라르의 접근 방식을 받아들이지 않았으며, 이 접근 방식에 대해 그토록 많은 나라에서 들려오는 동조의 목소리에도 귀를 기울이지 않고 있다. 더 심각한 것은 디즈니의 라이센스를 받고 출판하는 출판사들이 디즈니의 지시에 따라 바크스의 원문과 그림들을 정치적 요소가 걸러진 형태로 받아들여야만 한다는 점이다. 예를 들어 이 책의 130쪽에 우리가 넣은 삽화에서 '노동자들의 천국'이라는 문구는 '맥덕 엔터프라이즈 사'로, 그리고 '혁명'은 '탈취'와 '전쟁'으로 바뀌어 있다.[17]

* * *

도르프만과 마텔라르의 책은 디즈니의 상품들과 이 상품들이 세상에 끼치는 여러 영향을 연구하고 있다. 따라서 디즈니 캐릭터들간의 관계에서 두 저자가 찾아낸 많은 사실이 디즈니 산업 내부의 노동 조직에서도 발견되며, 어쩌면 이를 통해 해명될 수도 있는 것은 결코 우연이 아닐 것이다.

디즈니 프로덕션의 체제는 기업말고는 예술가들이 자기 작품에 대해 자부심을 느끼거나 인정받는 것을 막기 위해 고안된 것처럼 보인다. 일단 계약서에 서명하고 나면 예술가의 아이디어는 곧바로 디즈니의 아이디어가 되어버린다. 어떠한 용도로 사용되든, 이제 디즈니가 그것의 소유자이며 따라서 창조자가 된다. 바로 계약서에 이렇게 명시되어 있다. "당사(當社)의 만화 잡지에 게재하기 위해 준비된 모든 예술 작품은 피고용 상태에서 만들어진 작품으로 간주되며, 어떠한 용도로 사용되든 당사가 창조자이다(강조는 인용자)." 자본가가 노동자들의 노동을 독점하는 방식을 이보다 더 명확하게 진술할 수는 없을 것이다. 즉 소액의 보수나 임금을 대가로 이윤과 영광 모두를 빼앗아가버리는 것이다.

자기 입으로 인정했듯이 결코 그림 그리는 것을 배우지 않았으며 심지어 1926년 이후로는 종이에 연필을 대보려고도 하지 않았고 자기 상품에 찍혀 있는 것과 똑같은 서명조차 할 수 없었던 월트 디즈니는 (유명하다고 해도 맞고, 달리 말하자면 가장 예민하다고 할 한 정치 만평가의 말을 따르면) "레오나르도 다 빈치 이후 시각 예술계에서 가장 중요한 인물"이라는 명성을 획득하기에 이르렀다.[18] 또한 세계의 아동 문학을 무차별적으로 약탈하고 왜곡했던 이 사나이는 심지어 — 1964년에 그에게 수여된 미 대통령 자유 메달[11]의 표창장에서는 — "미국적 민속의 창시자"로 칭송되었다. 전 생애에 걸쳐 디즈니는 휘하 화가나 작가들에게 돌아가야 할 공훈을 체계적으로 감추고 축소했다. 심지어 미 연방 법규에 따라 표지에 이들의 이름을 올려야 했을 때에도 디즈니는 진정 돋보여야 할 것은 바로 자기 이름뿐임을 확실히 했다. 당시 정상에 서 있던 어느 만화 영화 제작자가 단편 영화로 오스카 상을 받을 때조차 그것을 받으러 단상에 올라간 사람은 다름 아닌 디즈니였다.

세상이 디즈니에게 박수를 보내는 동안 그의 제국의 주춧돌 격인 작품들을 집필한 사람들은 모두 익명으로 남아 있다. 즉 다면(多面) 연속 촬영 기법에서부터 미키라는 인물 자체의 창조에 이르기까지 디즈니 만화에 수많은 기술적·예술적 혁신을 도입한 놀라울 정도로 부지런하고 다작(多

11. 미국에서 국가 안보에 공헌한 민간인에게 수여될 수 있는 최고 훈장, 즉 문화 예술과 관련된 훈장은 아니라는 점에 주의할 필요가 있다.

作)이며 창의적인 어브 이워크스, 그리고 디즈니 본인도 그가 천재라는 것을 인정했으며 "천재의 기미를 보이는 자라면 어떤 자도"[19] 스튜디오에서 내쫓겠다는 디즈니의 공공연한 방침이 무색하게 계속 그의 스튜디오에서 작업한 워드 킴블조차도 말이다. 물론 스크루지 삼촌을 비롯 대중의 사랑을 독차지한 다른 여러 '디즈니' 캐릭터들의 창조자이자, 5백 편이 넘는 최고의 '디즈니' 만화 이야기, 페이지당 평균 45달러(글은 11.5달러, 삽화는 34달러)를 받은[20] '디즈니' 작품을 7천 페이지나 그려낸 칼 바크스조차 자기 작품이 최고 3백~5백만 부 이상 팔리는 동안 단 한 편에도 이름을 올리지 못했다. 바크스의 고용주는 이처럼 얼마만큼 놀라운 상업적 성공을 거두었는지를 그가 눈치 채지 못하게 주의하는 한편 그가 개인적 명성을 누리지 못하도록 했다. 그래서 수많은 팬이 그의 이름을 물어왔지만 아무 대답도 들을 수 없었던 것이다.

디즈니는 사람과 사람을 "수분(受粉)시켜주는 사람"으로 자임했다. 그가 뛰어난 이야기 편집자였다는 데는 논란의 여지가 없다. 또한 그는 어떻게 일을 조정하는지를 알았다. 그리고 무엇보다도 어떻게 아이디어를 팔아야 하는지를 알고 있었다. 자본주의 경제 아래에서 노동과 아이디어 모두 그의 소유물이 되었다. 연필 밑그림을 잉크로 칠만 하는 보잘것없는 사람부터 자격을 갖춘 본격 만화 영화 제작자까지, 디즈니 놀이 공원에서 쓰레기를 줍는 고학생부터 고도로 숙련된 '동작 로봇' 전문가까지 — 이들 모두 이 위대한 흥행주에게 노동을 바치는 것이다.

만화에 나오는 원주민이나 조카들과 마찬가지로 디즈니의 노동자들은 백만장자인 스크루지 맥디즈니 삼촌에게 보물들, 즉 육체적·정신적 자원에서 나오는 잉여 가치를 바쳐야만 한다. 병적이다시피 한 인색증을 잘 보여주는 말년의 숱한 일화로 판단하건대, 디즈니 삼촌은 중요한 일뿐 아니라 하찮은 일에서조차도 (언제나 개인의 상징이자 회사의 상징으로 이용되었던) 물욕 없는 미키로부터는 점점 멀어지고 바크스의 구두쇠 맥덕을 점점 더 닮아가고 있었다.

문학 또한 저 거대한 디즈니의 돈궤[12]에 보물을 쏟아부어야만 했다. 오래 전에 길버트 셀즈가 말했듯, 디즈니는 "신화와 전설의 금광"을 파는 "탐욕스러운 노천 채굴 광부"[13]였다. 유명한 동화들을 자기 것으로 만든 것이다. 따라서 『피터 팬』은 제임스 배리 경[14]의 작품이 아니라 디즈니 자신의 『피터 팬』이었고, 『피노키오』 역시 콜로디[15]의 작품이 아니라 바로 디즈니의 『피노키오』였다. 이제는 죽어서 작품의 저작권 기한이 만료된 작가들은 물론 철저하게 이 약탈자의 손아귀에 놀아날 수밖에 없었다. 그러나 살아 있는 작가들 또한 일단 디즈니의 계약서를 대면하면 법이 별 소용없다는 것을 알게 되었다. 심지어 디즈니에게 호의적이던 사람들조차 막상 그가 영화화할 계획을 갖고 있는 소재의 원작자들을 함부로 대하는 것을 보고 경악을 금치 못했다. 최소한 한 명의 소설 원작자가 디즈니의 잔혹함을 공개적으로 비난한 바 있다.[21] 그리고 이 같은 강탈은 예술적·금전적·정신적·물질적 차원에서 두루 이루어졌다. 전형적인 디즈니 계약서는 원작자에게 총수입과 특허권 사용료에서 단 한 푼도 주지 않으며, 디즈니 영화의 "상업적 대성공"으로 거둔 몫에서 아무것도 떼어주지 않는 것으로 되어 있다. 즉 디즈니는 모든 권리를, 그것도 대개는 보잘것없는 액수로 독점해 온갖 용도로 사용하는 것이다.[22]

한편 디즈니는 이와 대조적으로 그동안 축적한 재산을 지키기 위해서 그의 딸이 "완전한 변호사 군단"[23]이라고 이름 붙인 바 있는 사람들을 항시 고용해왔다. 규모의 대소와 상관없이 디즈니가 특허를 받은 캐릭터나 기술 그리고 아이디어를 감히 빌려다 쓰려는 개인이나 조직을 추적하여 처벌하는 것이 이들의 일이었다. 다른 사람들에게서는 그토록 많은 것을 빼앗아놓고도 정작 자신에게서는 어떠한 종류의 사소한 도둑질도 용납

---

12. 영어 원문은 Money Bin으로, 이는 실제로 디즈니 만화에서 스크루지 맥덕이 재산을 보관해두는 건물 이름으로도 사용된다. 여기에는 3제곱 에이커에 이르는 현금이 보관되어 있으며, 이 수전노의 취미는 돈더미 속을 헤엄쳐다니는 것이다.
13. 이 단어의 영어 원문은 Strip-Miner로, Comic Strip이 '연재 만화'를 뜻한다는 점에 비추어볼 때 '만화 광부'로도 번역될 수 있다.
14. 그의 원작은 희곡이었다.
15. 이탈리아 언론인 카를로 로렌치니(Carlo Lorenzini)의 필명이다.

하지 않으려 했던 것이다. 법 또한 그러한 도둑질로부터 디즈니를 성공적으로 보호해왔다. 그러나 최근 몇 해 동안 법은 한층 더 간악한 범죄, 즉 신성 모독까지 추가된 도둑질을 다루어야만 했다. 즉 디즈니 캐릭터나 디즈니 영화의 일부분 혹은 디즈니 만화를 부정적인 맥락 속으로 바꾸어 넣는 외부인들까지 법의 가혹한 추적을 받게 된 것이다. 디즈니 만화의 캐릭터들이 다양한 종류의 성적(性的) 모험에 몰두하는 것으로 묘사함으로써, 디즈니의 청교도주의를 풍자하는 "전위적인" 포스터를 찍어낸 어느 출판사[24]는 디즈니에게 수만 달러의 손실을 입혔다는 이유로 전격적으로 피소되어 패소했다. 그리고 감히 미키 마우스가 마약을 하는 그림을 그린 한 "전위적인" 만화가도 이와 비슷한 방식으로 처벌을 받고 있는 중이다.[16]

최근 65명의 변호사로 구성된 디즈니의 법률 군단이 철저하게 추적해서 밝혀낸 약탈에 대한 총괄 보고는 읽기에도 무시무시하다. 딱 세 가지 예만 들어보자. 이 변호사 군단은 비벌리힐스 갤러리에 전시중인 소련의 한 미술가로 하여금 미키 마우스가 어느 러시아인에게 캠벌 수프 사[17]의 수프 통조림을 건네는 모습을 담은 그림을, 결국에는 미국의 대중 문화에 경의를 표하는 그림 한 점을 떼어내도록 했다(만약 미키가 그에게 『미키 마우스』의 러시아어판 만화 신간을 건넸더라면 아무런 문제가 없었을까?). 그리고 5~6세의 아이들이 보육원 담벼락에 디즈니 캐릭터들을 그리는 것을 금지시켰다. 또 밀른[18]의 『아기곰 푸우』[19]에 영감을 불어넣어준 아기곰의 동상을 세우려 했던 캐나다의 한 시 정부를 고소하겠다고 협박했다. 3년 동안 디즈니는 1천7백여 건의 저작권 침해 소송 서류를 미국 법원에 제출했다. 그러나 이는 법정 밖에서 해결된 헤아릴 수 없이 많은 소송은 넣지 않은 수치이다. 아마 돈이 필요했기 때문일 것이다. 디즈니는 1988년에 총 3조 4천억 달러의 수입을 올렸으나 순수익은 5억 2천만 달러뿐이었다. 하지만 아무리 좋게 말해도, 이러한 행태는 캐릭터 상품 판매라는 거대한 돈

16. 미국의 에어 파이어러츠 사가 반(反)문화 전위 잡지 『에어 파이어러츠 만화 Air Pirates Funnies』에 게재한 일부 작품과 관련해 디즈니 사가 소송을 제기한 일을 가리킨다. 이 잡지에 수록된 만화는 '바보 같은 동정심(Silly Sympathies)'이라는 제목을 달았는데, 이는 정식 디즈니 만화 연재물인 『바보 같은 교향곡 Silly Symphonies』에서 따온 것이다. 또한 문제의 만화에는 디즈니 만화 주인공들이 마약을 하고 성적으로 문란한 행위를 하는 것으로 그려졌는데, 디즈니 사는 저작권 및 등록 상표 침해를 문제삼았다. 이에 피고는 패러디를 이유로 정당성을 주장했으나, 결국 1978년에 패소했다.

17. 미국의 대규모 식품 회사. 이 기업의 대표 상품인 통조림 수프는 팝 아트 화가인 앤디 워홀의 1965년 작 유화 <채색한 캠벌 사 수프 통조림 Colored Campbell's Soup Can>에도 등장한다.

18. Alan Alexander Milne, 영국의 극작가.

19. 우리나라에서는 이 인물이 통상 '아기곰 푸우'로 알려져 있어서 그렇게 번역하나, 정확히는 위니가 이름이며 푸우는 단지 곰이라는 뜻이다.

궤에서 단 한 푼도 도둑맞을 수는 없다는 스크루저리, 즉 스크루지 식 자린고비 정신에 지나지 않는다. 심지어 디즈니는 진출하는 국가마다 조사 기관이나 법률 회사들과 계약을 맺어 디즈니 변호사들의 말을 빌리면 마약상에 비견할 만한 사회악이며 "범죄 조직과 한통속"인 해당 지역의 범법자들을 색출하고 추적하게 했다.[25]

영화란 집단적인 공정이며 본질적으로 협업이기 마련이다. 따라서 좋은 애니메이션 만화 영화를 만들기 위해서는 많은 재능 있는 사람들의 협동이 필요하다. 그러나 하나의 거대하고 행복하며 민주적인 가족이라는 — 디즈니 홍보실에서 만들어낸 — 디즈니 스튜디오의 오래된 이미지는 실제로는 극히 낮은 임금을 받아가면서 연필 밑그림에 잉크를 칠하고 색을 입히는 최하층의 직원들(대다수가 여성이다)과 조수들보다 다섯 배를 버는 최상급 만화 영화 제작자들(말할 것도 없이 남성들이다)로 이루어진 엄격한 위계 구조를 은폐하기 위한 연막일 뿐이다. 한번은 어느 최상급 만화 영화 제작자가 조수 대신 나서서 이처럼 지독한 임금 차별에 항의하였다가 그 즉시 해고되었다.

디즈니한테 사람이란 하나의 상품으로, 그는 이를 철저하게 통제하려고 했다. 솜씨 좋은 작화가가 전직을 위해 스튜디오를 떠날 경우 디즈니에게 그는 — 실제 도둑까지는 아니더라도 — 도둑질의 공모자로 간주되었다. 그는 결코 용서받지 못했다. 즉 디즈니는 아이들의 반항을 즉각 처벌하는 전체주의적인 아버지 역할을 담당했다. 그러나 전후 그의 명성과 부와 권력이 커지고 그와의 거리가 멀어져감에 따라 심지어 가장 순진한 피고용인조차 더이상 그를 아버지로 여기지 않았으며 삼촌, 그것도 아주 잘 사는 삼촌으로 여기게 되었다. 모든 사람에게 항상 '월트Walt'였던 그는 실은 모든 사람을 "속박(walt)했던" 것이다.[26] "이 제작소에 개망나니가 한 사람 있는데, 그게 바로 나다"라고 디즈니 본인이 말한 바 있다.

휘하의 노동자들이 그에게 반대하여 연대 의사를 표명하는 일은 그의 합법적인 권위를 전복하는 행위였다. 따라서 디즈니 스튜디오의 노동자들이 미국 노동 총연맹 산별 조합(AFL-CIO)에 가입하려고 하자 그는 이들을 해고한 다음 이들이 공산주의자이거나 공산당 동조자들이라고 비난했다. 그리고 이후 매카시즘이 휘몰아치자 FBI와 HUAC(미 하원 반미 활동 조사 위원회)[20]를 도와 전직 고용인들을 "공산주의자"라는 죄목으로 처벌하는 데 협조하기에 이르렀다.

국제 연맹이 미키 마우스를 '국제 친선의 상징'으로 인정한 1935년 이래 디즈니는 줄곧 누가 봐도 분명한 정치적 인물이었으며, 언제라도 정부의 도움을 기대할 수 있는 거물이 되었다. 회사 수입의 절반 이상을 차지하며 엄청나게 많은 이익을 가져다주던 유럽 시장을 제2차세계대전으로 잃게 되자 미국 정부는 그가 라틴 아메리카에서 활로를 찾도록 도와주었다. 또한 워싱턴의 행정부는 그의 작업장을 마비시키고 있던 파업을 서둘러 해결해주었으며, 디즈니가 말 그대로 파산 직전으로 몰리자 전쟁 영화의 제작을 위탁하기 시작했는데, 이것은 전쟁 동안 그의 주수입원이 되어주었다. 당시 라틴 아메리카 담당 국무 차관보였던 넬슨 로커펠러[21]는 디즈니가 "친선 사절"로서 남반구에 가도록, 그리고 나치의 선전에 속아 넘어가기 쉬운 현지인의 마음과 정신을 우리편으로 만들기 위한 영화를 제작하도록 주선했다. 그렇게 해서 만들어진 <살루도스 아미고스>[22]라는 영화는 디즈니를 선전하기 위한 광고 기능과는 별도로 라틴 아메리카를 대상으로 하는 외교적 가르침의 귀감이 되었으며, 이것은 오늘날까지도 유효한 것으로 간주되고 있다. 중남미 대륙을 여행하는 "사절" 디즈니와 그의 휘하 만화가들을 담고 있는 이 실연(實演) 여행 영화에는 브라질과 아르헨티나, 페루, 그리고 칠레 국민의 "삶"을 만화로 만든 부분이 사이사이에 끼어들어가 있다. 그런데 만화화된 이 부분들은 라틴 아메리카를 미

20. 또는 초두의 H를 삭제한 채 UAC라고 약칭하기도 한다.

21. 미국의 정치인. 역시 로커펠러 가문의 일원으로, 후에 포드 대통령 밑에서 부통령직을 역임했다.

22. 우리말로는 '안녕, 친구들'이라고 옮길 수 있다.

국이 보고 싶은 대로, 그리고 [미국이 생각하기에] 이 지역 사람들이 스스로를 그렇게 생각하고 있겠지 하는 모습으로 그리고 있다. 이것들은 우스운 앵무새들, 즐거운 삼바 리듬, 호화로운 해변 휴양지와 얼간이 가우초들[23], (심지어 원주민들이라도 현대적일 수 있다는 것을 보여주기 위해서) 단지 한 명의 미국인 여행객이 고국의 친지들에게 보내는 엽서를 배달하기 위해서 안데스 산맥의 험지(險地) 위를 용감하게 날아가는 칠레의 소형 비행기로 상징된다. 이처럼 라틴 아메리카를 몇 장의 그림 엽서로 환원하는 작업은 그 후 <세 명의 기사>에서는 더 심해지며, 이 지역을 배경으로 그려진 기타 디즈니 만화 이야기들에도 그대로 스며들어가 있다.

    대공황 시기에 <미키 마우스>나 <아기 돼지 삼형제>와 같은 디즈니 인기물은 엄청난 고난에 직면해서도 용기를 잃지 않는 낙관주의에 적합한 상징으로서 비평가들의 호평을 받아왔다. 디즈니는 자기 작품이 특정한 정치적 메시지를 담고 있다는 견해를 항상 부정했으며, (자신의 순수성의 증거로) 그가 공감하는 정치 이데올로기의 다양함을 자랑스럽게 말해왔다. 자부심에 찬 이 후견인은 미키야말로 "중국인들과 일본인들이 동의할 수 있는 유일한 사안"이라고 언급했다. 그에 의하면 "무솔리니, 조지[24] 왕, 그리고 루스벨트 대통령"이 모두 이 생쥐를 사랑했다. 그리고 설사 히틀러가 싫어한다고 해도(나치 선전 영화들은 모든 종류의 쥐, 심지어 디즈니의 주인공 쥐까지도 더러운 생물로 간주했다) 디즈니는 "그렇지만 아돌프 히틀러가 언젠가 물에 빠지거나 사고를 당하면 미키가 구해줄 거야. 그런지 안 그런지 어디 한번 두고보자구. 그때가 되면 히틀러도 부끄러워할 테지!"[27] 라며 큰소리쳤다. 그러나 막상 전쟁이 터지자 디즈니는 히틀러를 구하기 위해서가 아니라 저주하기 위해서 생쥐를 이용한다. 미키는 미국 군대의 인기 마스코트가 되었던 것이다. 그래서인지 유럽 내 전쟁의 결정적 사건이었던 노르망디 상륙 작전에는 미키 마우스라는 암호명이 주어졌다.

23. 남미의 카우보이로, 대개 백인과 인디오의 혼혈이다.

24. 1936~1952년에 재위한 영국 국왕 조지 6세를 가리킨다.

디즈니가 만든 여러 편의 전시 선전 영화 중에서 가장 많은 논쟁을 불러 일으켰으며 여러 모로 가장 중요한 영화는 <공군력을 이용한 승리>[25]였다. 디즈니 본인의 주도로 시작된 이 영화는 인구 밀집 지역에 대한 폭격을 포함하는 전략적 폭격의 "효용성"에 대한 디 세버스키 소령[26]의 이론(말하자면 비용 대 손실의 비율)을 지지하기 위해서 만들어졌다. 물론 드레스덴[27]과 히로시마에 대해 우리 자신이 저지른 죄를 디즈니에게 뒤집어씌운다면 불공평할 것이다. 그러나 당시에 이미 어느 영화 비평가가 디즈니의 이 같은 "집단 학살에 대한 유쾌한 꿈"을 보고 충격을 받았다는 점은 주목할 필요가 있다.[28] 이러한 영화를 만든 사람이 훗날 골드워터[28]나 레이건[29]처럼 베트남 지역에 가공할 만한 전략 폭격을 주장한 몇몇 유명인사를 물심양면으로 지원한 것은 너무나 당연하리라. 사실 1964년에 디즈니가 골드워터를 지원한 일은 부유한 보수주의자의 공적인 인사치레 이상의 것이었다. 왜냐하면 존슨 대통령으로부터 대통령 자유 메달을 받을 때조차도 가슴에 골드워터 지지 배지를 달고 갈 정도였기 때문이다. 그리고 1959년 대통령 선거전에서는 휘하의 피고용인들을 협박해서 이들이 공화당원이건 아니건 닉슨 후보의 선거 기금에 기부하게 할 정도로 디즈니는 오만했다.

디즈니는 변화하는 문화적 환경에 어떻게 적응해야 하는지를 알고 있었다. 전후에 디즈니의 생쥐(Mouse)는 "착실"해졌고, 미국과 마찬가지로 세계의 경찰이 되었다. 한편 만화로 보면 그는 오리[도널드 덕]에게 밀려났다. 도널드 덕은 새로운 시대에 맞는 새로운 종류의 코미디를 대변했다. 즉 1930년대의 미키 마우스처럼 용기와 기지의 상징이 아니라 영웅적인 실패의 표본, 즉 끊임없이 돈과 명예를 좇지만 영원히 실패할 운명에 처해 있는 사나이의 표본을 대변했다. 이러한 캐릭터는 당시 정점에 있던 자본주의 시대, 즉 어마어마한 부는 운수 좋은 이들과 스크루지 삼촌 같은

25. 이는 바로 아래에 언급될 알렉산더 P. 디 세버스키(Alexander P. De Seversky) 소령이 저술한 책의 제목이기도 하다.
26. 러시아 출신의 미 공군 조종사로, 후에 리퍼블릭 항공사로 이름을 바꿨으며 P-47기 선더버드 등 유수의 전투기를 생산한 세버스키 항공사를 설립하는 등 미국의 항공 전략 사상 발전에 큰 영향을 미쳤다.
27. 독일 동부의 유서 깊은 문화 도시로, 1945년 제2차 세계대전의 막바지에 미군 등 연합군의 융단 폭격에 초토화되었다.
28. 미국 정치인. 공화당 당원이자 극우 보수주의자로 알려진 그는 구(舊)소련에 대한 강경 대응을 촉구했으며, 1964년 대통령 선거에 출마했으나 존슨에게 패했다.
29. 미국 대통령을 역임한 그는 1964년 대선에서 골드워터를 위해 찬조 연설을 하기도 했다.

무자비한 경쟁자에게 주어지고 운 없는 자들과 경쟁에서 진 사람들의 눈앞에는 그저 미끼로만 매달려 있지만, 그래도 (미디어에 의해서) 풍요와 기회를 구가하는 것으로 그려지던 그런 시대에 적합한 것이었다.

그러나 도널드 덕 가족이 부상했다고 해서 미키가 매력을 잃은 것은 아니다. 『타임』지는 아프리카의 오지 중의 오지에 있는 벨기에 령(領) 콩고[30]의 어느 식민지 행정관이 공포에 질려 "미키무스(Mikimus)"를 외쳐대는 일단의 원주민과 마주친 이야기를 기사로 실은 바 있다. 이들 원주민들은 동네의 주술사로부터 도망치고 있었다. "평소의 마법이 신통력을 잃자 위급한 나머지 주술사가 전세계에 마술을 걸어놓은 위대함을 차마 다 헤아릴 수 없는 마술사, 즉 월트 디즈니의 친근한[31] 영혼을 불러"내고 있었기 때문이다.[29] 즉 이들 원주민들은 디즈니 만화책 자체가 부과했던 것과 똑같이 천한 배역을 『타임』에 의해 다시 떠맡았던 것이다.

한편 고향에서 디즈니의 백(白)마술[32]은 이와 전혀 다른 종류의 만화에 들어 있는 신랄한 흑(黑)마술[33]에 의해 위협받고 있는 것 같다. "공포 만화"의 과도한 폭력은 만화 산업의 주요 부문을 추문으로 만들어버렸으며 만화를 끔찍한 성적인 타락과 가학적 잔혹성, 그리고 온갖 종류의 극단적인 물리적 폭력이라는 참극이 일어나는 장(場)으로 보는 미국과 유럽의 도덕주의자와 교육가, 그리고 아동 심리학자들의 철저한 조사를 받게 만들었다.[30] 물론 디즈니는 아무런 도덕적 손상도 입지 않았을 뿐만 아니라 오히려 의기양양하게 살아남았다. 그는 새로운 <만화 규제 위원회>가 요구하는 무공해 만화의 모델이 되었다. 급속하게 타락하고 있던 문화에서 그는 급기야 미스터 클린(Mr. Clean) 미스터 디슨시(Mr. Decency) 그리고 미스터 이너슨트 미들 아메리카(Mr. Innocent Middle America)가 되기에 이르렀다. 심지어 캘리포니아 주 공교육 장학관이던 맥스 래퍼티와 같은 지극히 반동적인 교육 공직자에 의해 "금세기의 가장 위대한 교육자 즉

---

30. 자이르의 식민지 시절 이름이다.

31. 영어 원문은 Familiar로, '자신이 마법으로 부리는' 이라는 뜻도 포함한다.

32. 좋은 목적으로 사용되는 마술을 뜻한다.
33. 나쁜 목적으로 사용되는 마술을 뜻한다.

존 듀이[34]나 제임스 코넌트[35], 혹은 그 나머지 우리 모두를 합친 것보다 더 위대한 교육자"로 추켜세워졌다.[31] 한편 (하버드 대학, 예일 대학 등에서 받은 모든 명예 학위에도 불구하고) 디즈니는 늘 그랬던 것처럼 "교육," "지성," "예술" 등의 개념이나 그가 누구에게 무엇인가를 "가르친다"는 생각 자체에 대해서는 계속해서 공공연한 경멸감을 표하곤 했다.

대중적인 디즈니 신화는 그의 작품뿐만 아니라 또한 전기적(傳記的)인 자료나 그의 개인적인 발언들로부터 만들어졌다. 디즈니는 결코 자신을 일과 분리하지 않았다. 그리고 그의 삶을 형성했으며 본인도 과장하고 강조하기를 좋아했던 특정한 정황들이 있는데, 이것들은 전기나 인터뷰를 통해 디즈니라는 인물과 디즈니 프로덕션의 대중적 이미지를 형성하는 데 기여했다. 한편 이러한 대중적 이미지는 바로 이 인물의 자기-이미지이기도 했으며, 양자 모두 북아메리카인들의 주도적인 자기-이미지에 영향을 미치고 또 이로부터 영향을 받았다. 따라서 그의 광범위한 청중 가운데 대부분은 자기의 삶을 바로 디즈니가 자기 삶을 해석하는 것과 같은 방식으로 해석한다. 즉 그의 천진무구함은 그들 자신의 천진무구함이며, 반대 또한 마찬가지다. 그의 현실 거부와 순수함에 대한 갈망 역시 그들의 것이기도 하다. 그들의 소망은 디즈니의 소망과 똑같으며, 그들은 디즈니와 마찬가지로 가난에서 삶을 시작하여 부자가 되기 위해서 열심히 일했다. 그리고 설령 디즈니는 부자가 되고 자신들은 그렇지 못했다 해도, 그저 운이 없었을 뿐이라고 생각할 것이다.

* * *

월터 일라이어스 디즈니는 1901년에 시카고에서 태어났다. 그러나 목수 일과 소규모의 토목 건축 하청으로는 이 도시에서 어지간한 생활을

---

34. 미국의 철학자이자 교육학자. 미국 철학자 윌리엄 제임스(William James)에게 영향받았으며 실용주의 또는 도구주의의 입장을 확립했다.

35. 미국의 화학자이자 교육자, 외교관. 미국 중등 교육 및 교원 양성 제도의 개혁을 제창한 그의 『코넌트 보고서』는 적지 않은 영향을 끼쳤다. 제2차세계대전 뒤인 1953년에 주(駐)서독 고등판무관으로 재직하면서 민주주의 정신의 옹호자로 명성을 떨치기도 했다.

꾸릴 수 없었던 그의 아버지는 그가 네 살 되던 해에 미주리 주의 마설린 근처에 있는 농장으로 이사를 갔다. 후에 디즈니는 이곳에서의 삶을 이상화했으며 이곳을 (비록 일을 도와야 했지만) 일종의 에덴 동산, 사악한 세상에 필요한 도피처로 기억했다. 왜냐하면 그는 "사내아이들은 일정한 나이가 된 후에는 (대)도시의 타락한 영향으로부터 멀어져 전원의 건강한 환경에서 사는 것이 최선"이라는 아버지의 말에 동감했기 때문이다.[32]

그러나 4년에 걸친 농장 경영이 실패로 돌아가자 이후 일라이어스 디즈니는 재산을 처분했고, 가족은 이번에는 도시인 캔자스시티로 되돌아갔다. 그곳에서 아홉 살짜리 월트는 학교 수업 외에도 아버지의 강요에 떠밀려 매일 새벽 3시 반에 일어나 깜깜하고 눈이 얼어붙어 있는 거리를 몇 시간 동안 걸어다니면서 신문을 배달하는 무지막지하게 고되지만 막상 돈은 받지도 못하는 일을 해야 했다.[33] 그는 이때의 기억을 평생 잊지 못했다. 또한 그의 아버지는 아무런 이유 없이 버릇처럼 그를 가죽끈으로 때리곤 했는데, 월트는 "아버지의 기분을 좋게 하고 행복하게 해드리려고" 이 매질을 참아냈다. 이 문구는 어린 시절의 억압적 현실을 대면하기를 꺼리는 성인의 의식적인 노력을 잘 보여주고 있다.

한편 이상하게도 월트의 어머니는 누이동생과 마찬가지로 그의 기억에 없다. 그의 세 형은 모두 집을 뛰쳐나갔다. 그리고 유명해진 뒤에도 월트 디즈니가 형 로이를 빼고는 실제로 부모나 가족 중 누구와도 아무런 관계를 맺지 않은 점은 특기할 만하다. 그보다 여덟 살이 더 많았으며 일생 동안 그의 재정을 관리했던 형 로이는 처음부터 일종의 대리 부모, 아버지 노릇을 하는 삼촌 같은 인물이었다. 만화에서 진짜 부모, 특히 어머니를 제거하는 것, 그리고 영화에서 아예 처음부터 어머니가 죽은 상황이거나 도중에 죽어가는, 아니면 사악한 계모로 배역을 설정하는 예들(<밤비>, <백설 공주> 그리고 특히 <덤보>[34])은 디즈니에게는 커다란 개인적인 의미를 가졌을 것이 틀림없다. 물론 이 주제는 오랫동안 세계 민속 문학의 상수(常數)였다. 그러나 디즈니가 이 주제를 다루는 방식은 우리에게 20세기 부르주아 문화에 대해 대단히 많은 것을 알려줄지도 모른다. 분명 디즈니 만화의 특이한 점은 바로 기술적으로는 어머니가 없는 것은 아니지만 개념으로서의 어머니는 전혀 존재하지 않는다는 사실에서 찾을 수 있다. 진정으로 유년기를 증오하며 부모를 두려워하고 거부했지만, 막상 디즈니는 이를 받아들일 수 없었을지도 모른다. 그래서 작품들을 통해 자신의 성장기와 관련되어 있는 쓰라린 사회 현실로부터 도망치려고 애쓰는 것일 수도 있다. 그는 한때 자기가 어린이였다는 사실을 증오했는데, 우리는 이를 통해 왜 그가 항상 자기 영화와 놀이 공원들은 애초 어린이들을 위해서가 아니라 누구보다도 성인들을 위해 지어진 것이라고 고집스레 주장하고, 왜 그가 디즈니랜드를 방문한 모든 어린이 한 명당 네 명의 어른이 따라다닌다는 것을 보여주는 통계 수치를 보고 흐뭇해했으며, 왜 그가 언제나 '최고의 어린이 영화'로 상을 받는 것을 불평했는지를 알 수 있을 것이다.

    이 책의 두 저자가 보여주듯, 디즈니 만화에서 어린이는 실제로는 어른의 불안과 고뇌를 감추는 가면이다. 어른의 자기-이미지인 것이다. 실제로 대부분의 비평가들도 디즈니가 "실제 어린이", 진정한 아동 심리 혹은 유년기와 관련된 문제에 대해서는 거의 또는 전혀 이해하지 못한다는 점에 동의하고 있다.

    또한 디즈니는 필연적으로 부모와 자식들 간의 생물학적 연결 고리, 즉 성(sexuality)을 제거할 수밖에 없었다. 그의 초창기 영화들에 나타난 바 있는 야한 기미나 천박한 유머는 오래 전에 위생처리되었다. 실로 디즈니는 할리우드에서 외설적인 농담을 건네서는 안 되는 유일한 사람이었다. 그의 유머 감각은 — 설령 있었다고 해도(그리고 그에 대해 글을 집필한 많은 저자는 이 점에 대해서는 의문을 제기한 바 있다) — 언제나 빤한 "화장실"이나 항문류였다. 디즈니에게서는 짐짓 순진한 척하는 항문애가 성(sexuality)을 대체했다. 이 점은 그의 영화에서 악명 높은 사실이며, 만화책에서도 쉽게 관찰할 수 있다. 사실 만화 안팎의 디즈니 세계란 남성들만의 세계이다. 디즈니 조직은 중요한 직책에서 여성들을 배제시킨다. 디즈니 역시 "여자들은 옛날에도 따분했고 지금도 따분해"라고 거리낌없이 시인하곤 했다.[35] 사실 그와 친밀한 관계를 맺은 여성은 아주 적었다. 심지어 그의 딸이 집필한 전기도 가족 구성원 사이에서조차 진정한 화목함이 있었다는 암시를 담고 있지 않다. 아내에 대한 디즈니 본인의 구애 이야기는 그것이 순전히 상업적인 거래였음을 확인시켜준다.[36] 원래 디즈니는 훗날 아내가 된 릴리언 바운즈를 연필 밑그림에 잉크를 칠하는 기술자로 채용했었다. 그녀야말로 다른 어떤 사람보다도 적은 돈을 받고 일하려고 했기 때문이다. (형 로이가 결혼해서 따로 나가 살게 되자) 그는 그녀와 결혼했는데, 새로운 동거인과 요리사가 필요했기 때문이다.

이처럼 성(性)과 어린이의 실상을 외면했듯이 또한 디즈니는 실제 자연의 실상도 외면했다. 세계에서 가장 널리 알려진 자연 영화를 만들었으며 작품을 통해 자연적이고 전원적인 삶의 순수함으로 돌아가고픈 갈망을 표현했던 이 인물은 정작 시골을 멀리했다. 그는 로스앤젤레스를 거의 떠나지 않았다. 그의 집 정원은 장난감 철로와 기차(이것이 그의 커다란 취미였다)로 가득 차 있었다. 그는 단지 길들이고, 통제하며, 청결히 하기 위해서만 자연에 관심을 가졌다. 진정 디즈니랜드와 월트 디즈니 월드는 환경을 완전하게 통제하려는 그의 욕망의 기념비이다. 생애 말기에 그는 심지어 미너럴 킹 지역에 있는 캘리포니아의 가장 아름답고 "청정한" 광대한 산악 지역을 3천5백만 달러짜리 놀이터로 만들 계획을 세우고 있었다. 그는 인간과는 다른 동물들 특유의 성질이나 황야에 대해서는 아무것도 몰랐다. 즉 그가 자연에 관심을 가진 것은 그것을 '인간화'하기 위해서였을 뿐이다.

그럼에도 불구하고 디즈니는 그의 천재성과 창조성이 "어머니 대지에서 싹텄다"고 말하기를 좋아했다.[37] 자연은 그의 천재성의 원천이었고, 그의 천재성은 그의 부의 원천이었으며, 따라서 그의 부는 자연의 산물인 옥수수처럼 커갔기 때문이다. 그렇다면 그의 이 황금 옥수수밭을 자라게 한 것은 무엇이었는가? 달러들이었다. 디즈니는 "달러란 비료랑 같지. 달러가 모든 걸 자라게 만들거든"이라며 스크루지 맥덕 삼촌에 어울릴 만한 말을 한 바 있다.[38]

이 책의 두 저자가 지적하고 있듯, 과거를 현재처럼 그려내고 현재를 과거처럼 보여주며 양자를 미래에 투영하는 것이 곧 디즈니의 야심이다. 그렇다면 디즈니는 오늘뿐 아니라 내일에 대해서조차 특허를 낸 셈이다. 즉 "모든 권리를 독점하는 것이다." 왜냐하면 언론 매체에서 흔히 쓰는 표현대로 "그는 내일을 오늘 실현했으며" "사람들로 하여금 미래를 실제로 경험할 수 있게 하기" 때문이다. 그가 꿈꾸는 미래는 플로리다 주 올랜도에 세워진 월트 디즈니 월드에 이미 실현되어 있다. 한때 처녀지였으며 맨해튼의 두 배나 되는 지역을 가득 채운 이 놀이 공원은 개장 첫 해에 (워싱턴 시의 연간 방문객 정도가 되는) 1천7백만 명의 손님을 끌어들였다. 이곳은 자신만의 법칙을 갖고 있는 국가 속의 국가이다. 이 왕국은 세계에서 다섯번째로 큰 잠수함대를 자랑한다. 유명한 부르주아 건축가, 도시 계획자, 비평가 그리고 부동산 투기꾼들은 이 월트 디즈니 월드를 우리의 도시 문제에 대한 해결책이자 미래의 삶에 대한 원형으로 환호하며 맞아들인 바 있다. 어느 유명한 비평가의 말을 빌리자면 에프콧(EPCOT: Experimental Prototype Community of Tomorrow)은 "거대하고 살아 있으며 늘 변화하는 도시 계획의 실험실이며, 기능성 공동체…… 당연히 주택, 교육, 고용, 정치 등의 아주 많은 문제점을 피할 수 있는 공동체이다. …… 왜냐하면 그들은 유쾌한 사업(또는 오락 사업)을 벌이고 있기 때문이다."[39] 당연하다.

디즈니의 놀이 공원들은 "미래"에 대한 공상과 만화의 "재미"가 자본주의적 "현실"에 한 걸음 더 가깝게 다가갈 수 있도록 만들었다. "여러분께서는 — 세상에서 가장 행복한 장소인 — 디즈니랜드에서, 당신이 밀림 속의 사생활을 침해하는 것에 종종 적대감을 드러내는 '야생' 동물과 토착 '야만인들'을 만나보실 수 있습니다. …… 여러분께서는 '모험의 나라'에 있는 울타리 안에서 실제로 인디언들을 쏘실 수 있습니다"라고 한 홍보물은 말하고 있다.

그러는 동안 바깥의 **진짜** 현실 세계에서는 바로 이 "야만인들"이 계속해서 디즈니에게 반격을 가하고 있다.

1991년 2월, 로스앤젤레스에서
데이비드 컨즐

도널드 덕

어떻게 읽을 것인가

도널드 덕 연구를 위한 변명

이 책을 읽는 독자들은 심기가 혹시 불편해질 수도 있으리라. 물론 이제껏 독자들이 숭배해온 우상 중의 하나가 뜻밖에도 엉터리 수작에 불과하다는 것이 폭로되어서라기보다는 이 책에서 사용되고 있는 언어가 통상 과학적 탐구를 치장해주고 있는 거짓된 엄숙주의와 단절하려고 하기 때문이다. 지식은 권력의 한 형태이기도 하다. 따라서 진정한 지식을 얻으려면 맹목적인 시각에 사로잡히거나 딱딱하고 과장된 전문용어를 동원해 호된 신고식을 치르도록 하는 것을 더이상 지지해서는 안 된다. 우리의 지고하신 영혼의 사제들은 다름 아니라 그러한 신고식을 통해 사고와 표현에 대한 배타적인 특권을 합법화하고 보호하려들기 때문이다. 심지어 널리 팽배해 있는 오류들을 고발할 때조차 연구자들은 혼자만 아는 언어를 사용함으로써 바로 자신들이 파괴하려고 하는 것과 똑같은 신비화에 빠져드는 경향이 있다. 언어의 한계를 파괴하는 것에 대한 이러한 두려움, 미래를 상상력이라는 의식의 힘으로 펼쳐나가는 것에 대한 이러한 두려움, 그리고 독자와 친밀하면서도 지속적으로 접촉하는 것에 대한 이러한 두려움 ─ 막상 자기만 아는 특정한 제한된 군중 앞에 하찮게 보이고 벌거벗겨질지도 모른다는 이러한 불안감은 사실 삶과 현실 전체에 대한 반감을 드러낼 뿐이다. 하지만 우리는 비를 연구하러 가면서 우산을 챙겨들고 가는 과학자처럼 되고 싶지는 않다.

그렇다고 해서 과학적 합리주의를 부정하려는 것은 아니다. 또한 어설픈 대중화를 원하는 것도 아니다. 우리는 그저 좀더 직접적이고 실질적인 의사 소통 수단을 찾고, 즐거움을 앎과 조화시켜보려고 할 뿐이다.

최고의 비평적인 노력은 현실 분석말고도 일정한 방법론적 자기 비판을 내포하고 있기 마련이다. 그런데 이 책에서는 상대적으로 복잡한가 단순한가가 아니라 비평 언어 자체를 꼼꼼히 검토하는 것이 문제가 되고 있다.

이러한 실험에 대한 성공 여부는 독자들의 평가에 맡길 생각이다. 바라건대 적극적이고 생산적인 방식으로 그렇게 해주길 바란다. 이 책은 두 연구자의 공동 노력의 산물이다. 지금까지 각자의 전공 분야인 인문학과 사회과학 분야의 타고난 한계를 지켜봐오면서 이들 두 분야의 해석 방법과 의사 소통 방법을 바꾸어야 한다고 생각해오고 있던 두 사람이 함께 책을 낸 것이다. 물론 개인주의에 경도되어 있는 혹자는 이 사람이 쓴 부분과 저 사람이 쓴 부분을 들추어내면서 모든 문장을 난도질할 수도 있을 것이다. 그들을 안락 의자나 대학 교수직에 편히 앉아 있도록 해주고 있는 지적 노동의 사회적 분업을 복원해볼 요량으로 말이다. 그러나 이 책은 미치광이 컴퓨터처럼 계산하기 좋아하는 사람들에 의해서 그런 식으로 글자 하나하나씩 분류되어서는 안 되며, 착안에서 글쓰기까지 두 사람의 공동 노력의 산물로 간주되어야 한다.

게다가 그러한 방법을 택한 것은 이 책에 담겨 있는 기본적인 생각들을 더 광범위하게 대중적으로 확산시키고자 하는 노력의 일환이기도 하다. 그러나 불행하게도 우리 민중의 교육 수준을 감안해볼 때 이러한 생각들이 우리가 다가가고자 하는 모든 독자에게 언제나 쉽게 이해될 수 있는 것은 아니리라. 더구나 이 책에 담긴 비판은 부르주아 계급이 부르주아적 가치관을 선전하기 위해 장악하고 있는 것과 똑같은 대중적인 통로들을 따라갈 수 없기 때문에 이 점은 특별히 더 문제가 된다.

칠레 가톨릭 대학 부설 센터(CEREN) 소속 학생들, 그리고 칠레 대학 스페인어학과의 '하위 문학과 그것을 극복하는 방법' 세미나 팀이 지속적으로 우리의 작업에 개인적·집단적으로 동참해준 데 대해 감사 드린다.

민중 연합 정부 출판사인 키만투의 아동 및 교육 출판물 분과의 구성원인 아리엘 도르프만은 칠레 대학 스페인어학과에서 지정한 연구 과제 덕분에 이 책을 만드는 데 참여할 수 있었다. 키만투의 대중 매체 조사 평가부를 이끌고 있으며 칠레 사회 연구소의 연구 교수이기도 한 아르망 마텔라르 역시 이와 비슷한 연구 기금을 받아 이 책을 만드는 데 참여했다.

1971년 9월 4일
민중 연합 정부 승리 1주년

서론: 디즈니랜드 클럽에서 장군이 되기 위한 지침

"내 개는 유명한 인명 구조견이 됐고, 내 조카들도 나중에 기병대 준장이 될 거야. 더이상 무슨 명예를 바라겠어?"

도널드 덕 (D 422)[1]*

"꼬마 개구리들은 언젠가 **커다란** 개구리가 되겠지, 그럼 시장에서 굉장히 비싸게 팔릴 거야 ……. 특수 **개구리밥**을 만들어서, 폴짝폴짝 뛰는 요놈들이 더 빨리 자라게 해야겠어!"

도널드 덕 (D 451, CS 5/60)

월트 디즈니를 그저 사업가로만 생각했다가는 큰코 다친다. 우리는 모두 영화와 시계, 우산, 음반, 비누, 흔들 의자, 넥타이, 전등 등 그의 캐릭터들을 이용한 대규모 상품 판촉에 익숙해져 있다. 디즈니 만화는 5천 종의 신문에 게재되며 30개 이상의 언어로 번역되어 100여 개 국가에 퍼져 있다. 게다가 잡지사 자체의 과대 선전에 의하면, 칠레 한 곳에서만도 디즈니 만화는 매주 백만 명 이상의 독자에게 다가가 즐거움을 안겨준다. 현재는 편셀 출판사(주브나일 출판사)로 괴상하게 변신한 과거의 지그재그 출판사

* 이 책에 나오는 약식 표기들은 다음과 같다(자세한 것은 주 272쪽을 보라).
D:『디즈니란디아』, F:『판타시아스』, TR:『티오 리코』 혹은 『스크루지 맥덕』, TB:『트리빌린』 혹은 『구피』, CS:『월트 디즈니의 만화와 이야기』, DA:『덕 앨범』, DD:『도널드 덕』, GG:『자이로 기어루스』, HDL:『어린이 우드척 대원 휴이, 듀이, 루이』, US:『스크루지 삼촌』

가 라틴 아메리카 대륙 대부분의 지역에 이 잡지를 공급하고 있다. (판금, 협박, 규제, 탄압, 제한 등) 언론 출판의 자유를 짓밟는 데 대한 처절한 절규로 가득 찬 이곳에서 투자가들과 이전의 기독교 민주당 정권(1964~1970)의 자칭 "박애주의자들"이 통제하는 이 컨소시엄은 각국에 작전 기지를 두고 이 출판물 가운데 몇 개를 격주간지에서 주간지로 전환하는 사치를 이제 막 맛보고 있던 중이었다.

주식 평가 총액은 차치하더라도 디즈니는 현대인의 신성불가침한 공동의 문화 유산이라는 칭송을 받아왔다. 실제로 그의 캐릭터들은 전세계 모든 가정의 일부가 되어 사방의 벽과 온갖 종류의 물건들을 장식하게 되었다. 그것들은 일종의 사회 환경 비슷한 것이 되어 거대한 만인의 디즈니 가족에, 즉 모든 국경과 이데올로기를 넘어서며 민족과 국가 간의 차이, 그리고 풍속과 언어의 특성을 초월하는 디즈니 가족에 합류하라고 우리 모두에게 손짓하고 있다. 즉 디즈니는 모든 인류가 의사를 소통할 수 있도록 해주는 거대한 초국가적 교량인 것이다. 그리고 그토록 흘러넘치는 사랑스러움과 빛에 가려서 등록 상표는 보이지 않게 되었다.

디즈니는 우리 모두가 공유하고 있는 집단적 비전의 한 부분, 영원불멸할 것 같은 한 부분이 되었다. 실제로 1개국 이상에서 미키 마우스는 당대의 국민적 영웅보다 더 인기가 있는 것으로 관찰된 바 있다.

미국의 국제 개발처(AID)는 중남미에서 디즈니 만화 <환상의 마술사>의 캐릭터들을 주인공으로 하는 피임 장려 영화의 제작을 후원했다. 칠레에서는 1971년 7월 지진이 발생했을 때 산베르나르도에 거주하는 어린이들이 산안토니오의 이재민 친구들에게 디즈니랜드 만화와 과자를 보내주었다. 그리고 바로 전 해에는 칠레의 한 여성 잡지사가 디즈니에게 노벨 평화상을 수여할 것을 제안하기까지 했다.[2]

따라서 디즈니 세계에 대한 어떠한 빈정거림도 곧 도덕과 문명 전반에 대한 모욕으로 받아들여진다고 해서 놀랄 필요는 없을 것이다. 심지어 디즈니를 험담하는 귓속말조차도 유년기라는 행복하고 천진난만한 궁전을 훼손하는 행위가 될 것이다. 디즈니는 바로 그러한 유년기의 수호자이며 안내자이기 때문이다.

따라서 칠레 민중 연합 정부 출판사인 키만투에서 첫번째 아동 잡지를 출판하자마자 반동적인 잡지들이 디즈니를 옹호하기 위해 이런 식으로 들고 일어났다.

뉴스 진행자의 목소리가 수도 산티아고에 있는 라디오 방송국의 마이크 깊숙이 울려 퍼졌다. 놀랍게도 그는 월트 디즈니가 칠레에서 금지될 것이라고 발표했다. 즉 [민중 연합] 정부의 선전 전문가들은 칠레의 어린이들은 동물들을 통해 생각하고 느끼고 사랑하고 고통받아서는 안 된다는 결론을 내렸던 것이다.

이제 우리 어린이들과 어른들은 스크루지 맥덕과 도널드, 그의 조카들 그리고 구피와 미키 마우스 대신 — 우리 시대의 작가나 부화뇌동하는 자들이 그리고 있는 방식으로 판단하건대 — 험난하고 고통스러우며 냉혹하고 증오로 가득 찬 우리 사회만을 읽게 된 것처럼 보인다. 그러나 바로 사람 살이의 행복스런 측면을 강조해주는 데 디즈니의 매력이 있으며, 인간 사회에는 언제나 디즈니 만화의 캐릭터들을 닮은 인물들이 있기 마련이다.

가령 스크루지 맥덕은 돈을 산더미처럼 쌓아놓고도 어떤 사람이 동전 한 닢이라도 가져갈라치면 즉각 심장 발작을 일으키는 세계 최고의 구두쇠 백만장자이다. 그러나 이 모든 것에도 불구하고 그는 인간적 면모를 보여주며, 그렇기 때문에 조카들이 보기에 그나마 봐줄 만한 것이다.

반면에 도널드는 일과는 영원히 담을 쌓고 막강한 삼촌에게 기대어 살아간다. 한편 구피는 어느 누구에게도 해를 입히지 않고 서투른 행동으로 늘 웃음을 자아내지만 천진하고 교활함이라고는 전혀 없는 보통 사람이다.

덩치 큰 못된 늑대[1]와 아기 늑대[2]는 어린이들에게 선과 악의 차이점을 즐겁게, 악의 없이 가르치는 훌륭한 수단이다. 왜냐하면 덩치 큰 못된 늑대도 정작 아기 돼지 삼형제를 잡아먹을 기회가 생기면 양심의 가책을 느낀 나머지 사악한 행동을 할 수 없기 때문이다.

마지막으로 미키 마우스는 디즈니의 축소판이다. 지난 40년 동안 미키를 보는 것만으로도 가슴이 복받쳐 오르지 않은 사람이 있을까? 프로코피예프[3]의 위대한 선율[이는 의심의 여지없이 폴 뒤카[4]의 음악을 가리킨다]을 일일이 담아내고 어른과 어린이 모두에게 큰 즐거움을 안겨준 잊을 수 없는 어느 만화에서 '마법사의 제자' 역할을 하는 미키를 보지 않았던가? 음악가들과 오케스트라, 장식물과 꽃, 그리고 모든 살아 있는 것이 스토코프스키[5]의 지휘봉에 맞춰 움직이는 영화 예술의 경이로운 업적인 <판타지아>는 또 어떠한가? 게다가 극도의 탁월함과 사실성을 지닌 어느 한 장면은 코끼리들이 너무나 우아하게 <잠자리들의 춤>[분명 <임종의 춤>[6]을 가리킨다]을 추는 것을 보여준다.

도대체 누가 아이들이 말하는 동물들에게서 아무것도 배우지 못한다고 주장할 수 있는가? 어린이들이 애완견이나 고양이와 정감어린 말을 주고받으며, 개나 고양이는 갸르릉대거나 귀를 쫑긋하면서 주인이 내린 명령을 알아들었다고 표시하는 장면을 흔히 볼 수 있지 않은가? 우화들은 몹시 힘든 상황에 처했을 때 어떻게 행동해야 하는지를 동물들을 통해 가르쳐주는 값진 교훈으로 가득 차 있지 않은가?

대중을 상대로 일하는 사람들에게 지나치게 엄중한 기율을 부과하는 것이 얼마나 위험한지에 대해서는 예를 들어 토마스 데 이리아르테[7]의 말이 경종을 울려줄 수 있을 것이다. 대중이 언제나 주어진 것을 맹목적으로 받아들이는 것은 아니다.[5)]

---

1. Big Bad Wolf: 서양의 전래 우화나 동화에 자주 등장하는 이 인물은 'the big bad wolf'라는 일반 명사로 정착되기도 했는데, 이는 '위협적인 인물 또는 물건'을 뜻한다. 디즈니의 경우, 늑대 지크로도 불린다.
2. Little Wolf: 정식 명칭은 못된 아기 늑대(Li'l Bad Wolf)로, 이름과는 달리 평화주의자이다. 따라서 그는 아버지인 덩치 큰 못된 늑대의 계략을 매번 좌절시켜 친구인 아기 돼지 삼형제를 구해준다.
3. 우크라이나 출신의 러시아 작곡가. 니콜라이 안드레예비치 림스키-코르사코프 등에게 사사했으며, 작품으로 오페라 <세 개의 오렌지에 대한 사랑>과 발레 <로미오와 줄리엣> 등이 있다.
4. 프랑스 작곡가 및 음악 평론가. 바그너와 드뷔시의 영향을 받았으며, 대표작으로 교향시 <마법사의 제자>(또는 <마법사의 도제>)가 있다.
5. 영국 태생의 미국 지휘자. 방송과 영화 등 새로운 매체에도 관심을 보였으며, 뉴욕의 아메리칸 교향악단을 설립하였다.
6. 빅토르 위고의 희곡 『파도바의 폭군 안젤로』에 기초한 이탈리아 작곡가 아밀카레 폰키엘리(Amilcare Ponchielli)의 발레 오페라 <라 조콘다>에 나오는 곡으로, '시간의 춤'으로도 번역된다.
7. 18세기 스페인 시인. 저서로 『문학적 우화집』이 있다.

이러한 발언은 아동기와 아동 문학과 관련해 언론계에 팽배해 있는 몇 가지 생각을 그대로 읊어대고 있다. 무엇보다 '순수한 오락,' 특히 유아기 어린이들을 위한 오락에는 정치가 끼어들 여지가 없다는 것이 암시되고 있다. 즉 어린이들의 놀이는 그 자체에 고유한 규칙과 법칙을 갖고 있으며, 디즈니 캐릭터들처럼 자율적이며 탈사회적인 영역에서 움직이고 있다는 것이다. 이들의 심리 또한 '특권을 부여받은' 이 연령에 고유한 특성을 갖고 있다는 것이다. 따라서 귀엽고 온순한 아이는 삶의 해악과 어른들의 사소한 악감정, 증오 그리고 정치적·이념적인 오염으로부터 철저하게 보호받아야 하는 만큼 아동기라는 신성한 영역을 정치화하려는 모든 시도는 행복과 천진함과 환상으로 넘쳐나야 할 곳을 전복시킬 위험이 있다. 또한 동물들은 역사와 정치의 부침과는 무관하기 때문에 사회·경제적 현실과는 무관한 세계를 가리키기 위한 편리한 상징이 될 수 있다. 그리고 동물 캐릭터들은 보통의 인간 유형, 즉 모든 계층과 국가 그리고 시대에 공통적인 유형을 나타낼 수 있다. 이런 식으로 디즈니는 어린이에게 고유한 윤리적·심미적인 길을 끌어낼 수 있는 도덕적 배경을 확보한다. 따라서 어린이들을 이러한 마법의 정원으로부터 끌어내는 것은 잔인하고 불필요한 일이다. 왜냐하면 어머니 자연의 법칙이 그곳을 지배하고 있기 때문이다. 아이들이란 그런 **법**이다. 그리고 무한한 지혜를 가진 만화 제작자들은 어린이들의 행동을 이해하며 아이들이 생물학적으로 조화를 필요로 한다는 것을 알고 있다. 따라서 디즈니를 공격하는 것은, 아이들에 관해 전혀 의문시되어본 적이 없는 정형화된 생각, 인간 조건은 불변이라는 미명하에 법칙으로까지 신성시되어 있는 생각을 거부하는 것이 된다.

이렇듯 디즈니에게는 **자동으로 마술처럼 작동하는**[4] 일련의 항체가 있다. 이것들이 그에 대한 비판을 중화시키고 있다. 왜냐하면 이러한 가치들은 이미 사람들의 취향이나 반응 그리고 태도 속에 주입되어 모든 차원에서 일상의 경험을 구성하고 있기 때문이다. 그리고 디즈니는 용의주도하게 이러한 가치들을 상업적으로 최대한 이용해먹는다. 따라서 그를 비난할 가능성이 있는 사람은 소위 '여론,' 즉 이미 디즈니의 메시지가 정해놓은 방식으로 생각하고 있으며 이 메시지에 기반해 사회와 가정에서 삶을 살아가는 사람들의 사고 속에서는 사전에 단죄받을 수밖에 없다.

이 책이 출판되면 저자들에게 적대적인 논평이 봇물처럼 터져나올 것은 뻔하다. 따라서 우리의 적대자들의 임무를 수월하게 해주고 그들의 비판에 통일성을 부여하기 위해 우리는 언론계의 신사 양반들이 그토록 연연해 마지않는 간행물 윤리를 신중히 고려해 다음과 같은 모델을 제안한다.

어떤 사람을 디즈니랜드 클럽에서 쫓아내기 위한 지침

1. 이 책의 저자들을 다음과 같이 규정한다. (디즈니의 세계가 순수한 반면) 이들은 추잡하고 비도덕적이다. (디즈니가 단순하고 개방적이며 진지한 반면) 이들은 지나치게 복잡하며 기교적이다. (디즈니가 세계에서 가장 인기있는 사람인 반면) 이들은 사악한 엘리트 계급이다. (디즈니가 정치를 초월하며 비당파적인 반면) 이들은 정치적 선동가이다. (디즈니가 자연스럽고 감정이 풍부하며 웃고 남을 웃기는 것을 좋아하는 반면) 이들은 계산적이며 원한을 품고 있다. (디즈니가 부모에 대한 존경심과 동료에 대한 사랑, 그리고 약자에 대한 보호 등을 가르치는 반면) 이들은 젊음과 가정의 평화를 전복시킨다. (디즈니가 국제적이면서도 가장 훌륭하고 소중한 민족 전통을 대표하는 반면) 이들은 애국적이지 않고 국가 정신에 적대적이다. 마지막으로 (디즈니 삼촌이 착취에 반대하며 계급 없는 미래 세상을 추구하는 반면) 이들은 "사악한 외국인들"[5]이 외국에서 수입한 이론, 즉 '마르크스주의에 따라 허구'를 양산하는 사

람들이다.

2. 다음으로 이 책의 저자들을 극히 비열한 범죄자들로 비난한다. 감히 어린이의 상상력에 의문을 제기한 죄. 다시 말해 — 끔찍하기도 해라! — 어린이들이, 이들을 그토록 잘 해석하며 바로 이들을 위해 창조된 문학을 가질 권리를 의문시한 죄가 바로 그것이다.

3. 마지막으로 어떤 사람을 디즈니랜드 클럽에서 쫓아내려면 그가 정치 인민 위원들이 강요한 재미없는 사회주의 리얼리즘의 교리로 어린이들을 세뇌시키려고 한다고 계속해서 비난하라.

아동 문학 역시 하나의 장르에 지나지 않으며, 문화 산업 내의 전문화된 하위 부문에 독점되어 있다는 것은 의심의 여지가 없다. 일부 장르는 모험 이야기에, 일부는 추리 소설에 그리고 일부는 연애 소설 등에 주력하고 있다. 그러나 적어도 이러한 장르들은 책을 되는 대로 구입하는 불특정한 대중을 겨냥하고 있다. 하지만 아동 문학의 경우 생물학적으로 고정된, 사전에 결정된 대중이 있다.

어린이 만화는 어른들이 만드는 것이므로, 이 작업은 바로 어린이란 무엇이다 혹은 어린이란 어떠해야 한다는 어른들 나름의 생각에 따라 결정되고 정당화된다. 어른들은 종종 대중의 수요의 성격을 설명하기 위해 '과학적인' 자료나 "이건 아주 먼 옛날부터 사람들에게 물려내려온 지혜야"라는 식의 과거의 전통을 인용한다. 그러나 현실적으로 볼 때 미래를, 즉 바로 자식들을 위해 부모들이 노심초사 노력하고 있는 미래를 위태롭게 만들 수도 있는 이야기를 할 어른은 없을 것이다.

따라서 만화는 어린이를 축소된 어른으로, 즉 이상화되고 도금된 어린 시절을 즐기는 모습으로 묘사하게 된다. 하지만 실제로 그것은 불화로 가득 찬 가혹한 일상 생활 너머에 있는 어떤 마술 같은 시대를 성인의 눈으로 투사한 것에 불과할 뿐이다. 이러한 구원 계획이 가능해지려면 모순이라고는 찾아볼 수 없고 상상 속으로 도피할 수 있도록 해주는 어떤 근원적인 단계가 모든 존재 안에 존재한다고 전제해야 한다. 이리하여 성과 폭력은 찾아볼 수 없으며 순수성과 자연스러움, 타고난 미덕을 구현하는 아동 문학은 지상 낙원을 재현하게 된다. 그리고 이것은 어른이 된 인간의 자기-구원을 보장해준다. 즉 어린이들이 있는 한 어른은 자기가 꿈꿔온 모습들에 대해 스스로 만족해 할 수 있는 구실과 수단을 갖게 된다. 이런 식으로 아이들을 읽는 어른들은, 그의 내적 도피처를 위해 아무런 문제가 없는 것으로 간주되는 장면들을 거듭해서 상연하고 연기한다. 그는 자기가 만들어낸 전설에 흠뻑 취한 채 동어반복에 빠진다. 말하자면 그는 거울을 유리창이라고 생각하면서 그 속에 비친 자기를 사랑하게 되는 것이다. 그러나 저 아래 뜰에서 놀고 있는 어린이는 스스로를 되돌아보고 있는 정화(淨化)된 어른이다.

이렇듯 만화를 만들어내는 것은 바로 어른이고 소비하는 것은 어린이들이다. 따라서 이처럼 오염되지 않은 세계를 지배하는 겉으로만 어린이인 배우는 바로 청중 역할과 동시에 아버지의 복화술을 위한 꼭두각시 역할을 한다. 아버지는 자식이 자기 목소리를 내는 것을 허용하지 않으며, 권위주의 사회라면 어디에서나 그렇듯 자식이라는 타자의 유일무이한 해설자이자 대변인으로 들어앉는다. 이 어린것이 할 수 있는 일이란 고작 아버지가 자기를 대변하도록 내버려두는 것뿐이다.

하지만 신사 여러분, 잠깐만! 아이들이 정말 그럴까요?

어른들은 아동 문학이 어린이의 간절한 요구를 충족시켜주며, 따라서 반드시 필요하다는 것을 입증하려고 나서고 있다. 그러나 이것은 일종의 폐쇄 회로이다. 왜냐하면 어린이들은 이미 잡지와 이 잡지들을 양산한 문화에 젖어 있기 때문이다. 아이들은 일상 생활 속에서 애정과 용인과 보상을 얻고, 바르게 자라 사회에 합류하기 위해서 누구나 다 배워야 할 것으로 간주되는 특성을 받아들이는 경향이 있다. 그리고 디즈니의 세계는 보상과 처벌에 의해서 유지된다. 벨벳 장갑 안에 무쇠 주먹을 감추고 있는 것이다. 규정상 어른들과 달리 여러 대안 중에서 한 가지를 취사선택할 수 없는 것으로 간주되는 어린이들은 자기 상상력이 의심할 바 없는 윤리적·심미적 이상으로 유도되는 것을 만족스럽게 받아들이면서 소위 '자연스러운' 행동을 직관적으로 알아가게 된다. 아동 문학은 이런 식으로 바로 이 문학이 일종의 악순환을 통해 양산한 어린이들에 의해 정당화된다.

　어른들은 이런 식으로 자신들을 위해 유년기를 창조한다. 어른들 본인의 천사 같은 열망을 구현하고 있는 유년기를, 즉 위안과 희망을 가져다 주고 '더 나은,' 그러나 변함 없는 미래를 보장해주는 유년기를 말이다. 이 '새로운 현실,' 이 자율적인 마법의 왕국은 일상의 현실로부터 교묘하게 격리되어 있다. 어른들의 가치들은 어린이들에게 투사된다. 마치 유년기가 이러한 가치들을 무비판적으로 보호해줄 수 있는 어떤 특별한 영역인 것처럼 말이다. 디즈니에서는 어른과 어린이라는 두 층위가 서로 적대적인 것으로 여겨지지 않는다. 오히려 양자는 하나로 합쳐지며, 그리하여 역사는 생물학이 된다. 이처럼 부모와 자식이 동일시되기 때문에 진정한 세대 갈등은 생기지 않는다. 순수한 아이가 타락한 아버지를 대체해 아버지의 가치를 보존할 것이다. 미래(어린이)는 현재(어른)를 다시금 확인하고 긍정하며, 현재는 과거를 후세에 물려주게 된다. 즉 아버지가 자애롭게도 자신이 창조한 이 조그만 영역(즉 아이)에 부여하는 외형상의 독립은 다름 아니라 자기 패권을 확실히 하는 수단일 뿐이다.

　하지만 이것이 전부는 아니다. 구원을 가져다준다고 널리 선전해온 이 사랑스럽고 단순하며 평탄하고 투명하며 정숙하고 평화로운 영역에는 암암리에 어른들의 갖가지 갈등과 모순이 스며든다. 이 투명한 세계는 현실세계의 고통스러운 긴장들의 숨어 있는 흔적들을 드러내는 동시에 감추기 위해 고안된 것이다. 부모는 정작 본인의 내적인 동요는 알아차리지 못한 채 이처럼 분열된 의식 때문에 고통받는다. 따라서 부모는 막상 본인의 타락에서 비롯된 죄의식을 감추기 위해 향수에 젖어 어린이의 "자연스러운 성정"을 착복한다. 이는 부모가 처한 조건에서 구원을 얻기 위해 치러야 하는 대가이기도 하다. 왜냐하면 아이들을, 천사라는 모델을 기준으로 볼 때 부모는 스스로를 유죄로 판결해야 하기 때문이다. 이러한 마법과 구원의 나라를 필요로 하는 만큼 부모는 진정 순수하게 그곳을 상상할 수 없다. 결코 아이로 변할 수는 없기 때문이다. 게다가 이러한 구원도 단지 불완전한 탈출구만을 제공할 뿐이다. 결코 삶의 모든 현실적 문제들을 차단해줄 수 있을 만큼 순수할 수는 없기 때문이다.

    사소한 일상 생활에 시달리는 어른들은 아동 문학에서 스스로가 생각하는 어린이다움과 순수의 이미지를 맹목적으로 옹호한다. 이 때문에 아마 아동 문학은 현대인의 가식과 진실을 연구하기 위한 (전혀 뜻밖이긴 하지만) 최고의 영역이 될 수 있다. 왜냐하면 어른들은 어린이다움에 대한 백일몽적인 이미지를 보호함으로써 그러한 이미지를 꿰뚫어보면 곧 꿈이 파괴되며, 그러한 꿈이 감추고 있는 현실이 드러날 것이라는 두려움을 은폐하기 때문이다.

    이처럼 어린이에 대한 상상은 어른의 과거와 미래의 유토피아로서 상상된 것이다. 그러나 어른의 기원과 이상적인 미래 사회를 담고 있는 이 모델은 일단 내적 환상의 영역으로 설정되면 그의 모든 근심을 자유자재로 동화시키게 된다. 그리고 어른들로 하여금 자신들이 만들어낸 정령들 — 이들에게 낙원의 꿀물이 입혀지고 이들이 순수라는 여권으로 그곳을 여행할 수만 있다면 — 과 함께 할 수 있게 해준다.

대중 문화는 늘 자기를 둘러싼 현실을 시각화할 필요가 있는 현대인에게 여러 문제를 견뎌나갈 수 있는 수단을 제공해왔다. 현대의 엘리트 예술과 문학이 제공하는 형식과 내용 면에서의 온갖 어려움에 직면하지 않고서도 말이다. 적극적으로 참여하지 않고도 지식을 제공받을 수 있게 된 것이다. 즉 자신의 상상력을 스스로 식민지로 만들어버린 것이다. 아버지도 아이를 지배함으로써 스스로를 지배하게 된다. 이러한 관계는 도널드와 조카들 사이에 확립된 것과 크게 다르지 않은 가학-피학적인 관계이다. 이와 비슷하게 독자들은 욕망과 현실 사이에 끼어 있으며, 좀더 순수한 영역으로 도피하려면 할수록 오히려 자신의 '트라우마(trauma)' 속으로 더 깊이 빠져들어갈 뿐이다.

대중 문화는 온갖 새로운 쟁점을 부각시켜왔다. 이것이 평준화 효과와 함께 점점 더 많은 청중들로 하여금 점점 더 다양한 주제들을 접하게 해준 것은 분명하나, 동시에 갈수록 대중으로부터 유리되는 문화 엘리트를 만들어내기도 했다. 대중 문화의 민주적인 잠재력과 반대로 이 엘리트는 대중 문화를 복잡하게 뒤엉킨 온갖 해법과 다양한 접근 방식들, 기교들의 복합체 속으로 몰아 넣었다. 대부분의 사람은 숨이 딱 막힐 뿐 아주 협소한 범위의 독자 집단만이 이를 이해할 수 있었다. 어린이 문화의 창조 역시 바로 이러한 전문화 과정의 일부분이다.

비록 어른들이 창조하긴 했어도 어린이의, 그리고 어린이라는 환상은 어린이들의 독점적인 소유물이 된다. 스스로를 유배시킨 아버지는 일단 이처럼 특수한 상상 세계를 만들고 나면 열쇠 구멍을 통해서만 이 세계를 즐길 수 있다. 왜냐하면 아버지란 존재해서는 안 되며, 아이들에 대해 직접적인 의무가 없듯이 직접적인 관할권 또한 갖지 말아야 하기 때문이다. 그리하여 먼 곳 — 아버지의 물리적인 부재는 자식과의 직접적인 대면을 피하기 위한 것이다 — 에 아버지가 세워놓고 관리하는 달콤한 조화와 휴식이 있는 이 마법의 궁전 안에서 강제란 사라져버린다. 이러한 부재는 아버지의 편재(遍在)와 완전한 침투를 위한 전제 조건이다. 물리적 실재는 불필요하거나 심지어 역효과를 낳게 된다. 왜냐하면 이미 잡지 전체에 그의 생각이 투사되어 있기 때문이다. 대신에 아버지는 잡지를 공짜로 나누어주기 좋아하는 삼촌으로 나타난다. 즉 아동 문학이란 아버지의 대용물인 것이다. 부권(父權) 모델은 아동 문학의 모든 면에 내재해 있다. 즉 이 문학의 구조는 물론 존재 자체의 암묵적인 기반을 이루고 있다. 그리하여 올바른 정신을 가진 사람이라면 누구도 부인하지 않을 어린이의 자연스러운 창조성은 아버지의 외견상의 부재를 통해 현실 세계에 대한 어른 중심적이고 권위주의적인 시각으로 유도된다. 즉 부재 상태의 가부장적 온정주의는 겉보기로만 자율적인 유년기라는 모델을 은밀하게 통제하고 보호하기 위해 필수불가결한 도구인 것이다. TV와 마찬가지로 만화는 수직적으로 조직된 모든 사회에서 권위주의를 강화하는 수단으로 거리 두기를 이용한다.

현실에서의 부모와 자식 간의 권위주의적 관계는 환상의 세계 자체 내에서도 반복되고 강화되며, 모든 만화 세계에 존재하는 모든 관계의 기초가 된다. 우리는 나중에 어린이 독자들과 이들이 소비하는 잡지 간의 관계가 전반적으로 디즈니 캐릭터들이 만화 안에서 각 캐릭터에 고유한 환상의 세계를 경험하는 방식에 기초하고 있는 동시에 그러한 방식 속에 반영된다는 것을 살펴볼 것이다. 어린이들은 도널드 덕과 스스로를 동일시한다. 도널드의 처지가 아이들 자신의 삶과 연관되어 있을 뿐만 아니라 그들이 도널드를 읽거나 접하게 되는 방식 자체가 바로 도널드 덕이 온갖 현안을 해결하며 살아가는 방식을 모방하고 미리 보여주기 때문이다. 즉 허

구는 순환적인 방식으로 어른들이 디즈니 만화를 받아들이고 읽기를 바라는 바로 그 방식을 강화시켜준다.

이제 부모 자식 관계를 살짝 들여다보았으니 오리와 생쥐의 대가족에서 시작해 디즈니 세계에 첫발을 내디뎌보도록 하자.

1장 "삼촌, 피임약 좀 사주세요……"

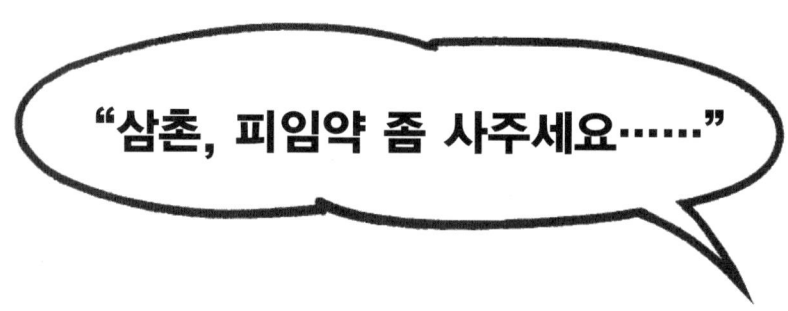
"삼촌, 피임약 좀 사주세요……"

데이지 : "오늘 오후에 스케이트 타는 법을 가르쳐주면 네가 늘 갖고 싶어하던 걸 줄게."

도널드 : "그렇다면……."

데이지 : "그래…… 1872년도 동전 말이야."

조카들 : "야호! 도널드 삼촌, 그것만 있으면 우리 동전 수집이 완성돼요."

(D 433)

디즈니 상점에는 절대 들여놓지 않는 기본 상품이 하나 있다. 바로 부모이다. 디즈니의 세계는 삼촌과 종조부[1], 조카와 사촌들로만 이루어져 있다. 남녀 관계는 영원히 약혼자 관계로만 머물 뿐이다. 스크루지 맥덕은 도널드의 삼촌이며 그랜드마 덕은 도널드의 숙모이며(그러나 스크루지의 아내는 아니다) 도널드는 휴이, 듀이, 루이의 삼촌이다. 그의 사촌 글래드스턴 갠더[2]는 스크루지의 '먼 친척 조카'이다. 글래드스턴에게는 샘록[3]이라는 조카가 있으며, 다시 샘록에게도 여자 사촌이 둘 있다(DA 649, 1955). 그리고 도널드의 종조부인 스와시버클[4] 덕, 그리고 그랜드마 덕의 종고조부[5]

1. Grand-uncle, 조부의 형제.

2. Gander, 즉 수컷 거위.
3. Shamrock, 토끼풀을 뜻하며 아일랜드의 전통적인 상징이기도 하다.
4. Swashbuckle, 뻐김 또는 허세부림을 뜻함.
5. Great-great-great Uncle, 고조부의 형제.

인 에이서 덕과 같은 먼 조상이 있다. 그리고 (가장 먼 친척으로는) 스페인의 무적 함대와 관련이 있는 돈 데 파토[6]가 있다(DD 9/65). 수많은 사촌 가운데에는 그랜드마 덕의 게으른 농장 일꾼인 거스 구스[7]와 선원인 모비 덕, 그리고 이국적인 동양계로는 '남(南)아프덕스탄[8] 제일의 부자 새'인 셰이크 마주마 덕[9](그에게도 조카들이 있다)이 있다. 이처럼 도널드의 가계는 뚜렷하게 남성 쪽으로 기울어 있다. 여성 캐릭터의 경우, 유일하게 그랜드마 덕을 제외하고는 모두 미혼이다. 하지만 이 그랜드마 덕은 분명히 과부인데, 왜냐하면 남편이 죽지는 않았지만 <역사는 반복된다>라는 아주 암시적인 제목의 이야기에 딱 한 번(D 424) 등장하고 말기 때문이다. 여기에(사촌이 요절한, F 57) 암소 클라라벨과 암탉 클라라 클럭[10], 마녀 마지카 디 스펠[11], 그리고 당연히 미니와 데이지도 포함된다. 그리고 가장 중요한 캐릭터들의 여자친구인 이 두 여성 캐릭터들에게도 조카들이 있다(데이지의 조카로는 에이프릴, 메이, 준[12]이 있다. 또 데이지에게는 두어 덕 삼촌[13]과 드루질라 이모, 티지 이모[14]가 있다).

이 여성들이 남성이나 부부의 인연을 쉽게 받아들이지 않기 때문에 도널드 덕 만화에서 남성 쪽은 어쩔 수 없이 영원히 — 수시로 들락거리는 조카들밖에 없는 — 독신 남성들로 이루어져 있다. 미키는 모티와 퍼디[15]를, 구피는 길버트(그리고 F 176에서는 트리빌리오라는 삼촌를), 그리고 자이로 기어루스는 뉴턴[16]을 각각 조카로 두고 있다. 심지어 비글 형제에게도 삼촌과 이모, 그리고 비글의 브래츠[17]라고 불리는 조카들이 있다(이들의 여자 사촌인 비글 자매가 이따금 등장한다). 따라서 혹시 오리 나라 인구가 약간이라도 증가하더라도 그것이 성적인 요인과는 무관하다는 것을 쉽게 짐작할 수 있다.

그러나 정말 별난 것은 아이들이 둘 또는 셋씩 무리 지어 한꺼번에 등장한다는 사실이다. 이 세계에는 삼형제가 넷 있다. 도널드와 비글 형제들

6. Don은 돈 키호테와 같이 스페인 남자 귀족에게 쓰이는 존칭이며, Pato는 스페인어로 오리를 뜻한다. 따라서 Don de Pato는 오리 나으리를 뜻한다.
7. 거위를 뜻한다.
8. 아프가니스탄에 대한 말장난이다.
9. 시크로도 발음하는 Sheik는 회교권의 족장 또는 교주를 의미하며, 흔들다, 흔들리다를 뜻하는 Shake와도 발음이 같다. 또한 Mazuma는 돈이라는 뜻의 영어 속어이다. 따라서 Sheik and Mazuma Duck은 돈으로 또는 돈을 쥐고 흔드는 우두머리 오리를 뜻한다.
10. Cluck, 암탉이 꼬꼬댁거리면서 우는 소리의 의성어. Clara가 어원상 '맑은'을 뜻하므로 이 캐릭터는 좀 맑은 목소리로 꼬꼬댁 우는 암탉이 된다.
11. Magica는 마술(Magic)에 여성형 어미를 붙여 만들어낸 가상의 여자 이름이며 Spell은 주문(呪文)이다. 성 앞에 나오는 'de'는 이 인물을 이국적 또는 귀족점으로 보이게 하기 위해 삽입한 것이다.
12. 4월, 5월, 6월.
13. Dour, 시무룩한을 뜻한다.
14. Tizzy, 흥분한을 뜻한다.
15. 디즈니 만화에서 이들의 성씨는 필드 마우스(Field-mouse), 즉 들쥐이다.
16. 만유 인력의 법칙을 발견한 아이작 뉴턴에 대한 인유이다.
17. 말썽꾸러기라는 뜻이다.

의 조카들, 데이지의 조카딸들, 그리고 말할 것도 없이 아기 돼지 삼형제가 바로 그들이다.

쌍둥이의 수는 이보다 훨씬 더 많은데 미키의 조카들이 그렇다. 그러나 대부분 삼촌 없이도 잘 살아간다. 얼룩 다람쥐 칩과 데일, 생쥐 거스와 재크가 그러하다. 이러한 사실은 포키[18], 페튜니아와 그의 조카들, 우디 우드페커[19]와 그의 조카들, 그리고 고양이 톰을 골려주는 꼬마 생쥐 한 쌍 등 디즈니 밖의 세계에도 헤아릴 수 없이 많기 때문에 특히 더 중요하다.

단 스캠프와 덩치 큰 못된 늑대는 예외이므로 따로 고려해야 할 것이다.

족내혼이라는 낡은 금제에 묶여 있고, 가족끼리 씨족을 이루어 살며 모든 남녀가 외롭기 짝이 없으며, 모든 캐릭터들이 (비록 저당잡히기는 했으나) 자기 집은 가졌으되 가정은 결코 이루지 못하는, 이 삭막한 세계에서는 남성 쪽이든 여성 쪽이든 친자 관계의 마지막 흔적까지 모두 제거되어 있다.

디즈니 옹호자들은 이러한 특징들이 순수함과 정숙함 그리고 철저한 자제력의 증거라고 성급하게 합리화시켜버린다. 그런데 아버지와 어머니의 부재가 우연의 산물이 아니라는 것은 명백하다. 굳이 이미 19세기에 구식이 되어버리고 문명인들보다는 동굴에 거처하는 금욕적인 은둔자에게나 더 어울릴 법한 어린이 성교육 이론에 굳이 의존하지 않더라도(오, 우리의 이 유창한[1] 말투에 감탄할지어다!) 말이다. 그렇다면 정상적인 성관계를 어린이들에게 숨기기 위해 비정상적인 세계를 만들어내야 할 필요가 있었다는 역설적인 결론을 내릴 수밖에 없다. 게다가 (나중에 보게 될 테지만) 성적 유희와 암시를 떠올리게 하는 세계를 말이다. 물론 머리를 쥐어짜내다 보면 그토록 많은 삼촌과 사촌이 나오는 것이 어떠한 교육적 가치가 있는지 밝혀낼 수 있을지도 모르겠다. 추정컨대 유아기의 성이라는 부정(不淨)한 오점을 지워버리는 데 도움을 줄 수 있을지도 모르겠다. 그러

---

18. Porky는 똥똥함과 염치없음을 뜻한다.
19. 국내에서는 <딱따구리>라는 제목으로 TV에서 방영한 바 있다.

나 다른 이유들도 있다.

 몹시도 자기 도취적이며 아주 유혹적인 디즈니의 환상의 나라는 캐릭터들이 갖고 있는 이 지상의 뿌리를 체계적으로 잘라버린다. 이들 캐릭터들의 매력은 친숙함, 즉 우리가 살아가면서 늘상 마주치는 다양한 보통 사람들과 유사하다는 점에 있는 것 같다. 그러나 디즈니의 세계에서 캐릭터들은 오직 현실적이고 구체적인 요소를 억압할 때에만 ─ 그리고 바로 이같은 억압 덕택에 비로소 기능할 수 있다. 다시 말해 개인사, 출생과 사망 그리고 그 사이에 이루어지는 모든 변화와 성장의 발전 과정을 억압해야만 말이다. 그리고 결코 생물학적 행위를 통해 태어나지 않기 때문에 영생을 염원할 수 있다. 즉 각종 모험의 와중에 순간적으로 고통이 가해진다 해도 이들은 적어도 육체의 저주로부터 해방되어 있다.

 이처럼 디즈니는 캐릭터들에게서 진짜 과거를 제거하는 동시에 현재 처한 곤경과 관련해 자성할 기회를 주지 않음으로써 스스로를 바라볼 수 있게 해주는 유일한 관점을 빼앗아버리는 것이다. 처음부터 줄곧 그가 빠져 있던 세계와 다른 세계는 전혀 보지 못하게 하는 것이다. 미래 또한 도움이 되지 않는다. 현실은 변하지 않기 때문이다.

 따라서 세대 차이는 만화를 읽는 어린이와 그것을 사주는 부모 사이에서만 망각되는 것이 아니다. 삼촌이 언제든 조카로 바뀔 수 있는 대체 과정에 의해 그것은 디즈니 만화 자체 내에서도 망각된다. 그리고 아버지가 없기 때문에 끊임없이 삼촌을 대신하고 내쫓아도 이 일에는 아무 고통도 따르지 않는다. 즉 삼촌은 어린것들에 대해서 발생학적으로 아무 책임이 없기 때문에 그의 권위를 뒤엎는 일은 반역이 아니다. 마치 삼촌은 진짜 왕 ─ 우리는 지금 동화를 다루고 있으므로 이는 아주 적절한 용어이다 ─ 이었던 적이 결코 없으며, 어디까지나 합법적 후계자인 젊은 프린스 차밍[20]이 권좌에 오를 때까지 그를 지켜주는 섭정에 불과한 것처럼 보

20. 이는 원래 신데렐라와 결혼하는 왕자의 이름으로, 직역하면 매력적인 왕자, 즉 이상적인 신랑감을 뜻한다.

인다.

하지만 아버지의 물리적인 부재가 곧 가부장적인 권력의 부재를 의미하는 것은 아니다. 그렇기는커녕 오히려 디즈니 캐릭터들간의 관계는 가장 전제적인 현실의 가정에서보다도 훨씬 더 수직적이며 권위주의적이다. 현실의 가정에서는 혹독한 기율이 그래도 나눔과 사랑, 어머니와 형제들, 결속과 상부상조를 통해 누그러질 수 있다. 게다가 한창 커가는 아이들은 가족 밖으로부터의 압력에 반응하면서 항상 새로운 대안과 행동 규범에 노출되기 마련이다. 그러나 디즈니 세계에서 권력은 아버지가 아니라 삼촌이 행사하기 때문에 자의적인 것이 된다.

우리 사회에서 가부장제는 가부장들에 의해 생물학적으로 예정된 것으로 옹호된다(그리고 당연히 이러한 생물학적 예정론은 아이의 교육을 가족의 책임으로 제도화하는 사회 구조에 의해 유지된다). 그러나 삼촌의 권위는 아버지가 부여한 것이 아니기 때문에(이론상 조카들을 낳았을 삼촌의 형제자매들은 디즈니 만화에 결코 존재하지 않는다) 자연적인 권리(親權)라기보다는 순전히 사실 관계에서 비롯된다. 즉 이는 자연스러운 관계로 위장한 계약 관계이자 양육의 책임조차 떠맡지 않는 횡포이다. 하지만 어느 누구도 자연의 이름으로 이에 맞서 반항할 수 없다. 삼촌에게 "나쁜 아빠야"라고 말할 수는 없는 노릇이니 말이다.

이러한 가족 안에서는 어느 누구도 다른 사람을 사랑하지 않으며, 다른 존재를 향한 애정이나 충정의 표시라고는 전혀 찾아볼 수 없다. 따라서 고통받는 어떠한 순간에도 개인은 혼자이다. 사심 없는 혹은 우호적인 구원의 손길이란 없다. 기껏해야 동정심, 즉 타인을 자선을 필요로 하는 영락한 늙은이나 불구자 혹은 거지로 보는 정도로 그칠 뿐이다. 가장 극단적인 예로 그 유명한 미키와 플루토 사이의 사랑을 보자. 비록 분명히 미키가 일정 정도 관대한 애정을 보여주기는 하지만 플루토는 항상 자기가 쓸모 있고 용감하다는 것을 증명해야 할 의무가 있다. 어느 이야기(D 381)에서 말썽을 피운 뒤 벌로 지하실에 갇혀 있던 플루토는 도둑(주위에 언제나 한 명쯤은 있기 마련이다)을 잡아 과오를 만회한다. 경찰은 미키에게 백 달러의 상금을 주고 다시 백 달러를 내밀면서 그의 개를 사겠다고 제안하나 미키는 거절한다. "됐어, 플루토. 네 놈이 오늘 오후에 나한테 50달러어치의 손실을 입히긴 했지만 이 보상금이 내게 아주 많은 이익을 남겨줬으니까." 이렇듯 그토록 '모성적'이라는 미키와 그의 블러드하운드 사이의 유대에서조차 영리 본위의 관계가 일상적으로 나타나고 있다.

스크루지 맥덕의 경우, 상황은 더욱 심각하다. 어느 이야기에서 스크루지를 위해 6개월이나 고비 사막을 헤매고 다니다 완전히 녹초가 된 조카들은 삼촌에게서 시일을 너무 오래 끌었다는 핀잔과 함께 노고의 대가로 겨우 1달러씩을 받는다. 그러자 이들은 더 힘든 일을 하게 될까 두려워 감사하다면서 얼른 달아나버린다. 즉 삼촌에게 반기를 들고 계속 버티면서 더 나은 처우를 요구할 생각을 결코 하지 못하는 것이다.

그러나 맥덕은 조카들이 넌더리를 냄에도 불구하고 다시 한번 수 톤이나 나가는 동전을 찾아 나서게 한다. 이 탐욕스러운 백만장자는 그 대가로 조카들에게 겨우 푼돈 몇 닢만 지불한다(TR 106, US 10/69). 그러나 거대한 동전은 위폐임이 밝혀지고, 스크루지는 결국 진짜 동전을 돈을 주고 살 수밖에 없다. 이에 도널드는 안도의 미소를 지으며 이렇게 말한다. "스크루지 삼촌, 이제 진짜 헝카 정카[21]를 갖게 되셨으니 우리 모두 쉴 수 있겠네요." 그러자 이 폭군이 응답한다. "너희가 저 가짜 쓰레기 덩어리를 되돌려놓고 내가 준 돈을 돌려주기 전에는 어림없어!" 마지막 그림에서 고대 이집트의 노예들처럼 그려져 있는 조카 오리들은 그 바윗덩이를 지구 반대편에 있는 목적지까지 밀어 옮겨놓고 있다. 그럼에도 불구하고 도널드는 용기를 내 아니오라고 말해야 한다는 것을 깨닫는 대신 정반대의

21. 발음상으로는 (a) Hunk of Junk, 즉 커다란 '허섭스레기 한 덩어리'와 유사하므로 매우 반어적인 이름이다.

결론에 도달한다. "아이고! 요놈의 방정맞은 주둥아리!" 이처럼 의심의 여지없는 권위에 대해서는 불평 한마디 할 수 없다. 이와 비슷하게 가지 말라는 댄스 파티에 데이지가 감히 간 사실을 티지 이모가 1년이 다 지난 뒤에 알고 나서 무슨 일이 벌어졌을까? "데이지, 난 이제 간다……. 그리고 유언장에서 네 이름을 빼겠다. 잘 있거라!"(D 383, DD 7/67)

이 세계에 사랑이 자리할 여지는 전혀 없다. 어린 오리들은 "사과 벌레 약"을 발명한 잭 왝[22]이라는 먼 친척 아저씨를 존경한다(D 455, DD 5/68). 조카들은 "세상 사람들 모두 그것 때문에 아저씨한테 고마워해……. 아저씨는 유명하고…… 또 부자야"라며 감탄한다. 이에 도널드는 재치 있게 대답한다. "흥! 머리, 명성, 돈이 전부는 아니지." "아니라고요? 그것말고 뭐가 더 있어요?" 휴이, 듀이, 루이가 동시에 묻는다. 그러자 도널드는 적당한 말을 찾지 못해 곤혹스러워 한다. "에…… 음…… 어디 보자…… 어……."

어린이의 '자연스러운 성정'은 분명히 어른들의 세계에 순수함을 부여해주는 한에서만 디즈니에게 쓸모가 있으며, 유년기라는 신화에 봉사한다. 그러는 동안 어린이들의 진정한 특성들은 제거된다. 즉 모든 것을 진심으로 믿는 무한하고 개방적인 (그래서 쉽게 이용당할 수 있는) 성향, (피아제[23]가 보여준 바 있는) 창조적인 자연스러움, 무제한적이고 무조건적으로 모든 것을 사랑할 수 있는 놀라운 능력, 그리고 주변 사물들의 안팎에서 그리고 그것들을 통해 샘솟는 상상력 등을 말이다. 다른 한편 디즈니의 깜찍한 어린 창조물들의 온갖 매력 아래에는 정글의 법칙이 도사리고 있다. 시기심과 무자비함, 잔인함과 공포, 협박, 약자에 대한 수탈 등이 말이다. 따라서 자연스러운 애정을 전달할 수단이 없는 아이들은 디즈니를 통해 공포와 증오를 배우게 된다.

그렇다면 가정을 분열시키고 있다고 비난받아야 할 사람은 디즈니

---

22. 발음이 같은 Wack은 괴짜를 뜻하며 Quack은 돌팔이 의사를 뜻한다.

23. 스위스의 심리학자. 어린이의 정신 발달, 특히 논리적 사고 발달에 관한 임상적 연구를 통해 인식론의 여러 문제를 연구했다. 주요 저서로 『아동의 언어와 사고』, 『아동의 판단과 추리』 등이 있다.

비판자들이 아니라 바로 디즈니 자신이다. 즉 가족 화합의 최대의 적은 디즈니인 것이다.

실제로 디즈니 캐릭터들은 모두 권력 분계선의 위쪽 아니면 아래쪽에 있다. 이 선 아래에 있는 캐릭터들은 모두 복종과 종속, 기율과 겸양에 속박된다. 선 위의 캐릭터들은 지속적인 강제 수단, 즉 협박과 도덕적·육체적 억압, 그리고 (가령 생계 수단의 통제와 같은) 경제적 지배력을 마음대로 동원할 수 있다. 약자에 대한 강자의 관계는 또 공격성은 덜하지만 훨씬 더 가부장적인 방식으로, 즉 가신(家臣)들에게 선물을 하사하는 방식으로 표현된다. 즉 이곳은 영원히 이익과 보너스가 지배하는 세계이다. 따라서 덕버그 여성 클럽이 언제나 자선 사업에 몰두하는 것은 너무나 당연하다. 박탈당한 자들은 구걸해서 얻을 수 있는 것이라면 무엇이든 기꺼이 받아들이기 때문이다.

디즈니의 세계는 19세기식 고아원이다. 단지 담장 바깥 세계가 존재하지 않으므로 고아들이 달아날 곳이 전혀 없다는 점만 다르다. 따라서 전세계를 여행하고 맹렬하게 이곳저곳을 돌아다녀도 디즈니 캐릭터들은 언제나 동일한 권력 구조 안에 갇혀 있으며, 결국 그곳으로 돌아올 수밖에 없다. 즉 물리적 공간의 유연성은 이들 캐릭터들을 가두고 있는 모든 관계의 본질적인 경직성을 은폐한다. 또한 이 세계에서는 나이가 더 많거나 더 부자라거나 혹은 더 아름답다는 단순한 사실이 권위를 부여한다. 그리고 운이 나쁜 캐릭터는 복종을 당연시한다. 노예주에 대해 하루 종일 불평하면서도 정작 그에게 도전하기보다는 차라리 아무리 터무니없어도 명령에 그대로 따르려 한다.

더 나아가 이 고아원에서의 삶은 바로 피수용자들의 기원에 의해 이미 결정되어 있다. 그들은 태어난 것이 아니기 때문에 성장할 수가 없다. 즉 결코 각자의 생물학적인 성장을 거쳐서 이 시설을 떠날 수가 없는 것이다. 이것은 또한 인구의 무제한적인 조작과 통제를 용이하게 해준다. 즉, 얼마든지 캐릭터들을 필요한 경우에는 빼버릴 수 있도록 해준다. 따라서 한 사람이든, 한 쌍의 먼 사촌들이든, 새로운 등장 인물은 기존의 캐릭터로부터 창조해내야 할 필요가 없다. 단지 이야기 작가가 그를 생각해내기만 하면, 다시 말해서 그를 발명하기만 하면 된다. 왜냐하면 삼촌 대 조카라는 구조를 통해 만화 잡지의 바깥에 있는 작가는 자기 두뇌를 유일한 창조력이자 (모든 오리의 머리에서 발생하는 뇌파나 전구와 똑같은) 모든 에너지의 원천으로 만들 수 있기 때문이다. 이렇듯 육체가 존재의 원천이라는 것을 거부함으로써 디즈니는 주인공들에게 바로 오리게네스[24]가 스스로에게 가했던 형벌을 내린다. 디즈니는 그들을 거세하고, 이 세계와의 진정한 연결 기관인 지각과 생식 능력을 제거한다. 이러한 무의식적인 전략을 통해 만화는 체계적이고 교묘하게 현실 속 사람들을 추상물로 환원시켜버린다. 따라서 디즈니는 거세된 영웅들의 세계에 대해 무제한의 통제권을 갖게 되며 육체적인 생식을 할 수 없는 이들은 자신의 창조자이자 영적인 아버지를 모방하도록 강요당한다. 이런 식으로 어른들은 다시 한번, 이번에는 자애로운 예술적 천재성이라는 허울 아래 만화 속으로 침략해 들어오는 것이다(덧붙이자면, 우리는 명실상부한 예술적 천재성 그 자체에 대해서는 아무런 불만도 반감도 없다).

따라서 기성 질서에 대한 어떠한 반란도 있을 수 없다. 거세된 노예들은 디즈니에게 복종하도록 저주받았듯이 다른 사람들에게도 복종해야만 한다.

정신을 바짝 차리자. 이 세계는 경직되어 있지만 그러한 사실을 드러내지 않을 수도 있다. 위계 구조도 쉽게 드러나지 않는다. 그러나 만약 암묵적인 권위주의가 도를 넘어서거나, 일방의 의지의 힘과 상대방의 수동성에 기반하고 있는 이 체제의 자의적인 성격이 명백해지고 노골적으로

---

24. 영어식 표기는 Origen. 알렉산드리아 학파의 대표적 신학자로, 초대 교회에 상당한 영향을 미쳤다. 신(新)플라톤주의 및 스토아주의 등 그리스 철학을 기독교에 조화시키고자 노력한 그는 데키우스(Decius) 황제의 박해를 받다가 순교하였다. 청년 시절에 학생들에게 교리 문답을 자유롭게 가르치기 위해서 스스로 거세했다고 한다. 주요 저서로 『구약 성서』의 여러 판본을 대조 비교한 『헥사플라Hexapla』와 조직신학의 효시로 일컬어지는 『원리론De Principiis』 등이 있다.

드러나면 반란은 필수적인 것이 된다. 설사 왕이 있다 해도 일단 철권을 벨벳 장갑 안에 감춘 채 통치하는 동안은 문제가 없다. 그러나 철권이 보이면 전복은 필연적인 것이 된다. 따라서 질서를 원활하게 유지하기 위해서라도 권력은 암묵적으로 합의된 일정한 한계선 이상으로 과용되어서는 안 된다. 이러한 한계선들을 침범하여 기존 질서의 자의적 성격이 드러나면 균형이 무너지게 된다. 따라서 그것을 다시 복구시켜야 한다. 여기에 변함없이 끼어드는 것이 바로 꼬마들이다. 그러나 이들은 전제 정치를 자율과 자유로 바꾸기 위해 행동하지도 않으며 또 창조적인 상상력을 이용해 권력에 압력을 행사하지도 않는다. 오히려 어른들이 지배하는 기존의 질서를 영속시키기 위해 행동한다. 어른이 잘못 행동하면 어린이가 그의 지배권을 인수한다. 즉 체제가 제대로 작동하는 한, 아무도 그것에 의문을 품지 않는다. 하지만 일단 고장나면 어린이들은 배반당한 가치와 과거의 위계적인 지배 구조의 복원을 요구하며 반란을 일으킨다. 신중하게 권력을 장악하고 성숙한 비판을 가함으로써 어린이들은 예전과 같은 가치 체계를 유지시키려 한다. 다시 한번 아버지와 아이 사이의 현실적 차이가 무시되는 셈이다. 이리하여 미래는 현재와 같으며 현재는 과거와 같게 된다.

어린이들은 디즈니 만화에 나오는 캐릭터와 자기를 동일시함으로써 스스로를 식민지화하는 데 기여한다. 만화에서 일어나는 꼬마들의 반란은 불의에 대항하는 어린이들 자신의 실제적인 반항의 모델로 인식된다. 그러나 어른들의 가치를 수호한다는 명분을 내세워 반란을 일으킴으로써 결국 독자들은 실제로는 그러한 가치들을 내면화하게 된다.

나중에 보게 되겠지만 미련하고 무능하며 생각 없고 거짓말 잘하며 나약하기만 한 덩치 큰 동물들에 대항해서 기민하고 명석하며 유능하고 부지런하며 책임감 있는 꼬마 주인공들이 강박적일 정도로 계속 등장하면서 — 비록 일시적일 수는 있으나 — 잦은 전도가 일어난다. 예를 들어보

자. 아기 늑대는 항상 아버지인 덩치 큰 못된 늑대를 감금한다. 얼룩 다람쥐들[25]은 곰과 여우[26]를 속이며, 생쥐 거스와 재크는 고양이[27]와 (꼭 있기 마련인) 도둑을 물리친다. 아기곰 봉고는 공포의 키하다[28]에 맞서며, 망아지 길버트는 삼촌인 구피의 선생 노릇을 한다. 심지어 영리한 미키조차 조카들에게 비난을 받는다. 이는 숱한 예 가운데 일부에 불과하다.

따라서 지위를 바꿀 수 있는 유일한 방법은 이처럼 어른들(지배자)의 대표를 어린이들(피지배자)의 대표로 바꾸는 것뿐이다. 이러한 일은 아이들이 어른의 질서를 어지럽힐 때 그것을 꾸짖는 어른이 아이들과 똑같은 실수를 저지를 때마다 일어난다. 이와 비슷하게 어린이(피지배자)에게 허용되는 유일한 변화란 곧 자신을 어른(지배자)으로 변화시키는 것뿐이다. 일단 어린이는 완전하다는 신화를 만들고 난 어른은 곧 그것을 어른들 본인의 '미덕'과 '지식'의 대체물로 이용한다. 그러나 그가 찬양하는 것은 바로 자기 자신이게 된다.

전형적인 예로 도널드 덕 본인의 이중성을 생각해보자(F 169, 이 이야기에서 그는 무려 세 번이나 한 쌍의 머리를 달고 있는 것으로 그려진다). 도널드는 조카들과 휴가를 함께 보내겠다던 약속을 어긴다. 조카들이 이를 상기시키려 하자 그는 그들을 때리려 하고 끝내 속임수를 쓴다. 그러나 도널드가 실수로 조카들이 아니라 아기 코끼리 빈[29]을 때리면서 그에게 심판이 내려진다. 판사는 도널드에게 조카들의 보호 감찰을 받으며 "형기를 감옥 밖에서 복역"하라는 벌을 내리며, 조카들은 이에 대한 전권을 위임받는다. 이 이야기는 어린이라는 복종의 대변자가 어떻게 가부장적인 힘(父權)의 대변자를 대체하는지를 완벽하게 보여주고 있다. 하지만 이러한 대체는 어떻게 일어나는가? 조카들을 속임으로써 먼저 법을 어긴 사람은 바로 도널드 아닌가? 그리고 엄청난 인내심을 갖고 행동했던 것은 조카들 아닌가? 먼저 이들은 도널드에게 약속을 지킬 것을 요구하고, 그러고 나

25. 칩과 데일을 뜻한다.
26. 각각 디즈니 인물인 브레어 곰(Br' er Bear) 및 브레어 여우(Br' er Fox)를 가리킨다.
27. 이들의 적수이자 영화 <신데렐라>에 함께 등장한 루시퍼 고양이(Lucifer the Cat)를 가리킨다. 기독교에서 루시퍼란 사탄이 여호와에게 반항하다 패해 지옥으로 떨어지기 전, 즉 그가 천사였을 때의 이름이다.
28. Quijada는 스페인어로 턱뼈를 뜻하며, 역시 디즈니의 한 캐릭터이다.

29. 콩을 뜻한다.

서 도널드가 스스로 속아넘어가는 상황을 조용히 지켜본다. 그러나 예전에 써먹은 모든 전술이 먹혀들지 않자 이들은 달리 거짓말을 할 필요도 없이 삼촌을 적극적으로 골탕먹이기 시작한다. 한편 도널드의 실수는 우선 어린이용 장난감 고무 코끼리를 살아 있는 코끼리로 착각한 것이고, 그 후에는 진짜 코끼리를 마치 장난감인 양 취급한 것이다. 즉 그의 삶은 윤리적인 실수, 도덕적인 판단을 내리지 못하는 무능함, 그리고 가부장적 규범으로부터 이탈함으로써 생겨난 망상으로 가득 차 있다. 따라서 그는 권위와 힘을 상실하고 동시에 (고무 코끼리를 살아 있는 코끼리로 잘못 인식하며, 그 반대로 행동하는 등) 지각상의 객관성마저 잃게 된다. 미처 자기 실수를 깨닫지 못한 채 도널드는, 자기들 나름대로 이 문제를 시정하며 흡사 어른처럼 모범적으로 행동하는 조카들로 대체된다. 그리고 이들은 삼촌에게 본때를 보여줌으로써 낡은 규범을 강화한다. 이들은 종속적인 지위를 없애려고 애쓰지 않으며, 단지 이것이 공정하게 운영될 것만을 요구한다. 즉 현존하는 규범은 진리, 선, 권위, 힘과 동일시된다.

어른의 의무를 다해야 하는데도 아이처럼 행동하기 때문에 도널드는 이중적인 인물이다. 그가 판사에게 처벌받는(일반적으로 이것은 보편적인 도덕적 운명이기도 하다) 이처럼 극단적인 사례는 세대간 투쟁 — 이러한 투쟁은 오리 나라의 기성 가치에서 일어나고 있는 진정한 변화를 반영할 수도 있다 — 이 일어나지 않도록 본래의, 그만의 독특한 얼굴을 되찾으려는 그의 노력을 보여준다.

게다가 조카들은 어른들의 세계로 들어가는 문의 열쇠를 쥐고 있으며, 이를 잘 이용한다. 『어린이 우드척(보이스카우트) 지침서』가 바로 그것인데, 이 책은 관습적인 지혜의 보고(寶庫)이다. 여기에는 모든 상황, 시대, 일상, 행동, 그리고 모든 기술적인 문제에 대한 해답이 실려 있다. 따라서 이 깡통[30] 같은 책에 쓰여 있는 지침을 따르기만 하면 어떠한 어려움에서

30. 영어 원문은 the can으로, 이는 교도소, 경찰서 및 변소를 뜻한다.

도 벗어날 수 있다. 이 책은 아이로 하여금 미래를 통제하고 덫을 놓아 과거와 다르지 않게 만들며, 이렇게 함으로써 모든 것이 반복될 수 있도록 해주는 축적된 관습을 대변한다. 즉 모든 행동 방식은 이 교본의 권위로부터 사전에 검사받고 동의를 얻어놓은 상태인 것이다. 바로 이 교본이 역사의 법정이자 영원한 법칙이다. 그리고 이 법칙은 장차 세상을 물려받을 이들에게 지지받고 신성시되고 있다. 이 지침서가 미리 영원히 세상의 형상을 만들어놓은 탓에 놀랄 일이라고는 하나도 일어나지 않는다. 모든 것이 경직된 교리 문답 형태로 쓰여 있으며, 단지 이를 실천하고 계속 읽어나가기만 하면 된다. 심지어 주인공의 적도 객관적이고 공정한 기준을 부여받는다. 이 지침서는 복잡한 디즈니 세계에서는 아주 드물게 백 퍼센트 완벽한 장치 가운데 하나이다. 심지어 실수를 저지르지 않는다는 점에서 거의 완벽하다 할 수 있는 미키를 참패시키면서 이 책은 45차례나 되는 사례에서 단 한 번도 실패하지 않는다.

하지만 어른에서 아이로 또는 그 반대로의 끊임없는 위치 바꾸기를 피해나가는 것은 전혀 없는가? 이 같은 수직적 종속을 위한 투쟁과 강박적인 체제 선전을 비켜나갈 방법이란 과연 없는가?

사실, 있기는 하다. 수평 운동이 그것으로, 디즈니 만화에는 언제나 이러한 운동이 존재한다. 이것은 자기들끼리는 영원히 지배자나 피지배자가 될 수 없는 동등한 지위와 권력 등급을 갖는 인물들 사이에서 이루어진다. 그러나 동등한 인물들 사이의 연대는 금지되어 있는 까닭에 이들에게 유일하게 남은 것이라고는 경쟁뿐이다. 저놈을 앞질러라. 왜? 일시적으로나마 그의 위에 올라서기 위해서. 지배자들의 클럽에 끼기 위해서, 그리고 (디즈니랜드 클럽의 상병이나 병장처럼) 상품 가치의 사다리를 한 계단 더 올라서기 위해서. 따라서 이곳에서 허용되는 유일한 수평적인 것은 곧 경주의 결승선이 된다.

그러나 디즈니 사회에는 유일하게 비판받지 않으며 결코 자기보다 못한 것들에게 추방당하지도 않는 부류가 하나 있으니, 바로 여성이다. 지배자 대 피지배자 관계에서 역할을 바꿀 기회가 없다는 점을 제외하고는 여성의 가계 역시 남성과 마찬가지로 삼촌 관계를 이루는 성향이 있다(예를 들어 데이지, 그녀의 여조카들, 그리고 티지 이모가 그러하다. D 383, DD 7/67). 실제로 여성 캐릭터들은 보잘것없는 하녀든 늘 구애를 받는 미의 여왕이든 자기 역할을 완벽하게 수행하기 때문에 결코 도전받지 않는다. 하지만 어느 쪽이든 모두 남성에게 종속되어 있다. 즉 여자가 가진 유일한 힘은 전통적인 요부의 힘으로, 그녀는 교태라는 형태로 그것을 행사한다. 그리고 수동적이고 가정적인 본성을 벗어나는 어떠한 다른 역할도 허용되지 않는다. 이러한 '여성적인 행동 양식'을 거스르는 여성 캐릭터들이 있기는 하나, 이들은 어둠의 힘에 연루되어 있다. 가령 마녀인 마지카 디 스펠은 전형적인 주인공의 맞수이다. 하지만 심지어 그녀조차도 '여성적인' 본성에 어울리게 행동하려는 희망을 버리지는 않는다. 따라서 여성에게는 오직 두 가지 (실제로는 전혀 대안이 아닌) 대안만이 남아 있다. 즉 백설 공주 아니면 마녀, 어린 하녀 아니면 사악한 계모가 될 수밖에 없다. 그리하여 그녀가 끓이는 것은 소박한 스튜 아니면 무서운 마법의 독약, 이렇게 단 두 가지뿐이다. 그리고 여성은 언제나 남성을 위해 요리를 하므로, 그녀의 일생의 목표란 바로 이 두 가지 중의 하나로 그를 사로잡는 데 있다.

하지만 부인, 마녀가 아니시라면 걱정하지 마십시오. 언제든 양재사, 비서, 실내 장식가, 간호사, 꽃집 주인, 미용사, 비행기 여승무원 등 '여성적인' 일로 바쁘게 지낼 수 있을 테니까요. 그리고 일하는 게 맞지 않는다면 언제든지 지역 자선 단체 회장이 될 수도 있습니다. 어찌 됐든 언제든지 영원한 교태에 의존할 수 있지 않습니까. 이건 당신네의 공통 분모이니까요. 심지어 그랜드마 덕(D 347을 참고할 것)이나 미친 밈 부인[31]조차도

---

31. 마지카의 친구로, 늘 덤벙대며 비글 형제들을 친자식처럼 귀여워하는 마녀이다. 영어에서 Madam은 귀부인은 물론 점성술사와 포주에게도 사용하는, 어감이 묘한 호칭이다.

말입니다.

　이러한 일단의 요염한 여성들을 시각적으로 형상화하는 과정에서 디즈니는 언제나 할리우드 여배우들의 상투형을 따른다. 때로 심하게 풍자되기도 하나 하나의 단일한 원형에서 크게 벗어나지 않는 이들의 육체적인 존재는 사랑 싸움이라는 비상구로 한정된다(심지어 디즈니는 유명한 '어린이용' 영화들, 가령 <피터 팬>이나 <피노키오>에 나오는 요정들에게서조차 이 같은 전형을 강화한다). 이러한 싸움의 성격에 대한 디즈니의 도덕적인 입장은 가령 데이지가 이탈리아 출신의 요부[32] 실비아에 맞서 유치한 도리스 데이[33] 스타일의 특성들을 구현해 보여주는 장면에서 분명하게 드러난다.

　남성들은 이러한 유형의 여성을 무서워한다(어느 누군들 무서워하지 않겠는가). 별 소득이 없는데도 쉼 없이 그녀에게 구애하고, 그녀와 데이트하며, 그녀를 위해 경쟁하고, 그녀를 구출하고 싶어하며 그녀에게 선물 공세를 해댄다. 궁정 연애에서 음유 시인들에게는 영주의 여인들과의 육

32. 영어 원문은 Vampiress인데, 이는 우선 여자 흡혈귀를 뜻하나 특히 그 축약형인 Vamp는 요부를 뜻한다.
33. 미국의 가수 겸 배우. 과장 없고 정확한 창법으로 가수로 성공했으며, <해상의 로맨스>(1948)로 데뷔한 후 영화에서 주연급 여배우로 활약하고 뮤지컬에도 출연하였다. 낙관적이고 건강하며 똑똑하고 힘있는 이미지를 통해 1950년대 미국의 이상적인 여성상을 대표하게 되었다. 1960년대 초에는 일련의 세련된 섹스 코미디에 출연했으며, 노년에는 동물 보호 운동에 주력하였다.

체적인 접촉이 허용되지 않았던 것과 마찬가지로, 이 거세된 남성 캐릭터들은 사랑을 나누는 것이 불가능한 처녀들과 영원히 전희(前戲)만을 거듭할 뿐이다. 또 처녀들을 결코 완전하게 소유할 수 없기 때문에 언제나 그들을 잃을까 봐 전전긍긍한다. 그리하여 영원히 좌절할지도 모른다는 강박증, 더 완벽한 지배를 위해서 즐거움을 미루게 되는 강박증이 나타난다. 이처럼 육체적인 모험과 비판, 심지어는 모성마저 부정되는 이 세계에서 여성에게 허용되는 유일한 도피처는 바로 그녀 자신의 불모의 성(sexuality)으로 물러나는 것뿐이다. 그녀는 심지어 가정과 아이들을 돌보는 등 실생활에서 누릴 수 있는, 비록 속박되어 있음에도 불구하고 여성들이 누릴 수 있는 소박한 가정의 즐거움조차 누릴 수 없다. 언젠가는 진정한 남자를 찾으리라는 희망에 혹한 나머지 계속해서 부질없이 기다리거나 쓸 만한 남자 우상을 좇는다. 즉 여성의 유일한 존재 이유란 끊임없이 구애를 받으면서도 끊임없이 유예되는 성적 대상이 되는 데 있다. 그녀는 성적으로 무력한 사람들 속에서 만족과 억압의 문턱 위에 얼어붙어 있다. 그녀에게는 쾌락, 사랑, 아이들, 의사 소통이 허용되지 않는다. 그녀는 구심적이고 내향적이며 자기 숭배적인 세계에 살고 있다. 이는 섬처럼 고립된 개인에 대한 패러디이다. 또한 여성의 근본적인 조건은 고독이지만 본인은 이를 결코 깨닫지 못한다. 그리고 여성이 자기 역할에 의문을 제기하는 순간 그러한 여성은 배역에서 제외될 것이다.

다음과 같은 디즈니 만화의 공언은 얼마나 기만적인가. "우리는 담배나 주류 또는 도박처럼 어린이의 도덕적·육체적 건강에 해로운 상품 광고는 싣지 않습니다. …… 우리는 언제나 우리 주위의 각종 문제에도 불구하고 건전한 오락과 레크리에이션을 제공하는 공기(公器)가 되고자 합니다." 그리고 사실과 다르다는 수많은 항의에도 불구하고 디즈니는 은밀하게 성교육 모델을 제시하고 있다. 진정한 성적 접촉과 결합, 감정의 사로

잡힘과 오르가슴을 억제함으로써 디즈니는 본인이 그것들을 얼마나 사악하고 끔찍한 것으로 생각하는지를 드러낸다. 그렇게 함으로써 그는 성을 거부하면서도 성으로 점철된 참으로 기이한 세계를 만들어낸다. 이러한 성적 암시는 대사 자체보다는 그림에서 더 노골적으로 나타난다.

이처럼 조심스럽게 보존된 보호 구역 안에서 디즈니의 바람둥이들은 남녀 노소를 불문하고 성적 유혹의 장치들을 구세군 제복 안에 감추려고 공연히 애쓴다. 다른 청소년 잡지들이 과감하게 남녀의 벌거벗은 뒷모습이 그려진 환상적이고 낭만적인 포스터를 게재할 경우, 디즈니를 비롯한 여타 호색적인 유년기 옹호론자들은 그러한 포스터가 스캔들, 부도덕성, 포르노, 매춘, 외설, '조숙한 관능성'을 자극한다며 반대의 목소리를 드높이면서 청춘은 순수하다는 논리의 제단 위에서 아우성을 친다. 그러면 여기서 남미의 디즈니 모방자들이 설교하는 내용을 살펴보자.

우리는 칠레에서 성적 선동과 도착(倒錯) 및 악덕이 믿기 어려울 정도로 극단적인 상태에 이르렀다는 사실을 인식해야만 한다. 이는 개인주의 도덕으로의 도피나 모든 도덕 규범과의 단절을 주창하는 단체들에서 뚜렷이 나타나고 있다.

우리는 새로운 인간과 사회에 대하여 많은 이야기를 듣는다. 그러나 많은 경우 이 개념들은 추한 행동거지와 외설적인 노출증, 그리고 성적 도착에 대한 탐닉을 수반하고 있다.

그러나 반드시 청교도적인 엄숙주의자여야만 이 같은 도덕적 방종에 엄격한 비판을 가할 수 있는 것은 아니다. 현재 우리 젊은이들을 치명적인 독소로 위협하고 있는 도덕적 혼란에 기반해서는 건강한 국민도, 불후의 역사적인 성취도 가능하지 않다는 점이 이미 잘 알려져 있기 때문이다. 마약의 해악에 맛을 들이고 도착적인 습관이나 조숙한 관능성에 빠져 타락한 청소년들에게 도대체 어떤 이상과 희생을 요구할 수 있단 말인가? 그리고 청소년들이 어떠한 이상과 희생도 받아들일 수 없게 된다면 어떻게 국가가 발전과 해방에 따를 온갖 문제를 해결하리라고 기대할 수 있겠는가? 그렇게 하려면 엄청난 노력과 심지어 적잖은 영웅 정신이 필요한데 말이다.

  정부 간행물들이 부도덕을 조장하는 것은 참으로 개탄스럽다. 며칠 전에 거리에 나붙은 수치스러운 포스터에 따르면 정부 출판사에서 청소년 잡지를 발간할 모양이다. …… 용감한 청년이 없다면 참다운 젊음은 없고, 오직 조숙하고 타락한 성숙만이 있을 뿐이다. 그리고 청년이 없는 국가에 미래란 없다.[2]

  그런데 디즈니는 왜 이처럼 불건전한 공포심을 느낄까? 왜 모성은 그의 에덴 동산에서 추방된 것일까? 뒤에 따로 이러한 질문들을 다룰 기회가 있을 것이다. 통상적으로 사용되는 전기적이거나 정신분석학적(오이디푸스 콤플렉스)인 설명에 의존하지 않고도 말이다.

  이 시점에서는 일단 여성 캐릭터들의 수적 열세와 종속적 위치 그리고 불구성이, 숱한 삼촌과 조카 혹은 어른과 어린이가 빙빙 돌아가며 끊임없이 자리를 맞바꾸면서 언제나 똑같은 가치를 옹호하는 것을 용이하게 해준다는 점만을 지적하는 것으로도 충분하다. 그러면 앞으로 중간에 개입할 어머니가 없으면 어른들의 세계를 성도착적이고 꼴사나운 모습으로 보여주는 것을 막을 아무런 장애물도 없게 되고, 그렇게 되면 다시 이미 암묵적으로 어른들이 내건 깃발에 충성 서약을 한 어린아이들이 어른을 대체하는 현상이 너무나 당연시되는 이유를 검토해보기로 하자.

  이를 아기 늑대의 대사(D 210)로 대신해보자면

"꿀꺽! 나쁜 일은 꼭 무더기로 터진다니까!"

2장 '아이'에서 '고귀한 야만인'으로

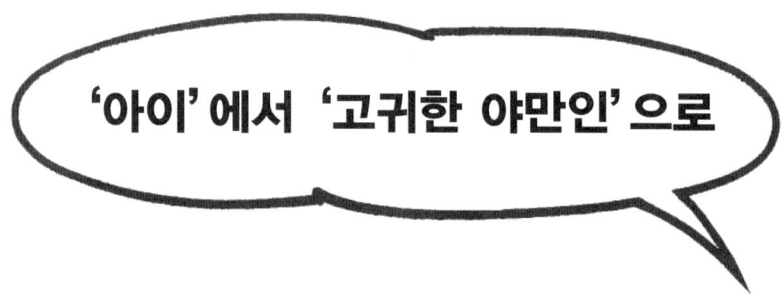
'아이'에서 '고귀한 야만인'으로

"구!"

끔찍한 히말라야 설인(雪人)[1]

(TR 113, US 6~8/56)

1. 티벳 등지의 전설에 의하면 히말라야에 산다는 반인반수(半人半獸)로, 예티(Yeti)라고도 불린다.

디즈니는 자신이 그리고 있는 세계가 자연스럽다고, 말하자면 정상적이고 평범하며 어린이의 본성에 충실하기 때문에 충분히 받아들일 만하다고 생각하고 있다. 이미 살펴본 대로 그가 다루는 모든 존재의 본성을 무자비하게 왜곡함에도 불구하고 여성과 어린이에 대한 묘사가 객관적이라고 주장하는 것이다.

디즈니 세계가 온갖 동물로 우글거리는 것은 우연이 아니다. 동물을 닮은 특성이 캐릭터들에게 순수한 듯한 외양을 부여하는 반면 복잡하기 그지 없는 사회 관계들 속에는 자연이 속속들이 스며들어가 모든 관계를 규정하고 있는 것처럼 보인다. 물론 어린이들이, 장난치기 좋아하고 본능에 따라 행동하는 동물들과 일체감을 느끼는 경향이 있는 것은 사실이다. 자라면서 아이들은 큰 동물은 자신과 육체 발달상 몇 가지 특성을 공유하고 있다는 점을 이해하기 시작한다. 즉 자기들도 한때는 동물처럼 네 발로 기어다니고 말을 할 수 없었다는 것 등을 말이다. 이리하여 동물은 이 우주 안에서 어린이보다 열등한,[1] 즉 어린이가 따라잡고 조종할 수 있는 유일한 생명체로 간주된다. 동물의 세계는 어린이의 창조적인 상상력이 자유로이 돌아다닐 수 있는 영역 가운데 하나이다. 그리고 많은 동물 영화가 어린이의 감성과 감각을 길러주는 등 커다란 교육적 가치를 갖고 있다는 것은 논란의 여지가 없다.

동물을 사용하는 것 그 자체가 나쁘거나 좋은 것은 아니다. 면밀히 검토해야 하는 것은 바로 이들의 용도와 이들이 구현하는 존재의 유형들이다. 디즈니는 어린이를 해방시키기 위해서가 아니라 속이기 위해서 동물을 이용한다. 그가 사용하는 언어는 일종의 조작의 형식에 다름 아니다. 그는 마치 활동과 창조의 자유를 제공하는 듯한 세계로 어린이들을 초대한다. 아이들은 자신들만큼이나 다정하고 믿음직하며 책임감에 구애받지 않고 배신하지 않으며, 안전하게 함께 놀고 뒤섞일 수 있는 생명체들과 자신들을 동일시하면서 거리낌없이 디즈니 세계로 들어간다. 그러나 일단 어린 독자들이 만화에 빠져드는 순간 아이들이 들어선 문은 닫힌다. 그리고 동물들은 이전과 똑같은 동물적인 형상에다 똑같은 미소를 짓고 있지만 기괴한 인간으로 돌변한다.

하지만 이처럼 동물들의 진정한 본성을 왜곡하고 육체적인 외양만을 피상적으로 써먹는 것(이는 여성과 어린이의 본성을 왜곡하는 데 쓰이는 장치이기도 하다)만이 전부는 아니다. 왜냐하면 '자연'에 대한 디즈니의 집착, 그리고 그가 근본적으로 그릇되고 죄악으로 가득 찬 곳이라고 생각하는 세계에 면죄부를 주려고 하는 강박 관념은 터무니없는 과장을 낳기 때문이다.

모든 캐릭터들은 자연으로 돌아가기를 갈망한다. (그랜드마 덕, 다람쥐 형제, 아기 늑대들 등) 몇몇 캐릭터들은 들이나 숲에서 살지만 대다수는 도시에 살면서 아시아, 아메리카, 아프리카, 오세아니아 대륙의 섬, 사막, 바다, 숲, 산, 호수, 하늘 그리고 성층권 등의 자연으로 그리고 아주 이따금씩 유럽의 외딴 전원 지역으로 끊임없이 여행을 떠난다. 이야기의 상당수는 도시나 폐쇄된 환경에서 일어나는데, 이것은 부조리하며 재앙으로 가득 찬 도시 생활의 특성을 강조해줄 뿐이다. 사방 천지가 관료와 경찰관들로 꽉 차 있다는 이야기뿐만 아니라 (이웃들간의 아주 우스꽝스러운 싸움을 포함해) 매연과 교통 체증, 소음 공해, 사회적 갈등에 초점을 맞추는 이야기들도 있다. 실제로 도시는 개인이 자기 삶을 마음대로 할 수 없는 일종의 지옥으로 묘사된다. 이야기가 이어지면서 캐릭터들은 점점 더 온갖 사건에 휩쓸려 들어가게 된다. 도널드가 한번은 쇼핑에 나섰다가 엉겁결에 롤러스케이트에 달라붙게 된다(DD 9/66). 그는 쓰레기통, 꽉 막힌 대로, 도로 보수 공사 현장, 고삐 풀린 개, 겁에 질린 우체부, 입추의 여지가 없는 공원(우연하게도 거기에서 어떤 엄마가 "얘, 가만히 좀 앉아 있어. 비둘기들이 놀라잖니!"라면서 자식을 나무란다), 경찰, 교통 통제, 온갖 종류의 장애물(도널드는 노천 카페의 탁자들을 넘어뜨리면서 '내 신용 카드가 아직도 여기서 우대받을 수만 있다면!' 하고 맥없이 생각한다), 자동차 충돌 사고, 붐비는 가게, 배달 차량 그리고 하수구 등 온통 혼란뿐인 현대인의 고통을 경험하면서 도시 전체를 좌충우돌 들쑤시고 다닌다.

황당한 이야기는 여기서 그치지 않는다. 사람들을 저 거대한 도시의 불행의 소용돌이에 휩쓸리게 하는 함정은 도처에 있다. 사탕(D 185), 잃어버린 표(D 393), 제멋대로 작동하는 스캠프의 오토바이(D 439) 등이 바로 그것이다. 이러한 **고통스러운 모험**, 즉 모험의 시럽이 발린 고통 속에서 자신의 창조주로부터 달아났던 전설적인 인조 인간 프랑켄슈타인[2]이 흉측한 머리를 치켜든다. 도널드가 교통 정체와 고함 소리, 경적 소리 그리고

2. 메어리 셸리(Mary Shelley)의 원작 소설에서 '프랑켄슈타인'은 괴물이 아니라 그를 만들어낸 과학자의 이름이다.

고막을 찢을 듯한 브레이크 밟는 소리가 들려오는 한밤중에 잠을 청하기 위해 집 앞 도로를 폐쇄하는 순간 괴물 같은 도시는 신경 파열 직전에 이른다(D 165). 경찰관이 벌금을 물리자 도널드는 항변한다. "인가서가 있는 건 아니지만 나도 잠 정도는 평안하게 잘 권리가 있잖소." "아니, 그렇지 않소!"라고 경찰관이 말을 가로막는다. 그러자 도널드는 경찰서에서 시작해 경찰서장의 집을 거쳐, 시장을 면담하기 위해 시 청사로 가는 등 필요한 인가서를 열심히 찾아 나선다. 그러나 시장은 오로지 "시 의회의 동의를 얻을 경우에만 유효한 지시"에만 서명할 수 있을 뿐이다(여기서 온갖 금제와 지연으로 점철되어 있는 관료제의 경직성에 주목하라). 도널드는 그가 사는 구역의 모든 거주자가 서명한 청원서를 시 의회에 제출해야 하는 것이다. 그는 밀림처럼 복잡한 자기 동네를 뒤지고 다니기 시작한다. 그러나 도널드는 자기를 지지하고 도와줄 사람 그리고 평온하고자 하는 그의 투쟁이 동네 사람 모두를 위한 것이라는 사실을 이해해줄 사람을 단 한 명도 발견하지 못한다. 발길질과 주먹질에 총알 세례까지 받고 쫓겨날 뿐이다. 남의 차를 긁는 바람에 (50달러나) 배상해야 하고, 단 한 사람의 서명을 받기 위해 마이애미까지 가지만 자기가 찾는 이웃이 방금 마이애미에서 오리 나라로 돌아갔다는 말을 듣고 그만 기절하고 만다. 그러자 호

텔 지배인이 그를 깨운다. "손님, 이 카펫 위에서 하룻밤 주무시는 비용은 30달러입니다." 또 다른 이웃은 변호사와 상의하기 전에는 서명을 하지 않으려 한다(도널드의 주머니에서 또 다시 20달러가 빠져나간다). 도널드는 아담한 체구의 다정한 노부인이 서명하는 동안 개에게 물린다. 그 다음에 서명할 사람을 위해서는 안경을 사주어야 한다(3백 달러나 들었는데, 이 사람이 금테 안경을 골랐기 때문이다). 마지막으로 그는 서명할 사람이 공중곡예를 하고 있는 폭포까지 쫓아가야 한다. 그러나 도널드는 물 속에 빠지고, 청원서의 잉크는 그만 물에 씻겨버린다. 그는 명단을 다시 작성하는데("밤에 조금이라도 눈을 붙일 수만 있다면 이 모든 고통은 감내할 가치가 있어"), 이때 마침 시 의회가 향후 20년간 이 문제를 논의하지 않을 것이라는 소식을 듣는다. 이에 도널드는 자포자기 상태에서 다른 집을 산다. 그러나 이번에도 운이 없다. 그의 고통을 안 시 의회가 예전에 그가 살던 거리에서 새로 살게 된 거리로 도로를 옮기기로 결정해버렸기 때문이다. 그렇다면 이 이야기에서 얻을 수 있는 교훈은 무엇일까? 어떠한 것이든 바꾸려고 애쓰지 말라! 당신이 처한 상황을 감내하라. 그렇지 않을 경우, 더욱 열악한 상황에 처하게 되는 수가 있으니까.

나중에 우리는 운명을 거스르려고 하는 것이 얼마나 부질없는지를 증명해주는 이러한 유형의 만화들과 디즈니식 사회 비판을 좀더 자세히 다룰 것이다. 그러나 부분적으로나마 자연으로 복귀하는 것에 동기를 부여하려면 먼저 도시는 악몽 같고 타락했다는 것을 강조할 필요가 있었다. 대도시는 기계화된 기숙사 혹은 보관함으로 간주된다. 탈출해야만 하는 작전 기지이며 참고 지낸다 해도 그 자체가 우스꽝스러워지는 통제 불가능한 기술 공학적 재앙이다.

다른 한편 '전원의 평화로움과 한가로움'은 고의적으로 간섭하지 않는 한 도저히 깨뜨릴 수 없는 어떤 것으로 상정된다. 예를 들어 거스 구스는 시골에 사는 그랜드마 덕이 도시에서 며칠을 보내도록 설득하기 위해서 모기떼와 쥐떼 그리고 벌떼로 이어지는 소동을 인위적으로 일으키고 불까지 낸다. 이어 암소에게 정원을 짓밟고 다니게 한다. 그랜드마는 이 일을 반가워하는데, 연이은 소동이 "현대 도시 생활의 불편함을 참아낼 수 있도록" 준비시켜주었기 때문이다.

도시인은 오로지 기술 공학의 모든 저주 — 배는 난파하고, 비행기는 충돌하며, 로켓은 도난당한다 — 를 뒤로 한 이후에야 전원에 다다를 수 있다. 즉 천국을 얻기 위해서는 연옥을 통과해야만 한다. 따라서 전원으로 들여오는 현대적인 기구는 죄다 문제만 일으키며, 삶을 엉망으로 만들고 타락시키는 등 반드시 복수하게 된다. <지긋지긋한³ 양동이>(종교적인 연상을 주목할 것)라는 제목의 이야기에서 도널드는 이 단순한 물건 하나 때문에 휴가를 망치고 만다. 또한 꼬마 오리 스카우트 대원들이 자이로 기어루스에게 폭우를 멈추게 할 물건을 발명해 달라고 졸라대며 자연의 순리를 바꾸려고 하는 다른 이야기에서(D 433) 숲에서 유일하게 젖지 않고 남아 있는 자그마한 공터는 마치 도시의 복사판처럼 금세 온갖 것들로 북적거리며 도시의 모든 문제점을 야기하게 된다. 이에 "내 생각에는 억지로 자연을 움직여서는 안 되는 거야"라고 누가 말한다. 그러자 다른 인물이 덧붙인다. "결국 아무 소득도 없는 법이라고."

피상적으로 볼 때 여기서는 단지 도피주의만을 볼 수 있는데, 즉 대중 문화에서 아주 통상적으로 나타나는 이러한 안전 장치는 정신적·육체적 건강을 유지하기 위해 여가 활동과 환상을 필요로 하는 사회에는 반드시 필요한 것이다. 일요일 오후의 공원 산책, 주말에 떠나는 전원 여행, 예전에는 해마다 있었던 휴가에 대한 향수가 그것이다. 따라서 아이들은 영원히 휴가를 보내며 살고 있다고 생각하는 사람들은 당연히 공간적으로 이처럼 근심 없고 태평한 존재 방식에 상응하는 어떤 것, 즉 전원의 한가

3. infernal. '지옥 같은' 혹은 '악마 같은'의 뜻도 있다.

로움을 찾아 나서기 마련이다.

이 명제가 올바르다는 것은 거의 논란의 여지가 없어 보인다. 주인공들이 감히 모험에 나서는 장소가 결코 버려지거나 사람이 살지 않는 공간이 아니라는 사실만 아니라면 말이다. 만약 각종 모험이 순수하고 오염되지 않은 장소에서 일어난다면 디즈니 만화에는 오로지 인간과 무기물 사이의 관계만 있을 것이다. 그곳에 원주민들이 살고 있지 않다면 앞 장(章)에서 분석했던 것 이외의 인간 관계는 있을 수 없다. 그러나 그렇지가 않다. 간단한 통계만 봐도 그렇다. 즉 우리가 검토한 총 백 종의 잡지 가운데 거의 절반에 해당하는 47퍼센트에서 주인공들은 다른 대륙, 다른 인종 출신의 인물들과 맞닥뜨리는 것이다. 만일 다른 행성에서 온 존재들을 다루는 만화까지 포함시킨다면 이 비율은 50퍼센트를 훨씬 넘을 것이다. 우리가 뽑은 표본에는 지구의 오지를 다룬 이야기들도 들어 있다.[2]

오리 나라의 수도에서 멀리 떨어져 있고, 보물을 탐내며, 순수하고 건전한 형태의 여가 활동을 통해 일상의 지루함을 깨뜨리고 싶어하는 모험가들이 수시로 드나드는 이들 나라에는 아주 특이한 특성을 가진 주민들이 기다리고 있다.

세계를 여기저기 다녀본 사람이라면 누구나 이들 나라를 보고 희열을 느끼지 않을 수 없으며, 고국으로 돌아갈 때 야만인을 산 채로 잡아갈 생각을 하지 않을 수 없을 것이다. 그래서 메뉴판에 무엇이 있는지 열성적인 여행자 여러분 모두에게 정확히 알려드릴 안내 책자가 바로 여기에 있다(이것은 『내셔널 지오그래픽』의 축약판인 『리더스 다이제스트』에서 봄직한 「여행하면서 부자가 되는 방법」에서 뽑은 것이다).

1. 신원. 원시인. 두 부류가 있다. 한 부류는 아주 야만적이다(석기 시대).
거주지는 아프리카, 폴리네시아, 브라질 외곽, 에콰도르 혹은 미국.

다른 한 부류는 이보다는 훨씬 더 진화했다. 멸종 위기에 처한 것은 아니나 퇴화하고 있다. 종종 이 부류는 많은 기념물과 토속 음식 문화를 구비했던 고대 문명의 보고이다. 그러나 두 부류 모두 기술의 시대에는 다다르지 못했다.

2. 주거. 첫째 부류에게 도심이란 없으며, 기껏해야 움막이 몇 채 있을 뿐이다. 둘째 부류에게는 군소 도시들이 있긴 하나 폐허이거나 쓸모없는 상태이다. 필름은 되도록 많이 가져가는 것이 좋다. 왜냐하면 단 하나의 예외도 없이, 정말이지 모든 것이 민속과 이국 정취에 흠뻑 젖어 있기 때문이다.

3. 인종. 모든 인종이 있다. 백인만 빼고. 따라서 컬러 필름이 꼭 필요하다. 왜냐하면 원주민들은 검은색에서 황색, 담갈색, 황토색을 비롯하여 북미 인디언 특유의 옅은 오렌지색에 이르기까지 온갖 종류의 색깔을 띠고 있기 때문이다.

4. 신장. 근접 촬영용 광각 렌즈가 달린 사진기를 휴대하시라. 일반적으로 원주민들은 몸집이 거대한데다 강인하고 거칠며 자연 그대로이고 온통 근육질이다. 그러나 때로 원주민들은 보잘것없는 피그미일 수도 있다. 이들을 밟지 않도록 주의 요망. 무해함.

5. 의상. 왕족이었던 먼 선조들처럼 옷을 갖추어 입지 않은 경우, 이 사람들은 대개 허리 감개 정도만 두르고 지낸다. <살아 있는 사막>[4]의 창조자인 우리 친구 디즈니라면 틀림없이 '살아 있는 박물관'이라는 적절한 용어를 만들어낼 것이다.

6. 성풍속. 자연의 기이한 조화로 인해 오직 남자들만 있다. 여자들의 흔적이라고는 찾아볼 수 없다. 심지어 폴리네시아에서조차 그 유명한 타무레춤[5]은 남성 전용으로 되어 있다. 우리는 프라니스탄에서 공주 한 명을 발견하기는 했지만 어떤 남자도 그녀에게 접근하는 것이 허

4. 디즈니가 1954년에 제작한 장편 자연 다큐멘터리 영화의 제목이기도 하다. 이 영화는 국내에서도 '사막은 살아 있다'라는 제목으로 상영된 바 있다.

5. 타히티 등 남태평양 폴리네시아의 민속 무용으로, 하와이의 훌라춤과 비슷하다.

용되지 않는 까닭에 그녀를 볼 수는 없다. 어떻게 이 야만인들이 자식을 낳는지 아직 제대로 알려져 있지 않다. 그러나 다음 호에서는 답을 찾아볼 수 있게 되기를 바란다. 왜냐하면 국제 통화 기금(IMF)이 종류를 불문하고 현재 사용되고 있는 (아주 효과적인) 피임 도구의 성격을 규명할 의도로 제3세계의 인구가 폭발하고 있는 원인에 대한 조사를 지원하고 있기 때문이다.

7. 정신적 특성. 애들 같다. 우호적이고 순박하며 쉽게 믿고 낙천적이며 행복하다. 하지만 기분이 상하면 마구 성질을 부리기도 한다. 그러나 이들의 화를 누그러뜨리거나 심지어 이들을 속이는 것은 식은 죽 먹기다. 빈틈없는 여행자라면 하찮은 물건 몇 개만 들고 가도 토착민들의 수많은 보석과 손쉽게 교환할 수 있을 것이다. 야만인들은 아무것이나 거의 무조건 받아들인다. 이들은 선물이라면 어떠한 종류의 것이든 — 그것이 문명의 산물이든 돈이든 — 다 받는다. 선물 형태이기만 하면 그들이 내준 보물의 대가로 어느 것이나 받을 것이다. 이들은 사심이 없으며 아주 관대하다. 따라서 막돼먹은 비행 청소년을 다루는 데 염증이 난 성직자라면 아직 기독교의 세례를 받지 않은 이들 원시인들을 상대로 옛날식 선교 활동을 하면서 한숨 돌릴 수도 있을 것이다. 이들은 모든 물질적인 것을 기꺼이 포기할 용의가 있다. 모조리. 전부. 그래서 이들은 막상 본인들은 쓰지 않는 풍요와 보물의 무궁무진한 원천이다. 또한 이들은 미신을 믿으며 상상력이 풍부하다. 괜히 많이 아는 체하지 않고서도 우리는 이들이야말로 크리스토퍼 콜럼버스[6], 장-자크 루소[7], 마르코 폴로[8]; 리처드 닉슨, 윌리엄 셰익스피어, 그리고 빅토리아 여왕[9]이 말한 바 있는 고귀한 야만인의 전형이라고 할 수 있다.

8. 놀이. 원시인들은 노래하고 춤추며, 때로 기분전환을 위해 윤무를 추

6. 이탈리아 출신의 탐험가로, 스페인의 페르난도 2세 및 이사벨 1세 국왕 부처(夫妻)의 지원 아래 동방으로 가는 새 항로를 찾으려다 미 대륙을 '발견'했다. 그는 죽을 때까지 자신이 발견한 땅이 인도인 줄 잘못 알고 있었다.
7. 스위스 출신의 프랑스 사상가. 인간은 자연 상태에서는 자유롭고 행복하고 선했으나 자신이 만든 사회 제도와 문화에 의해 불행하고 사악한 존재가 되었으므로 다시 참모습으로 복귀해야 한다는 그의 사상은 프랑스 혁명과 낭만주의에 지대한 영향을 미쳤다. 대표작으로 소설 형식의 교육론인 『에밀, 또는 교육에 대하여』, 『고백록』, 서간체 연애 소설 『쥘리, 또는 신(新)엘로이즈』 등이 있다.
8. 이탈리아 출신의 상인·여행가. 보석상인 아버지, 숙부와 함께 동방 여행을 떠났다가 몽고 지배하의 중국, 즉 원나라에 도착해 17년간 생활한 뒤 귀환해 통상 '동방견문록'으로 불리는 『세계 경이(驚異)의 서(書)』를 남겼다.
9. 영국이 19세기에 자본주의 선진국이자 대제국으로서 번영을 구가했을 때 재위한 군주. 후에 보수화했으나 '군림하되 통치는 하지 않는다'는 원칙을 따랐다.

기도 한다. 그리고 이들은 (전화, 시계, 총 등) 여러분께서 갖고 가실 어떤 기계도 장난감으로 이용하려 들 것이다.

9. 언어. 통역이나 여행자용 회화 책자 따위는 필요가 없다. 거의 모든 원주민이 오리 나라의 말을 유창하게 구사한다. 어린아이를 데리고 갈 경우에도 걱정할 필요가 없다. 아기처럼 후음(喉音)을 많이 내는 꼬마 원주민들과 잘 어울릴 테니 말이다.

10. 경제 기반. 자급 자족 경제이다. 양고기와 물고기, 과일을 먹고 산다. 때로 물건을 판다. 경우에 따라서는 관광 산업을 위해서 물건을 만들기도 한다. 그러나 물건을 사지는 마시라. 원주민을 속여서 물건을 더 많이, 공짜로 가질 수 있으니까. 이들은 땅에 지극한 애착을 갖는데, 이것이 이들 원주민을 더욱더 자연스럽게 만든다. 풍요가 이 땅을 지배하고 있다. 원주민들은 생산할 필요가 없다. 이들은 또한 모범적인 소비자들이다. 어쩌면 이들이 행복한 것은 노동하지 않기 때문일지도 모른다.

11. 정치 구조. 여행자들은 이곳의 정치가 입맛에 꼭 맞는다는 사실을 알게 될 것이다. 구석기 시대 야만인들의 무리에서는 자연스러운 민주주의가 존재하고 있다. 다른 사람들보다 더 평등한 왕을 제외하고는 모두가 평등하다. 이 때문에 시민으로서의 자유는 쓸모가 없어지고, 입법, 사법, 행정 권한이 하나로 통합되어 있다. 또한 투표나 신문이 있을 아무런 이유가 없다. 감히 비교해본다면, 디즈니랜드 클럽에서처럼 모든 것은 공유된다. 그리고 왕은 칭호말고는 아무런 실질적인 권위나 권리를 갖지 않는데, 감히 또다시 비교하자면 이는 디즈니랜드 클럽의 장군보다도 못한 것이다. 이 같은 구석기 시대 집단과, 왕이 무한한 권력을 쥐고 있으면서도 항시 전복될지 모를 두려움 속에 살고 있는 고대의 타락한 문화를 지닌 집단을 구별해주는 것이 바로

이 민주주의이다. 그러나 다행스럽게도 그의 원주민 신민들은 다소 기이하달 수밖에 없는 약점에 시달리고 있다. 언제나 군주제를 재도입하려는 것이 그것이다.

12. 종교. 아무런 종교도 없다. 왜냐하면 이들은 '실낙원'[10] 혹은 타락 이전의 진짜 에덴 동산에서 살고 있기 때문이다.

13. 국가의 상징물. 무척추 동물과에 속하는 연체 동물.

14. 국가의 색깔. 순수한[11] 백색.

15. 국가의 동물. 양. 단, 길을 잃거나 검은 양[12]이 아니다.

16. 마술적 특성들. 이곳을 여행할 수 있는 엄청난 행운을 누려보지 못한 사람들은 이 점을 가장 중요하면서도 가장 이해하기 어려운 면모 중의 하나로 생각할 수도 있을 것이다. 그러나 바로 이것이 고귀한 야만인의 정수 자체를 대변하는 동시에 자발적으로 상대적으로 후진적인 상태에 남아 있는 이유를 알려준다. 현대 사회를 괴롭히는 온갖 갈등은 전혀 모른 채 말이다. 자연 환경과 친밀한 관계를 맺고 있기 때문에 이 야만인들은 자연스러운 선과 절대적인 도덕적 순수함을 발산할 수 있다. 따라서 비록 본인들은 잘 모르지만 이들은 영원한, 혹은 지속적으로 갱신 가능한 고결성의 원천이 된다. 인디언 보호 구역과 자연 보호 구역도 있는데 왜 도덕성과 순수함의 보호 구역이 있어서는 안 된단 말인가? 어쨌든 이 도덕성과 순수함은 기계 문명이 발달한 사회들을 변화시키지 않고도 인간을 구원하는 데 성공할 것이다. 바로 이들 자체가 구원이기 때문이다.

17. 장례식. 이들은 절대 죽지 않는다.

예리한 독자라면 고귀한 야만인과 어린이라 불리는 또 다른 야만인 사이의 유사점들을 감지했을 것이다. 그렇다면 우리는 디즈니 만화에서

---

10. 르네상스 시기의 영국 시인 존 밀튼(John Milton)의 장시(長詩) 『실낙원』에 대한 인유이기도 하다.
11. immaculate, 성모 마리아의 무염시태(Immaculate Conception)에도 사용되는 단어이다.
12. 길 잃은 양(lost sheep)이란 '그리스도의 참된 가르침을 모르고 죄를 짓는 인간'을 뜻하며 검은 양(black sheep)은 집안의 말썽꾼을 뜻한다.

마침내 순진한 야만인으로 가장한 진정한 어린이를 만날 수 있을까? 이처럼 방대한 무지의 섬나라와 고원 지대에 사는 사회적으로 미발달된 사람들과, 나이가 어려서 아직 미숙한 어린이들 사이에는 유사점이 있을까? 이들 야만인과 어린이들은 마술과 같은 관습, 즉 순수함과 소박함 등 사람을 순화시켜주고 자애롭게 해주지만 우리가 잃어버리고 만 자연스런 성정을 공유하고 있지는 않을까? 양쪽 모두 어른들의 폭력과 속임수 앞에서 무방비 상태이지 않을까?

자아 도취에 빠진 부모들에 의해, 그리고 바로 이들을 위해 정교하게 만들어진 만화는 어린이 독자의 관점을 택하지만 동시에 이것은 이들 만화가 열등한 제3세계 어른을 바라보는 관점이기도 하다. 만약 이것이 사실이라면 우리의 고귀한 야만인은 어른들의 온정주의적 가치들을 모두 합한 것의 복사판은 아니라는 점에서 다른 어린이들과 구별된다. 도시의 꼬마 거주민들(그리고 아기 다람쥐들, 아기 늑대, 봉고 그리고 여타 황량한 오리 나라 수도의 거주민들)이 가진 지능과 잔꾀, 규율, 백과 사전적인 지식, 그리고 기술 공학적인 능숙함이 없는 원시인들은 어른들의 세계로 이어지는 통로와 사다리에는 접근하지 못하고 만화에서 제시되는 어린이다운 속성, 즉 순수와 무지 등을 갖게 된다.

이제 이 세계에서 삶은 버거워지고 시야는 침침해진다. 이 화려한 가장 무도회의 소용돌이 속에서는 누가 누구인지, 언제, 어느 곳에서 어린이가 어른이고 어른이 어린이인지 알아볼 수 없게 된다.

만약 야만인이야말로 진정한 어린이라고 한다면, 오리 나라의 어린 백성들은 무엇을 표상하는 것일까? 양자의 차이점과 유사점은 무엇일까?

도시의 아이들이란 단지 겉모습만 어린아이일 뿐이다. 그들은 어린이의 외모와 신장, 어릴 때 보이기 마련인 의존성, 애들은 으레 갖고 있으리라고 추정되는 착한 마음, 교실에서 지켜야 할 의무, 그리고 때로는 장난감을 갖고 있다. 그러나 앞에서 살펴보았듯이 실제로 이들은 바로 어른들의 논리로 어른들의 잘못을 판단하고 교정하는 힘을 대표한다. 도널드가 조카들과 다투는 42편의 이야기 가운데 38편에서 조카들이 옳은 것으로 판명된다. 오직 네 편의 이야기에서만(예를 들어 「사기꾼들, 사기 당하다」) 어른들의 행동 규범을 어기고 어린애들처럼 행동했다는 이유로 꼬마들이 따끔하게 혼이 난다. 또한 아기 늑대는 30편의 이야기에서 아버지가 크고 검으며 추하고 사악하다는 점 때문에 결코 나쁜 짓을 할 수 없다. 오히려 그는 아버지가 본능적으로 사악한 범죄의 길로 빠져들 때마다 하나씩 교훈을 가르친다. 디즈니 만화 가운데 유일하게 육체를 가진, 진짜 남성 아버지인 이 늑대는 다시 한번 우리의 주장을 확인시켜준다. 즉 그는 디즈니가 정한 '적절한' 어른들의 가치관으로 정당화되지 않은 상태에서 언제나 권위를 조롱당하는 부랑자인 것이다. 스캠프의 생부 이름이 트램프[13]라는 것도 이에 못지않게 중요하다. 그러나 스캠프의 진정한 '아버지'는 바로 그를 소유하는 인간이다. 우리는 20편의 모험 중 18편에서 다람쥐 칩과 데일이 모든 어른, 즉 도널드, 덩치 큰 못된 늑대, 브레어 곰, 브레어 여우 그리고 브레어 나귀의 실수와 속임수를 조롱하는 것을 볼 수 있다. 한편 잘못을 저지르는 나머지 두 편에서 이들은 엄청나게 두들겨 맞는다. 반면에 거스와 재크, 봉고와 피터 팬은 백 퍼센트 올바른 일만 한다. 구피는 영원히 어린이들의 입을 통해 전달되는 이 같은 어른 수업을 받아야 하는 1차적인 대상이 된다. 그는 언제나 잘못을 저지른다. 지적으로 어른으로 성숙하지 못했기 때문이다. 이 가운데 어린이 같은 특징과 어른처럼 성숙한 특징들이 가장 잘 조화를 이루는 인물은 바로 디즈니가 처음으로 창조해낸 미키 마우스이다. 디즈니가 ― 무의식중에 ― 전달하기를 바랐던 통합과 공생을 전형적으로 보여주고 있는 것은 바로 이 완벽한 꼬마 어른, 즉 판단력에는 체계가 있으나 개인적인 습관은 종잡을 수 없는

13. '떠돌이'를 뜻한다.

이 꼬마 탐정, 이 규칙과 단정함의 대변자(피노키오의 양심을 지켜주려는 어설픈 수호자인 지미니 귀뚜라미를 기억하라)이다. 하지만 다른 캐릭터들이 나타남에 따라 이러한 통합은 깨지고, 어린이들이 어른의 역할을 떠맡는 순환적인 대체 양상이 나타나게 된다.[3]

디즈니가 이러한 구조를 고안해낸 것은 아니다. 이는 이른바 민중 설화나 전설에 깊이 뿌리박혀 있는 것으로, 연구자들은 이러한 이야기들에서 핵심적으로 아버지와 아들이 순환적으로 대칭을 이루고 있는 것을 발견했다. 예를 들어 가족의 막내나 꼬마 마법사 또는 나무꾼은 가부장적 권위에 쉽게 예속되기도 하지만 복수하고 상황을 통제할 수 있는 능력을 갖고 있다. 이러한 능력은 하나같이 생각할 수 있는 능력, 즉 잔꾀와 연결되어 있다. 이에 대해서는 페로[14], 안데르센[15], 그림 형제[16]를 참고하라.[4]

지금까지 우리는 어린이가 맡고 있는 어른 역할을 살펴보았다. 따라서 이제 이 세계에 야만인들이 존재하는 이유를 좀더 잘 알 수 있게 된 셈이다.

이 야만인들이 영원히 담당하는 역할이란 바로 조그만 어린이 모습을 한 도시인들이 남겨놓은 틈새를 메우는 일로, 이는 어른 모습을 한 도시인들이 책임감 있게 행동하지 않을 때 생기는 틈새를 어린 도시인들이 메우는 것과 동일하다.

따라서 두 가지 유형의 어린이가 존재한다. 도회지 사람들이 총명하고 계산적이며 약삭빠르고 우수한 반면, 제3세계인들은 (카우보이나 인디언처럼) 솔직하고 어리석으며 비합리적이고 질서가 없으며 쉽게 속는다. 첫번째 유형이 정신이며 관념의 영역 안에서 움직이는 반면, 두번째 유형은 육체이며 무기력한 물질, 고깃덩어리들이다. 즉 전자는 미래를, 후자는 과거를 나타낸다.

이제 어른들이 유아적인 퇴행의 징후를 보일 때마다 도시 아이들이

14. 17세기 프랑스의 비평가·시인으로, '장화 신은 고양이', '빨간 모자', '잠자는 숲 속의 미녀' 등을 수록한 동화집 『거위 아주머니 이야기』를 남겼다.
15. 덴마크 출신 극작가·시인·소설가로, '벌거벗은 임금님', '성냥팔이 소녀', '인어 공주' 등을 수록한 각종 동화집을 남겼다.
16. 언어학자·문헌학자이기도 했던 형 야콥(Jacob)과 동생 빌헬름(Wilhelm)은 독일 민요 및 민담을 수집하는 과정에서 『그림 동화Kinder- und Hausmärchen』를 펴냈다.

왜 끊임없이 바쁘게 왔다갔다하면서 그들을 쫓아내는지를 이해할 수 있을 것이다. 이러한 대체는 정당하며 또 반드시 필요한데, 왜냐하면 이것만이 진정한 변화가 일어나지 않도록 보장해줄 수 있기 때문이다. 모든 것은 예전처럼 지속된다. 규칙 자체가 변하지 않는 한 한쪽이 옳고 다른 한쪽이 그른 것은 문제가 되지 않는다. 이러한 일은 오직 자기 충족적인 오리들의 나라에서만 일어날 수 있다.

문명의 이상에 대해 이 도시 사람들이 어른 아이 할 것 없이 보여주는 강철 같은 단결, 그리고 이들이 매번 자연의 세계를 대면할 때마다 보여주는 능숙함과 솜씨 좋은 기술은 어른들의 가치가 오리 나라를 지배하고 있다는 새로운 증거이다. 어린이-야만인에게는 비판의 기회가 주어지지 않으며, 따라서 도시의 이방인이라는 거대하고 획일적인 집단을 대신하기에 이른다. 전자는 오로지 후자의 관대함을 받아들이고 자신의 땅에서 나는 부를 넘겨줄 수밖에 없다. 이 미개인들은 자신들의 섬에, 순수한 유아 상태에 영원히 사로잡힌 채 남아 있어야 할 운명에 처해 있다. 이들은 조카 오리들과는 전혀 다른 아이들로 어른들의 가치를 투사하기 위한 핑계일 뿐이다. 한결같고 고정되어 있는 이들의 자연스러운 미덕은 시간의 시작과 끝, 인류의 타락 이전과 최후의 심판 이후의 낙원 그리고 선(善)과 인내, 환희와 순수의 원천을 나타낸다. 고귀한 야만인의 존재는 이 세계에는 언제나 어린이들이 존재할 것이며, (비록 새로운 어린이들이 성과 무관한 방식으로 태어나야 할지라도) 조카 오리들이 다 자라더라도 이들을 대체할 누군가가 있게 될 것이라는 것을 보증하게 된다.

이처럼 '우월한' 가치들을 흡수하는 과정에서 자동적으로 도회지 아이들은 어른이 어린이들을 보면서 가장 부러워하는 많은 특징을 잃어버린다. 지능과 잔꾀는 어른의 악몽을 말끔히 정화된 향기로운 꿈으로 탈바꿈시켜주는 순수하고 의심 없는 어린이라는 전통적인 이미지를 위협한다.

비록 한갓 장난으로 치부되지만, 어린이들의 꾀바름 또한 원초적인 완벽함, 돈과 섹스로 오염되지 않은 세상(그리고 궁극적으로 구원)의 이미지를 어둡게 한다. 아버지는 자식이 그 자신이 비친 모습이기를, 그리고 자기 모습대로 만들어지기를 바라기 마련이다. 따라서 결코 자기 뜻을 거스르지 않는 (그리고 디즈니가 자기 '원숭이들'[5]을 독점하는 방식과 똑같이 그에게 독점되는) 자식을 통해 영생을 얻으려고 애쓰는 한편, 동시에 아이들이 열려 있고 순종적인 어린이라는 이상화된 이미지에 부응하는 존재가 되기를 바란다. 그렇게 해서 아이를 꼼짝 못하게 하고, 벽난로 위에 올려놓은 사진 속에 꼭 붙잡아두려는 것이다. 즉 어른들은, 어른이 되었을 때 과거에 의존하며 과거를 충실하게 재생산할 아이를 원하는 것이다.

이렇게 해서 어린이 독자들은 두 가지 대안과 행동 모델을 갖게 된다. 즉 어린 오리들과 그에 못지않게 약삭빠른 존재들을 따라서 어른의 교활함을 선택함으로써 경쟁자를 물리치고 정상에 올라 상을 받고 계속 상승하든지, 그렇지 않으면 원래 생긴 그대로의 상태에 머물며 아무것도 얻어내지 못하는 어린이-고귀한 야만인이 되어야 한다. 유년기를 벗어나는 유일한 길은 사전에 어른들이 표시해놓은, 순수와 본능으로 위장되어 있는 길뿐이다. 아들아, 이 길밖에 없으니 반드시 이 길을 따르도록 하거라.

이러한 구분이 모종의 신비주의나 형이상학에 기초하고 있는 것은 아니다. 순수함에 대한 갈망이 일종의 종교적인 구원의 필요성에서 생기는 것은 아니기 때문이다. 마치 아버지는 혈육과 후계자들을 계속해서 지배하기를 바라지 않는 것처럼 보인다. 아들이 바로 자신임을 감지한 아버지는 가차없는 내적 억압을 실현하는 과정에서 자신을 지배자인 동시에 피지배자로 생각한다. 이 지긋지긋한 순환 고리를 끊어버리기 위해, 자기로부터 도망치기 위해 그는 자기가 지배할 또 다른 존재, 즉 누가 지배자이고 누가 피지배자인지를 명확하게 규정하며 감정의 양극화 상태를 아무런 죄책감 없이 함께 즐길 수 있는 누군가를 찾게 된다. 아들이 탈 없이 자라서 아버지의 가치들을 받아들이는 동안 아버지는 결코 변하지 않고 대들지 않는 다른 어린이, 즉 고귀한 야만인을 계속해서 억압한다. 그리고 자기 아들 그리고 본인과의 가학-피학적인 갈등을 피하기 위해 예의 타자적 존재, 즉 '무해'하고 '순수'하며 '고귀'한 야만인과 전적으로 가학적인 관계를 형성한다. 아버지는 아들에게 불변하는 세계, 즉 아버지 본인의 여러 가치와 이것을 불평 없이 받아들일 모범적인 야만인을 물려준다.

하지만 우리의 분석이 하던 소리를 또 늘어놓는 꼴이 되지 않으려면 이쯤에서 가족 구조의 경계선 너머를 살펴봐야 할 것이다. 혹시 이러한 아버지 대 고귀한 야만인이라는 관계 뒤에 또 다른 무엇이 어슬렁거리고 있지는 않을까?

3장 '고귀한 야만인'에서 '제3세계'로

'고귀한 야만인'에서 '제3세계'로

도널드: "(아프리카의 주술사에게) 당신 나라는 아주 신식이군! 전화는 있나?"

주술사: "전화가 있냐고! …… 색깔이고 모양이고 다양하게 갖춰놨지. …… 그런데 **한 대만** 연결돼 있다는 게 문제야. 이 비상 전화는 세계 차관 은행[1]하고 직통으로 연결돼 있어."

(TR 106, US 9/64)

1. 통칭 세계 은행인 국제 부흥 개발 은행(IBRD)에 대한 인유이다.

아즈텍랜드는 도대체 어디에 있는가? 잉카-블링카는? 그리고 언스테디스탄은?

노새와 시에스타, 화산과 선인장, 커다란 솜브레로[2], 폰초[3], 세레나데, 마치스모[4], 고대 문명 시대부터 살았던 인디오 등 그림 엽서에 담겨있는 멕시코의 원형을 고스란히 간직하고 있는 아즈텍랜드가 바로 멕시코라는 데에는 의심의 여지가 없다. 이 나라는 주로 이러한 기괴한 민속과 관련하여 규정된다. '아즈텍랜드'는 원형적인 배아 상태에서 굳어진 채 이를 둘러싼 모든 피상적이고 틀에 박힌 편견에 이용되면서 사이비 상상력의 소산인 이러한 이름을 달고 있는 까닭에 디즈니 식으로 왜곡하기가 그만큼

2. 원래 스페인어로는 모자를 뜻하나 이 단어는 멕시코 및 미국 남서부에서 쓰는 챙 넓은 모자를 가리킨다.
3. 우리나라 군부대에서는 '판초 우의(雨衣)'라고도 부르는데, 이는 미국 영어에서 유래하는 발음이다.
4. 스페인 및 중남미 특유의 남성 우월주의. 이 같은 남성은 '마초(Macho)'라고 불린다.

더 쉬워진다. 즉 이 나라는 나름의 많은 문제점을 안고 있는 실제 멕시코가 아니라 아주 진부한 몇 가지 이국적 딱지를 통해 인식되는 멕시코이다.

디즈니는 미국의 처녀지들을 구입해서 그 위에 디즈니랜드라는 궁전, 즉 자신의 마술의 왕국[5]을 세웠다. 그의 세계관 역시 전체적으로 보아 이와 동일한 관점에 의해 틀이 짜여져 있다. 즉 이 세계는 이미 식민지로, 유령 같은 주민들은 이 세계에 대한 디즈니의 생각을 그대로 따라야 한다. 그리고 각각의 에피소드에 등장하는 외국은 '디즈니주의'의 침략 과정에서 일종의 모델로 이용된다. 쿠바나 베트남 같은 몇몇 국가가 감히 내놓고 미국과 갈등을 일으키려고 할 경우 이들 나라에 디즈니 만화 특유의 낙인을 찍어버린다. 혁명 투쟁이 진부한 것으로 보이도록 말이다. 즉 미 해병 대원들이 혁명가들에게 총알 세례를 퍼붓는 동안 디즈니는 잡지 세례를 쏟아붓는다. 자동 소총과 감상적인 사탕발림의 두 가지 살인 방식이 있는 것이다.

물론 디즈니가 이들 나라에 사는 사람들을 창조한 것은 아니다. 단지 적절한 모양새를 갖추게 했을 뿐이다. 인기 만화 시리즈의 주연 배우로 쓰면서 이들을 자신의 마술 궁전을 위한 판박이 꼭두각시로, 영원히 착하고 무해한 야만인들로 만들어버렸다.

디즈니에 의하면 저개발 국가 국민들이란 어린애 같기 때문에 그에 걸맞게 다루어야 하고, 이러한 규정을 받아들이지 않는다면 엉덩이를 까내려 흠씬 두들겨주어야만 한다. 그래야만 말을 들을 테니까! 따라서 어린이/고귀한 야만인에 대해 어떤 말을 할 때 말하는 사람이 실제로 염두에 두고 있는 것은 바로 제3세계이다. 그리하여 문명과 과학기술로 무장하고 이 땅에 도착하는 어른-어린이, 그리고 이처럼 이질적인 권위를 받아들이고 자신의 풍요로움을 갖다 바치는 어린이-고귀한 야만인 사이에서 우리가 찾아낸 헤게모니 관계는 다름 아니라 대도시와 위성 도시, 제국과 식민지,

5. Magic Kingdom, 이는 디즈니 월드 일부와 디즈니랜드의 별칭이기도 하다.

주인과 노예 관계의 정확한 복사판임이 드러난다. 이처럼 대도시인들은 보물을 찾아나설 뿐만 아니라 원주민에게 (바로 디즈니. 만화와 같은) 만화책을 파는 것이다. 지배력을 행사하는 도시의 언론이 원주민들에게 부과한 역할을 가르치기 위해서 말이다. '힘보다는 꾀가 낫다'는 시사적인 제목을 단 어느 이야기에서 도널드는 달포쯤 살아볼 요량으로 태평양에 있는 환상(環狀)의 산호섬으로 출발했다가 현대의 거부처럼 달러 뭉치를 한 배 가득 싣고 돌아온다. 사업가가 선교사나 군대보다 더 낫다는 것이다. 즉 디즈니 만화의 세계는, 심지어 만화 자체의 지면 안에서조차도 노골적이고 열정적으로 사고파는 과정을 부추기며 자기 선전을 해대고 있는 것이다.

일반론은 이 정도로 충분하니, 이제 각종 사례와 증거를 살펴보자. 온갖 어린이-고귀한 야만인 중 (묘한 우연으로 히말라야의 힌두쿠시 산맥에서 황인종들과 섞여 살고 있는) 히말라야 설인 구(Gu)보다 더 유치증(幼稚症)이, 즉 어른이 되어도 체구나 지능이 발달하지 않는 병이 과장된 경우는 없다(TR 113, US 6~8/56에 실린 「칭기즈칸의 잃어버린 왕관」을 참고할 것). 그는 멍청하고 의지 박약한 몽골인 계통을 대변하는 모습으로 그려져 있다. 만화에서 그는 어린아이처럼 취급된다. 그는 '최악의 취향'에 '싸구려 장신구와 쓰레기'가 널려 있는 너저분한 동굴에서 사는 '끔찍한⁶ 살림꾼'이다. 그의 주변에는 쓸모없는 모자 같은 것이 널려 있다. 천박하고 문명의 혜택을 입지 못한 그는 발음도 정확하지 않고 우물거리면서 '구'라는 혀짤배기소리를 낸다. 게다가 그는 아둔하기까지 해서 (위탁 관리인들이 몰래 조종하여 스크루지의 수중에 있던) 보석으로 장식된 칭기즈칸의 황금관(冠)을 훔쳐내기도 한다. 이것의 가치에 대해서는 아무것도 모른 채 말이다. 그는 이 왕관이 마치 석탄 소쿠리에 지나지 않는 양 구석에 내던져버리고는 단돈 1달러밖에 안 나가는 스크루지의 손목시계를 택한다("이게 저 녀석이 제일 좋아하는 장난감이지"). 하지만 걱정 붙들어 매시라. 왜냐하면 "멍청한 저 녀석에게서 빠져나가는 것은 식은 죽 먹기니까!" 실제로 스크루지는 째깍거리며 돌아가는 문명의 싸구려 산물과 왕관을 바꾸는 수완을 — 마치 마술처럼 — 발휘한다. 일단 이들은 설인 구 자신에게는 쓸모없는 것만 가져가려 하며 그 대신 장난감으로 갖고 놀 수 있는 경이롭고 신비로운 기계 공학의 산물(즉 손목시계)을 받을 수 있다는 것을 (순진한 어린이인 동시에 괴물 같은 짐승, 즉 저개발 상태의 제3세계 사람인) 설인 구가 깨닫는 순간 온갖 장애물은 다 극복된다. 그리고 천연 원료인 황금이 실려 나간다. 이것을 넘겨주는 자는 정신적으로 그리 발달하지 못했으나 육체적으로는 과도하게 발달해 있다. 달리 말해 구와 기타 주변적인 야만인들의 거대한 체구란 오직 육체 노동에나 적합한 육체적 힘을 상징한다고 할 수 있다.¹⁾

이 이야기는 (아프리카와 아시아, 아메리카와 오세아니아에서) 최초의 정복자와 식민지 개척자들과 원주민 사이에 이루어진 물물 교환 관계를 반영하고 있다. 즉 기술적으로 우월한 (유럽이나 북미에서) 만들어진 이러저러한 장신구 따위를 황금(그리고 향신료와 상아, 홍차 등)과 맞바꾸는 것

6. Abominable, 히말라야 설인의 영어 이름에도 쓰이는 단어이다.

이다. 원주민들은 단 한 번도 자신을 위해서 또는 교환 수단으로 사용하리라고는 생각지도 못했던 어떤 것을 넘겨준다. 하지만 이것은 극단적이며 거의 일화(逸話)에 불과하다. 이와 다른 종류의 만화책 — 예를 들어 벨기에 출신의 작가 에르제[7]가 집필했으며 전세계적으로 유명한 『티벳으로 간 탱탱』 — 에서 이 끔찍한 존재[8]는 짐승 같은 상태로 방치되며, 따라서 어떤 종류의 경제 활동에도 참여할 수 없게 된다.

하지만 이처럼 특수한 유아적 퇴행의 희생자는 고귀한 야만인이라는 디즈니의 진부한 생각의 경계선에 서 있다. 이 경계선 너머에는 태아 상태의 야만인, 즉 성적으로 지나치게 점잖을 빼는 디즈니로서는 써먹을 수 없는 야만인이 있다.

독자들이 시시한 기계 잡동사니를 황금과 맞바꾸는 사람과 단일 상품만을 생산하는 나라에서 천연 자원을 캐 가는 제국주의 사이의, 혹은 전형적인 지배자와 피지배자 사이의 유비 관계를 확인하기 위해 너무 세세하게 논리를 끌어가고 있다고 느끼지 않도록 이제 디즈니가 '후진적인' 것으로 희화화하는 나라들에 대한 그의 전략을 좀더 명백하게 드러내주는 예들을 살펴보자(말할 것도 없이 그는 이 나라들이 그렇게 된 원인에 대해서는 결코 아무런 언질도 주지 않는다).

(이 장의 앞머리에 실려 있는 인용문이 나오는 바로 그 만화에서 발췌한) 다음의 대화는 식민지 국가들 — 이 경우 아프리카의 독립 운동을 겨냥하고 있다 — 에 대한 디즈니의 태도를 전형적으로 보여주고 있다. 도널드는 낙하산을 타고 아프리카의 밀림에 있는 어느 나라에 내린다. "여기가 어디죠?" 그는 소리친다. 그러자 (커다란 원시적인 가면에 안경을 걸치고 있는) 어느 주술사가 대답한다. "하늘을 나는 꼬마야, 너는 지금 쿠코 코코라는 신생국에 있고 여긴 우리나라의 수도란다." 하지만 이 도시에는 밀짚을 엮어 만든 오두막 세 채와 움직이는 건초 더미들[9]만 있을 뿐이다. 이 이

---

7. 조르주 르미(Georges Remi)의 필명. 그의 첫 작품은 1929년에 발간되었다.
8. 즉 히말라야 설인을 가리킨다. 이번에도 영어 원문은 Abominable이다.

9. 가발을 쓰고 있는 원주민들이다.

상한 것들이 다 무엇이냐고 도널드가 묻자 주술사가 대답한다. "가발이지! 우리 대사가 UN에 갔다 와서 이 더풀더풀[10] 가발을 생각해 냈어." 이어 도널드를 뒤쫓던 돼지 한 마리가 내려와 오리들의 행방을 찾기 위해 가발들을 벗겨내고 다음 대화를 주고받는다.

10. Hairy, 이는 '섬뜩한, 어려운, 케케묵은'을 뜻한다.

돼지 : 여보쇼! 내 말 한 번 들어보쇼! 가발을 팔면 당신네 괴짜들한테 값을 잘 쳐주겠소. 가진 것 다 파쇼!

원주민 : 신난다! 돈 많은 장사꾼이 우리 낡은 머리 걸개를 산다 그러네!

또 다른 원주민 : 내 벌집 모양 가발 값으로 경품권 여섯 장 줬어.

11. 무지몽매한 원주민임을 나타내기 위해서 영어 원문 또한 비틀스(Beatles)가 아닌 Beatle이다.

　　세번째 원주민 : (들떠서) 그 사람 내 비틀[11] 가발 값으로 시카고 전차 토큰 두 개 줬어.

　　이곳에서 무사히 도망치기 위해 돼지는 유인용으로 동전 몇 닢을 뿌려놓기로 결심한다. 이에 원주민들은 멈춰 서서 허리를 굽혀 비굴하게 돈을 주워모으며 즐거워한다. 다른 이야기에서 도널드를 속이기 위해 폴리네시아 원주민처럼 차려 입은 비글 형제들도 이와 똑같은 행동을 흉내낸다. "당신 저희 생명 구해주셨습니다. …… 저희 영원토록 당신 종 되겠습니다." 그리고 이들이 넙죽 절하자 도널드가 한마디 한다. "이 사람들도 원주민이군. 그런데 교육을 좀더 받은 것 같아."

　　또 다른 예를 보자(D 423, 특별호). 도널드는 '외(外)콩골리아'로 떠나는데, 스크루지가 그곳에서 벌인 사업이 신통치 않기 때문이다. 이유는 이렇다. "왕이 백성들에게 올해에는 성탄절 선물을 주지 말라고 명했기 때문이다. 그는 모든 백성이 선물 살 돈을 자기에게 바치기를 바란다." 이에 도널드는 한마디 한다. "굉장히 이기적이군!" 그리고는 일을 도모하기 시작한다. 그는 하늘을 나는 위대한 마법사처럼 꾸며 왕이 되며, 원래의 늙은 군주는 왕위에서 쫓겨난다. 왜냐하면 "그는 당신[도널드]처럼 현명하지 않으며 선물 사는 것을 허락하지 않기" 때문이다. 도널드는 왕관을 받았지만 재고가 모두 팔려나가는 대로 철수할 생각이다. "왕으로서 짐이 첫번째 명령을 내리노라……. 너희 가족을 위해서 선물을 사되 왕에게는 한 푼도 바치지 말라!" 한편 늙은 왕이 돈을 원했던 것은 생선 대가리가 전통적으로 유일한 먹을거리인 이 나라를 떠나서 먹고 싶은 것을 마음껏 먹기 위해서였다. 이제 그는 참회하면서 다시 한번 기회가 주어진다면 나라를 훨씬 잘 다스리고 "어떻게 해서든 그 끔찍한 스튜를 먹지 않을 방법을 강구"하겠노라고 약속한다.

도널드 : (백성들에게) 또한 짐이 너희에게 단언하노니, 이제 왕위는 아무 탈없이 이어질 것이니라. 너희의 옛 왕은 훌륭한 군주이며…… 예전보다 더 속이 들었다.

백성들 : 만세! 왕이시여, 만수무강하시옵소서!

이제 왕은 권좌를 유지하려면 외국인과 동맹을 맺어야만 한다는 것, 그리고 국가의 모든 부가 맥덕을 통해 오리 나라로 빠져나가기 때문에 백성에게 세금을 부과할 수조차 없다는 것을 안다. 게다가 이 이방인들은 왕의 권태라는 문제를 해결할 방도도 찾아낸다. 그가 바로 자기 나라 안에서 소외감을 느끼고 그 결과 대도시로 여행하고자 하는 욕구를 무마하기 위해서 소비 상품을 대량으로 수입하도록 조치하는 것이다. 도널드는 이렇게 말한

다. "그 음식에 대해선 걱정일랑 하지 마십시오. 제가 생선 대가리마저 구미에 당기도록 만들어줄 수 있는 소스 몇 가지를 보내드리겠습니다." 이에 왕은 기뻐서 펄쩍펄쩍 뛴다.

이러한 공식은 거듭해서 반복된다. 예를 들어 스크루지는 캐나다 인디언들에게 녹슬지 않는 강철 문짝을 주고 순금 문짝을 받는다(TR 117). 모비 덕과 도널드는 아리디아인(아랍인)들의 포로가 되자 비눗방울을 불기 시작하는데, 원주민들은 이에 매혹된다(D 453). "하하. 손으로 잡으면 터져. 헤헤." 족장인 알리-벤-골리[12]가 말한다. "이거 진짜 마술이군! 백성들이 어린애처럼 웃고 있잖아. 어떻게 이렇게 되는지 상상도 못한다고." "이건 대대로 전해 내려오는 비법일 뿐이야. 우릴 풀어주면 그 비법을 공

12. 알리는 회교권의 남자 이름이며 Goli는 영어의 Golly, 즉 '어이구! 저런!'을 뜻한다.

개하지." 모비 덕이 말한다(문명이란 원주민들로서는 도무지 이해할 수 없으며 외국인들만이 다루어야 할 어떠한 것으로 제시되고 있다). 그러자 추장은 깜짝 놀라며 말한다. "자유라고! 내가 너희한테 줄 건 그게 다가 아냐. 황금이랑 보석도 있어. 너희가 나한테 비밀을 말해주면 보물은 너희 거야." 아랍인들은 스스로 약탈당하는 데 동의하는 셈이다. "우리한테 보물이 있긴 한데 아무 쓸모가 없어. 마술 비눗방울처럼 사람들을 웃게 하진 못하거든." 도널드가 그를 "가련한 미련퉁이"라고 조롱하는 동안 모비 덕은 '플립 플롭' 합성 세제를 건네준다. "그 말 맞아, 친구. 언제고 웃고 싶을 땐 마술 가루를 조금 붓고 마법의 주문을 외우기만 하면 돼." 이 이야기는 도널드는 직접 피라미드나 땅을 팔 필요가 없다는 암시로 끝을 맺는다. 왜냐하면 도널드가 말하듯, "알리-벤-골리가 있는데 피라미드가 왜 필요해?"

이러한 상황이 되풀이될 때마다 원주민들의 즐거움은 커져만 간다. 그리고 자기들이 직접 만든 물건을 하나하나 빼앗길수록 이들의 만족감도 커져간다. 문명의 산물이 손에 하나씩 쥐어지고, 이 물건들을 기술이라기보다는 마법의 현시로 해석하면서 이들은 마냥 즐거워한다. 아무리 우리를 철천지원수 취급하는 사람이라도 이러한 교환의 불평등을 정당화시킬 수는 없을 것이다. 도대체 어떻게 한 움큼의 보석이 비누 한 상자와, 그리고 황금관이 싸구려 손목시계와 가치가 같을 수 있단 말인가? 물론 혹자는 이러한 종류의 물물 교환을 그저 죄다 상상의 산물일 뿐이라며 이의를 제기할지도 모르겠다. 그러나 불행하게도 이러한 상상의 법칙들은 외부로부터 오는 자들과 각종 잡지를 쓰고 펴내는 사람들 쪽으로 일방적으로 기울게 마련이다.

하지만 어떻게 이처럼 파렴치한 약탈 행위가 아무도 모르게 계속될 수 있는가? 달리 말하자면, 어떻게 이 같은 불평등이 평등으로 위장될 수 있는가? 어째서 — 원래의 이름 그대로 부르자면 — 제국주의적 수탈과 식민지의 종속이 본모습 그대로 드러나지 않는가?

"우리한테 보물이 있긴 한데 우리에게는 아무 쓸모가 없어."

이들은 이렇듯 사막에 친 천막, 동굴, 한때 번성했던 도시, 외딴 섬, 그리고 사람의 접근이 허용되지 않는 요새에 살면서 결코 그곳에서 벗어나지 못한다. 이처럼 과거의 역사 속에 얼어붙어 있고 현재의 요구가 이러한 과거의 기능에 맞추어 규정되고 있는 이들 저개발국가 국민은 이들에 고유한 미래를 건설할 권리를 박탈당한다. 이들의 왕관과 천연 자원, 땅과 에너지, 비취로 만든 코끼리, 과일, 그리고 무엇보다도 황금은 이들에게 아무 쓸모가 없다. 그리고 다양한 과학기술 제품 형태로 해외에서 들어오는 진보란 이들에게는 단순한 장난감에 지나지 않는다. 이것은 문명화되는 것이 금지되어 있는 고귀한 야만인들의 단단한 방어막을 절대로 뚫고 들어가지 못할 것이다. 심지어 이들은 이러한 물건들이 제조된 것이라는 점조차 이해하지 못하므로 결코 제조업자 클럽에 끼지도 못할 것이다. 이것들을 이방인들의 생각과 말, 즉 마술 지팡이에서 솟아 나오는 신비로운 힘으로 여기기 때문이다.

이렇듯 고귀한 야만인들에게는 장래의 발전에 대한 전망이 주어지지 않기 때문에 약탈은 결코 약탈로 보이지 않게 된다. 약탈이란 그저 하찮고, 넘치도록 흔하며, 없어도 되는 것을 치우는 일일 뿐이기 때문이다. 게다가 고삐 풀린 자본주의적 약탈은 미소와 교태 뒤에 감추어져 있다. 가련한 원주민들 같으니. 이들은 얼마나 순진한가! 이들은 황금을 이용할 수 없으니 없애버리는 편이 낫다. 다른 곳에서는 쓸모가 있을 테니까.

스크루지 맥덕은 달 모양의 24캐럿짜리 순금을 손에 넣는데, "황금의 순도가 아주 높아서 버터처럼 쉽게 모양을 주조할 수 있다"(TR 48, US 12~2/59). 그러나 곧이어 진짜 주인인 머치케일[13]이라는 금성인이 등장해서 스크루지에게서 한 줌의 흙을 받고 그 순금을 팔려고 한다. 이 구두쇠는

13. Kale이 영어 속어로 돈을 뜻하므로 Much Kale이란 '돈 많은'을 뜻한다.

14. 여기에서 구조되는 이들이 스페인 식 이름을 갖고 있다는 점, 즉 중남미인일 가능성이 높다는 점에 주목할 것.

15. Skunk Cabbage, 이는 식물학상으로는 '앉은 부채'를 가리킨다.

16. Dirt, 이는 '하찮은 것'의 의미도 있다.

거래를 마치면서 "와! 이건 정말이지 내가 아는 한 역사상 가장 큰 이익을 본 거래야" 하고 외친다. 그러나 '착한 원주민'인 머치케일은 마술을 써서 그 한 줌의 흙을 대륙과 대양, 나무, 그리고 완벽한 자연 환경을 갖춘 행성으로 바꾸어놓고는 "그래! 난 황금 부스러기만 만지작거리면서 여기서 아주 구차하게 살고 있었지"라고 말한다. 이처럼 원시적인 순수 상태에서 추방된 채 약간의 비와 화산 폭발을 기대하면서 머치케일은 태어난 땅으로 돌아가기 위해 황금을 거부하고 생계 유지 수준의 삶에 만족하는 것이다. "스컹크 양배추[15]다!(이는 그가 금성에서 즐겨 먹는 음식이다) 이제 살았다⋯⋯. 이제 난 음식이랑 술 그리고 일상 생활이 있는 나만의 세상을 갖게 됐어!" 결국 스크루지는 황금을 빼앗았다기보다는 모든 불순한 금속을 없애고 머치케일이 원시적인 순수 상태로 돌아가는 일을 쉽게 해줌으로써 그에게 좋은 일을 한 셈이 되고 만다. "저 사람은 원하던 흙[16]을 가졌고, 난 이 황홀한 24캐럿짜리 달을 가졌어. 두께가 5백 마일이나 되는 실팍한 황금 덩어리야! 근데 저 사람이 훨씬 더 득이 되는 장사를 한 것 같다는 생각을 하지 않을 수 없단 말이야!" 가난하지만 행복한 이 금성인은 이제 평생 단출한 삶을 찬양하면서 살아가게 된다. 가난한 자는 걱정이 없지만 부자는 온갖 걱정을 다한다는 아주 오래된 격언이 있지 않은가. 자, 그러니 가난한 자와 저개발 국가를 수탈하는 것에 양심의 가책 따위는 더이상 느끼지 말자.

이로써 정복에 따른 오점은 정화되었다. 즉 외국인들은 해를 끼치는 것이 아니라 과거를 떠날 수도 없고 또 떠나려고 하지도 않는 사회를 기반으로 미래를 건설하고 있는 것이다.

그런데 타자들을 어린아이로 만들어버리고 도둑질을 면죄받는 또 다른 방법이 있다. 제국주의는 스스로를 식민지 국민의 이해에 대한 공평 무사한 심판관이자 그들을 해방시키는 천사라는 이미지로 비치도록 만들려고 한다.

그럼에도 불구하고 생계 수단만큼은 고귀한 야만인들로부터 빼앗을 수 없는데, 이것마저 빼앗으면 이들의 자연 경제를 파괴해 이들로 하여금 맘몬[17]과 상품 경제를 좇아 에덴 동산을 떠나게 할 수밖에 없기 때문이다.

도널드는 그의 '문제 해결 대행사'가 돈 많은 고객을 위해 찾아주기로 약정을 맺은 은제 염소를 찾아 포기의 고원[18]을 향해 떠난다. 그는 문제의 염소를 발견하지만, 올라타려고 하다가 그만 염소의 등을 부러뜨리고 만다. 이때 그는 바로 이 동물이 굶주림 — 이 말은 고원 지역에 사는 원주민들에게는 금기이다 — 때문에 생사의 기로에 서 있음을 알게 된다. 도대체 어떻게 이러한 일이 일어났는가? 얼마 전에 지진이 일어나서 주민들과 그들이 대대로 가축을 먹여오던 목초지를 갈라놓았던 것이다. "만약 자애로운 백인이 저기 있는 신비로운 새[비행기]를 타고 여기 와서…… 저희 광산에서 나는 하얀 금속[19]으로 염소를 만들지 않았다면 저희는 이 손바닥만한 땅에서 굶어죽었을 것입니다." 그리고 이 기계 염소는 위험한 협곡을 통과해서 양떼를 협곡 밖의 평지에 있는 목초지로 인도해야 하는데,[20] 이 염소가 없으면 양들은 길을 잃는다. 원주민들은 '도널드 주식회사'[21] 직원들이 "오직 (그들과) 양들만이 지나갈 용기가 있는" 위험한 절벽

3장 '고귀한 야만인'에서 '제3세계'로

17. 마태오 복음에 나오는 의인화된 재물.

18. 여기에서 포기 Abandon 는 '양도, 유기(遺棄), 위탁, 방종'을 뜻하기도 한다.

19. 즉 은을 가리킨다.

20. 비록 염소는 기독교에서 죄악의 상징이며 은제라는 사실이 우상을 연상시키거나, 여기에서 저자들이 소개하는 디즈니 만화의 일화는 원죄를 지은 인간은 곧 '어린 양'이며 '목자' 예수에 의해 '목초지'인 구원으로 인도되어야 한다는 종교적 비유와 유사하다.

21. 물론 이 문구는 1차적으로는 도널드 덕으로 대표되는 디즈니 만화 산업을 가리키지만, 영어의 company의 또 다른 뜻을 감안하면 '도널드와 그의 일행'으로도 해석된다.

지대를 되짚어가는 모험을 감수하기로 결심하는 것을 보고 감탄한다. "저희는 그렇게 높은 곳에 올라갈 생각은 단 한 번도 해보지 못했습니다." 일단 협곡을 빠져나가자 도널드와 조카들은 이 염소를 수리하고 양떼를 주인들에게 안전하게 데려다준다.

이 시점에서 악당들이 등장한다. 바로 염소 찾기 계약을 맺고 도널드를 파견했던 부자 리치 씨[22]와 그의 응석받이 아들이다. "계약에 서명했으면 물건을 넘겨줘야지." 그러나 악당들은 패배하고 오리들은 자신들이야말로 원주민들의 사심 없는 친구임을 증명한다. 원주민들은 오리 나라의 선조들에게 그랬던 것처럼 이 오리들을 믿고, 나쁜 외국인들에게 대항해 착한 외국인들과 동맹을 맺는다. 도덕적 이원론이 외국의 주권을 긍정하도록, 특히 권위주의적이고 가부장적인 역할을 긍정하도록 기여하는데, '몽둥이와 자선'[2)]이 바로 그것이다. 이렇게 해서 착한 외국인들은 도덕의 외피를 뒤집어쓴 채 원주민들의 신뢰는 물론 이 나라에서 나는 부를 적절하게 분배할 권리를 얻어낸다. 한편 거칠고 속되며 혐오스럽고 구제 불능의 도둑인 악당들은 단지 이 오리들이 정의와 법질서 그리고 굶주림을 막아주는 음식의 보호자임을 밝히고, 그리하여 결국 이후 이들이 저지를 행위 일체를 은폐하는 데 이용되기 위해 존재할 뿐이다. 결국 대도시인들은 고귀한 야만인들이 유일하게 사용할 수 있는 것(식량) — 왜냐하면 식량 부족은 죽음 또는 반란(어느 경우든 유아적인 순수함이라는 이들의 이미지를 깨뜨린다)을 야기할 것이기 때문이다 — 을 지켜줌으로써 제 목소리를 내지 못하는 억눌린 자들의 대변자로 자리잡게 된다.

약탈자들을 두 부류로, 즉 드러내놓고 설치는 자칭 도둑들과 아주 은밀하게 활동하는 실제 도둑들로 윤리적으로 구분하는 방식도 디즈니 만화에서 지속적으로 반복된다. 어느 이야기(TB 62)에서 미키와 그의 일행은 은광을 찾아 헤매다가 두 사기꾼의 정체를 폭로한다. 이 악당들은 처음에

22. '거머리'와 '고리대금 업자'를 뜻한다.

광석을 훔친 스페인 정복자들로 변장한 채 인디오들을 공포에 몰아넣으며 관광객들에게 '인디오 장신구들'을 팔아서 막대한 이익을 챙기고 있다. 삶의 자연스러운 리듬을 깨뜨리는 어떠한 현상에 직면하더라도 엄청난 공포와 경악에 빠지고 마는 원주민들의 변함 없는 성격은 (아이들이 어둠을 무서워하는 것과 비슷하게) 이들이 겁이 많다는 것을 강조하며, 누군가 우월한 존재가 나타나 이들을 구하고 광명을 되찾아주어야 할 필연성을 정당화하는 데 기여한다. 이들 사기꾼을 사로잡는 대가로 우리의 영웅들에게는 이 부족 내에서 이러저러한 지위 ― 미니는 공주가 되고, 미키와 구피는 전사가 되며, 플루토는 깃털을 얻는다 ― 가 주어진다. 그리고 오리나라 사람들이 '인디오 장신구들'을 갖게 된다는 점은 두 말하면 잔소리다. 인디오들에게는 '물건을 외국 시장에 팔 수 있는 자유'가 주어진다. 즉 이익의 공유가 없는 직접적이고 공공연한 강탈만이 비난받을 뿐이다. 따라서 미키의 제국주의적인 수탈은 스페인 정복군과, 과거에 원주민들을 더 공공연하고 노골적으로 강탈하고 노예로 삼았던 제국주의자들의 수탈을 한층 더 두드러져 보이게 만든다.

하지만 요즘은 상황이 다르다. 돈을 지불하지 않고 빼앗는 것은 드러내놓고 하는 강도짓이다. 반면에 돈을 지불하고 가져가는 것은 강도짓이 아니라 호의를 베푸는 것이다. 따라서 장신구를 사고팔며 그것을 오리 나라로 수입하는 조건 자체는 결코 의문시되지 않는데, 왜냐하면 그것은 협상 당사자 쌍방이 평등하다는 전제에 근거하고 있기 때문이다.

외딴 곳에 살고 있는 어느 인디오 부족도 이와 비슷한 상황에 처해 있다(D 430, DD 3/66, 「천둥산 매복 작전」). 이들은 이전의 역사적 경험에 따라서 "모든 오리에게 전쟁을 선포"한다. 50년 전에(그리고 그때 이후 변한 것은 하나도 없다) 벅 덕[23]이 이들에게 이중으로 사기를 친 적이 있기 때문이다. 그는 우선 원주민들의 땅을 훔친 뒤 아예 못 쓰게 만들어놓고 되팔

23. Buck, '멋쟁이, 숫놈, 달러'를 뜻한다.

았던 것이다. 따라서 이제 이들에게 모든 오리(백인들)가 악한 것은 아니며, 과거의 사기는 보상될 수 있다는 것을 설득시키는 것이 문제가 된다. 어떠한 역사책(심지어 할리우드나 TV)이든 원주민들이 침략당했다는 사실 자체는 인정한다. 과거에 벌어진 사기와 착취의 역사는 공공연한 사실이고 더이상 감추어질 수 없으며, 따라서 이제 다 끝나고 마무리된 문제처럼 보인다.

그러나 현재는 또 다른 문제이다.

오늘날 제국주의의 속죄 능력을 확인해보려면 이를 옛날 식의 식민주의와 강탈과 비교해보아야 한다. 예를 하나 들어보자. 두 명의 사기꾼이 원주민들에게 사기를 쳐서 천연 가스 자원을 강탈할 요량으로 입국한다. 그러나 이들은 오리들에 의해 정체가 탄로나고, 그후 오리들은 원주민들의 '친구'로 여겨진다.

"화해하자,[24] 힘을 합쳐 일하자, 모든 인종은 조화롭게 공존할 수 있다." 이 얼마나 멋진 말씀인가! 캘리포니아에 있는 디즈니랜드라는 소도시를 후원하면서 이곳을 모든 인종과 민족이 함께 살아갈 수 있는 평화의 세계라고 부르는 아메리카 은행[25]도 이보다 더 멋들어지게 표현할 수는 없었을 것이다.

그런데 원주민들의 땅은 어떻게 되는가?

"일은 거대한 가스 회사에서 다 할 것이고 당신네 부족한테 돈도 충분히 지불할 것입니다." 이는 극히 뻔뻔스러운 제국주의적 책략이다. 이제 상대적으로 요령 없는 (게다가 원시적인 기술로 인해 불리한 처지에 있는) 과거와 현재의 사기꾼들에 맞서 고도의 기술을 갖춘 '그레이트 엉클

24. bury the hatchet, 이는 직역하면 '(북미 원주민의) 전투용 도끼를 묻어버리다,' 즉 '구원(舊怨)을 잊자'라는 뜻이다.

25. 미국의 전세계적 상업 은행으로, 국제적 신용 카드 체제도 운영한다.

사'²⁶가 들어선다. 이 회사는 모든 문제를 공평하게 해결할 것이다. 만약 '공정하고 적절한 가격'을 지불하기만 하면 외지인이라고 해서 꼭 나쁜 사람이라고는 할 수 없다. 아니 이와 반대로 이 회사는 선의 그 자체이다.

하지만 이러한 착취 형태가 전부는 아니다. 이내 위그윔²⁷ 모텔과 기념품점이 문을 열고, 여행 상품이 마련된다. 결국 인디오들은 이들 민족의 독특한 전통을 배경으로 하나의 이미지로 고착되며, 결국 관광객들의 소비에 이용된다.

위에서 언급한 마지막 두 가지 예는 안면 몰수한 식민주의의 고전적인 책략과는 어느 정도 차이점을 보여준다. 오히려 디즈니 만화에 나타나는 선의에 입각한 협력은 과거의 공공연한 약탈을 거부하며, 원주민들이 그 자신에 대한 착취에 최소한으로나마 참여하는 것을 허용하는 일종의 신식민주의적 형태를 보여준다.

어쩌면 이러한 현상을 가장 분명하게 보여주는 것이 바로 '진보 동맹'의 프로그램이 한창 진행중일 때 스페인 정복기에 보물을 밀림에 숨겼던 아즈텍 인디오들을 그린 만화(D 432, DD 9/65, 「아즈텍랜드의 보물」)일 것이다. 이제 이 인디오들은 오리들의 도움으로 새로운 정복자인 비글 형제들에게서 구원받기에 이른다. "이런 터무니없는 짓을 하다니! 아직도 정복자들이 있다니!" 과거의 약탈은 범죄였다. 이처럼 과거는 범죄시되고 현재는 정화됨으로써 현실에 남아 있는 과거의 약탈의 흔적들은 기억에서 지워진다. 따라서 더이상 보물을 감추어둘 필요가 없어진다. (자애롭게도 길 잃은 양들을 돌봐줌으로써 벌써 얼마나 마음이 따뜻한 사람들인지를 증명해보인 바 있는) 오리 나라 사람들은 멕시코 국민을 보호해줄 수 있을 것이다. 이제 이러한 지리학은 한갓 그림 엽서로 전락하며, 또 그저 한 장의 엽서로 팔려 나간다. 지난날들은 진보하거나 변하지 않는다. 그렇지 않을 경우 관광 사업에 타격을 입힐 것이기 때문이다. "아즈텍랜드로 오세요. 입

26. 물론 직역하면 '위대한 삼촌 회사'인데, 이는 일단은 스크루지를 가리키는 것일 수 있다. 그러나 미국 정부의 약칭인 U.S.를 일부러 잘못 풀이해서 종종 샘 삼촌(Uncle Sam)이라는 애칭으로 부른다는 점을 기억할 필요가 있다.
27. Wigwam, 북미 인디언의 전통적 '오두막,' 그리고 정치 집회 등을 위한 '가(假)건물 대회장' 모두 뜻한다.

장료는 1달러입니다." 결국 대도시인들의 휴가는 우월함을 드러내기 위한 현대적인 수단으로 변형되는데, 나중에 우리는 어떻게 해서 고귀한 야만인의 자연스럽고 육체적인 미덕이 고이 간직되는지를 살펴보게 될 것이다. 이러한 장소들에서 보내는 휴일은 자연과의 교감을 통한 정화와 재생을 가능하게 해주는 대부금 또는 백지 수표와 같다.

이 모든 예들은 국제적으로 널리 통용되는 상투형들에 근거하고 있다.「잉카-블링카」(TB 104)에 나오듯, 사실 페루 사람들이 몽롱하고, 도기를 팔고, 털썩 주저앉는가 하면, 고추를 먹으며, 천년의 문화를 자랑한다는 사실, 즉 각종 여행 안내 포스터 등에서 주장되는 이 모든 도착적인 편견을 어느 누가 부인할 수 있겠는가? 더구나 디즈니가 이러한 풍자들을 고안해낸 것은 아니다. 다만 이것을 이용할 수 있는 데까지 이용할 뿐이다. 그는 전세계의 모든 사람을 (한 나라뿐만 아니라 국제적으로) 지배 계층에 속한다는 환상 속으로 몰아넣음으로써 이 환상에 일관성을 부여하며 이것의 토대를 이루고 있는 사회 체제를 정당화한다. 이러한 상투적 수법들은 전 세계 모든 사람들이 공동으로 처해 있는 현실을 희석하기 위해 대중 문화 매체에서도 이용된다. 결국 멕시코 사람들이 페루를 알 수 있는 유일한 수단은 이 같은 '풍자' 뿐이며, 이는 또한 페루가 이런 모습말고는 다른 무엇이 될 수 없으며 이러한 식으로 이국풍 안에서 그럴듯하게 보이도록 만들어진 채 고정된 원형적인 상황으로부터 벗어날 수 없다는 것을 의미한다. 멕시코인과 페루인 모두에게 라틴 아메리카 국민들이 이런 식으로 상투화되는 것은 결국 왜곡된 자기 인식의 통로, 자기 소비 형식, 마침내 자기 조롱의 형식이 되어버린다. 각국민을 구분하기 위해서 이들의 가장 피상적이고 기이한 특징만을 골라내며, 똑같이 종속적 위치에 있는 국가들을 '분할 정복' 하기 위한 수단으로 민속을 이용함으로써 만화는 여타의 모든 대중 매체처럼 선정주의라는 원칙을 써먹는다. 말하자면 새로움을 내세워 현실을 감추는데, 이는 우연이라고 할 수 없을 만큼 판매 증진에도 기여한다. 결국 우리 라틴 아메리카 국가들은 중심국들의 관음증적이고 흥청망청한 쾌락을 위해 계속해서 페인트가 덧칠해지는 쓰레기통이 되고 만다. 날마다, 지금 이 순간에도 TV와 라디오, 잡지와 일간지, 만화와 뉴스 보도, 영화와 의상, 음반 그리고 역사 교과서라는 차원 높은 수다에서 자잘한 일상의 대화에 이르기까지 모든 것이 억압받는 자들의 국제적인 연대를 약화시키는 데 한몫하고 있다. 우리 라틴 아메리카 국민들은 만화책과 기타 대중 문화 매체를 통해 얻은 서로에 대한 환상에 의해 갈라져 있다. 그리고 이 환상은 볼품 없이 왜곡된 우리 자신의 이미지와

다르지 않다.

　온갖 상투형으로 넘쳐나는 이 거대한 암묵의 웅덩이는 흔해빠진 상투적인 논리들에 근거하고 있어서, 현실 자체에서 모아들인 정보의 원천들을 직접 찾아 나설 필요가 없게 된다. 즉 우리는 각각 만인 공통의 상투적인 지혜로 가득 찬 보이스카우트 교본을 늘 몸에 지니고 다니는 셈이다.

　그러나 모순은 터져나오게 되어 있는데, 그나마 다행스러운 일이다. 왜냐하면 중심국의 언론 공작에도 불구하고 이 모순들이 '뉴스'가 될 정도로 공공연해지면 옛날식의 틀에 박힌 매끈한 이야기를 계속할 수 없기 때문이다. 내재적으로 갈등 요소를 담고 있지만 아직은 뉴스거리라고 생각될 만큼 폭발적으로 드러나 있지는 않은 상황과 달리, 공공연한 갈등을 똑같은 처방으로 감출 수는 없는 법이다.

　체제의 병폐는 여러 차원에서 분명하게 드러난다. 일례로 대중 매체가 강요하는 환상을 그대로 믿고 따르는 버릇을 버리고 관객을 불편하게 하고 심리적 안정을 위태롭게 하는 예술가는 바람에 대고 말하고 그림을 그려대는 기인으로 치부되고 버림받는다. 천재는 실생활로부터 유리되며, 현실과 현실의 미학적 재현을 조화시키려는 그의 모든 노력은 물거품이 되어버린다. 그는 디즈니 만화에서는 페인트 통을 뒤집어엎고 소동을 일

으키면서 주차장으로 미친 듯이 미끄러져 들어옴으로써 '팝' 예술 경연 대회에서 1등을 차지하는 구피의 모습을 통해 희화화된다(TB 99, DD 11/67). 자신이 만들어놓은 예술적인 쓰레기 더미 속에서 구피는 이렇게 외친다. "[1등이] 나라고? 이런! 난 노력 한번 안 했는걸!" 이렇게 해서 예술은 공격적인 특성을 잃게 된다. "이거 정말 식은 죽 먹기로군. 이제 돈도 벌고 즐길 수도 있게 됐어. 그래도 아무도 나한테 화내지 않는단 말이야." 대중은 이 '걸작들'을 보고 당황하거나 혼란을 느낄 필요가 없다. 그들의 삶과 아무런 관계가 없으며, 오직 허약하고 모자란 사람들이나 그런 종류의 놀이에 몰두하기 때문이다. 그리고 '히피족,' '사랑의 모임'[28] 그리고 각종 평화 행진도 마찬가지다. 어느 이야기(TR 40, US 12/63)에서 일군의 성난 사람들 — 이 사람들이 한통속으로 그려지는 것을 주목하시라 — 이 미친 듯이 행진하다가 도널드가 "저 사람들 목이 마를 것 같군! 이봐요, 피켓 따윈 던져버리고 여기들 와서 공짜 레모네이드나 드시라고요!"라고 외치자 그의 레모네이드 가판대로 몰려든다. 결국 이들은 평화는 제쳐둔 채 마치 들소떼처럼 도널드에게 달려들어 그의 돈을 가로채고는 레모네이드를 벌컥벌컥 마신다. 여기에서 우리가 얻을 수 있는 교훈. 폭동을 일으키는 이 사람들이 얼마나 위선적인지 보라. 이들은 자기들이 외치는 이상을 레모네이드 한 잔에 팔아넘긴다.

역시 레모네이드를 마시고 있는 또 다른 집단이 있는데, 이들은 위의 군중과 대조적으로 아주 질서 정연하다 — 이들은 잘 훈련받았고 순종적이며 말끔하고 잘생긴, 그리고 진정 평화로운 꼬마 사관 생도들이다. 즉 이들은 결코 더럽고 무질서한 '반란자들'이 아닌 것이다.

저항을 한갓 사기로 뒤바꾸어버리는 이러한 전략은 일명 '물 타기 작전'이라고 불린다. 즉 하나의 몸을 이루고 있는 사회의 특이 현상과 암(癌)의 징후를 사회적 배경과는 무관한 고립된 일시적 사건처럼 보이도록 만

28. Love In, 이는 일군의 사람이 모여서 마약을 복용하거나 키스 등 성행위를 하거나 노래를 부르거나 음식을 먹는 것을 가리킨다. 주로 히피족과 연관되며, 정치적 항의의 표현으로 사용될 수도 있다.

들며, 따라서 '여론'에 의해 금방 가라앉을 가려움증 정도로 치부되어 자동적으로 그에 대한 논의 자체를 거부하도록 진부하게 만들어버리는 것이다. 그냥 한번 쓱쓱 긁어주고 나면 시원해지지 않나. 물론 디즈니 혼자서 이와 같은 잔머리를 굴리는 것은 아니다. 이는 체제의 신진 대사 작용의 일부로서 체제는 바로 이런 식으로 현실의 특정 상황을 포섭하거나 제거하려 애쓰는 것이다. 따라서 의식적이든 아니든 이는 전략의 일부로서 구사된다.

예를 들어 패션 산업이 히피족의 원시적인 폭발력을 수용해 이용한 것은 이들의 고발적인 힘을 중화시킬 의도에서였다. 또는 미국에서 여성 해방 운동 개념을 녹여 없애버리기 위한 광고계의 수법들을 보라. 즉 새 믹서기나 식기 세척기를 사서 당신을 '해방'시키라는 것이다. 새로운 디자인, 저렴한 가격, 이것이 바로 진정한 혁명이다. 비행기 납치(TR 113) 또한 사회적·정치적 함의는 제거된 채 한갓 미치광이 도적들의 짓거리로 보도된다. "신문을 보면 비행기 납치가 대유행인 것 같아." 미디어는 이렇게 사건과 각각의 사건이 가진 함의를 축소하고, 실제로 아무 일도 일어나고 있지 않다면서 대중을 안심시킨다.

그러나 이 모든 현상은 단지 잠재적으로만 전복적이며 바람에 흩날리는 검불에 지나지 않는다. 하지만 만약 어떠한 형식으로든 고귀한 야만인들의 모범적이며 복종적인 행동을 지배하는 디즈니의 창조 법칙을 진정으로 조롱하는 현상이 나타난다면 그것을 그냥 둘 리 만무하다. 따라서 이는 윤색되고 치장되며, 그리고 아직 어리기 때문에 보호받아야만 하는 독자들을 위해서 재해석된 채로 제시된다. 이 두번째 전략은 '병을 약으로 만들기 작전'이라고 불린다. 즉 하나의 몸을 이루고 있는 사회에서 잠재적으로 위험한 현상을 (역으로) 이용해 사회 체제와 이 체제의 가치가 지속될 필요성을 정당화하고, 아주 많은 경우에 이 체제의 일부를 이루고 있는 폭력과 억압을 정당화하기 위해 용도를 변경하는 것이다.

베트남 전쟁이 바로 그러한 경우이다. 여기서 저항은 전쟁 자체의 부당함과 폭력을 종식시키기 위해서가 아니라 전쟁을 일으킨 체제의 생명력과 가치를 정당화하기 위해 조작되었다. 즉 전쟁의 '종식'은 그저 '여론'의 문제에 지나지 않았던 것이다.

디즈니 왕국은 결코 공상 속의 나라가 아니다. 현실에서 일어나는 일에 반응하기 때문이다. 예를 들어 티벳을 바라보는 시각은 인도차이나를 바라보는 시각과 다르다. 15년 전에 카리브해는 해적의 세상이었다. 그러나 그 동안 디즈니는 쿠바 사태 및 미국의 도미니카 공화국[29] 침공에 맞추어 기조를 조율해야만 했다. 이제는 해적들이 "혁명 만세"를 외치고 있는데, 당연히 이 자들을 몰아내야 한다. 그리고 머지않아 칠레 차례가 될 것이다.

29. 역시 서인도 제도의 일부이지만 영연방 소속인 도미니카와는 별개의 국가로, 도미니카 공화국은 1916년과 1965년에 미국의 침공을 받았다.

스크루지와 그의 식구들은 비취로 만든 코끼리를 찾아서 "모든 악당이 너나 할 것 없이 지배자가 되기를 바라며" "언제나 누군가가 다른 사람을 쏴 죽이는" 언스테디스탄에 도착한다(TR 99, US 7/66, 「마르코 폴로의 보물」). 그리하여 내전 상태는 금세 아무개와 또 다른 아무개 사이의 이해 불가능한 게임으로, 어떠한 윤리적 지향점이나 사회·경제적 존재 이유도 없는 어리석은 동족 상잔의 현장으로 바뀌어버린다. 따라서 베트남 전쟁은 전후좌우 맥락도 없이 무의미하게 한갓 총알 세례를 주고받는 행위로 전락하며, 휴전은 낮잠이 되어버리고 만다. "원빅랫[30] 만세! 타도, 오리 나라!" 야심 찬 (공산주의) 독재자를 지지하는 어느 게릴라가 오리 나라 대사관에 폭탄을 던지면서 이렇게 외친다. 그러나 자신이 찬 시계가 고장난 것을 발견하자 (다름 아닌) 베트콩인 이 인물은 "젠장! '노동자의 천국'에서

30. 한 마리 큰 쥐(One Big Rat)를 발음대로 표기한 것이다.

만든 시계도 믿을 수 없다니까!"라며 투덜댄다. 권력 투쟁이란 순전히 개인적인 일이며, 야심가의 이색 취미일 뿐이다. 또한 "모든 행복한 민중의 독재자, 원빅랫 만세!"라는 구호 소리가 들린다. 그런데 이와 동시에 낮은 목소리로 "행복하든 말든"이라는 말이 들려온다. 이 독재자는 정복한 곳을 방어하면서 사살 명령을 내린다. "그 자식, 쏴버려! 그따위 놈이 내 혁명을 망치지 못하게 해!" 이처럼 혼란스러운 상황의 구원자는 다름 아닌 차밍[33] 왕자이다. 이 인물은 (스페인어판에서는) '요 소이'[34] — ['짐은 ~'을 뜻하며 영어로는 'Soy Bheen'[35]이다] — 로 알려져 있는데, 이 이름들은 그의 마술적인 자기 중심주의를 나타낸다. 결국 그는 나라를 통일하고 국민을 '진정'시키기에 이른다. 차밍 왕자는 이길 수밖에 없는데, 왜냐하면 군인들이 카리스마적 통솔력을 잃고 더이상 '매력적'이지 않은[36] 지도자의 명령에 따르는 것을 거부하기 때문이다. 그래서 어느 게릴라는 왜 자신들이 "이 말도 안 되는 혁명을 계속"해야 하는지 의아해한다. 또 다른 대원은 "좋았던 옛날처럼" 왕정으로 돌아갈 것을 요구하면서 혁명을 비난한다.

오리 나라와 차밍 왕자 사이의 이러한 연맹과 동맹 관계를 매듭짓기 위해서 스크루지 맥덕은 언스테디스탄에 — 과거에는 바로 이 나라 국민 소유였던 — 비취 코끼리와 보물을 선물한다. 이에 조카들 중 하나가 "가난한 사람들한테 요긴할 거야"라고 말한다. 그리고 마침내 스크루지는 베트남에 대한 풍자에서 서둘러 벗어날 양으로 다음과 같이 약속한다. "제가 오리 나라로 돌아가면 당신들을 위해 더 많은 일을 할 것입니다. 바로 그 비취 코끼리의 백만 달러짜리 꼬리를 돌려드리겠습니다."

하지만 우리는 스크루지가 돌아가자마자 약속을 잊어버리리라는 것을 장담할 수 있다. 이를 잘 보여주는 증거로 다른 만화(D 445)를 하나 들 수 있는데, 여기서 오리 나라로 돌아간 도널드는 이런 대화를 주고받는다.

31. 편의상 '만세'라고 옮기지만, 원문이 찬성의 말로서 'yes'를 뜻하는 스페인어 '시 si'를 사용하고 있음을 주목할 것.
32. 반란군 대장에게 충고를 건네는 이 오리 나라 주민이 쓰고 있는 모자가 흔히 베트남을 연상시키는 '삿갓'임에 주목할 것.
33. Charming, 즉 '매력적인.' 상기(上記)한 '차밍 왕자'를 기억할 것.
34. 스페인어에서 '나는~'을 뜻하는 '요 소이(Yho Soy)'를 위의 Wahn Beeg Rhat과 비슷하게 표기한 것이다.
35. 위의 요소이(yho soy)를 이어받는 동시에 영어 단어 '콩 또는 대두(soy bean)'에 빗댄 것으로, 2개국어에 걸친 말장난이다.
36. 영어 원문은 문자 그대로는 '차밍이라는 사람이 아닌,' 즉 '왕자가 아닌'으로 옮겨진다. 그러나 문맥상으로는 '매력을 잃은,' 즉 '영도력을 잃은'으로 새겨 읽는 것이 자연스럽다.

37. 영어 원문은 asiatic flu로, 이는 물론 의학 용어로 굳어진 표현이다. 그러나 아시아 콜레라, 홍콩 독감, 다운증후군의 구칭(舊稱)인 몽고병 등의 예에서 은연중에 드러나듯, 서양의 과학기술 역시 기타 인종과 문화를 비하하는 제국주의적 발상으로부터 전적으로 자유롭지는 못했음을 알 수 있다.

38. 물론 산바나나도르는 가상의 지명으로, 실존 국가 엘살바도르의 수도 산살바도르에 대한 말장난이다.

39. Blight란 '식물의 마름병,' '사기나 희망 등을 꺾는 것 또는 사람'을 뜻한다.

조카 : (그들은) 아시아 독감[37]에도 걸렸어요.

도널드 : 아시아에서는 좋은 것이 나올 리 없다고 내가 누누이 말했잖아.

    이와 비슷하게 역사적 상황을 단순화하는 수법은 카리브 해 연안이나 중미에 소재하는 것이 분명한 '산바나나도르 공화국'[38]에서도 발견된다(D 364, CS 4/64, 「블라이트[39] 선장의 수수께끼 배」). 부두에서 배를 기다리던 도널드는 납치[40] 놀이를 하는 꼬마 오리들을 놀려댄다. 왜냐하면 강제로 배에 태워 선원으로 부려먹는 행위, 바구미 쏠은 콩, 널빤지 위 걷기,[41] 해적이 우글대는 바다 — 이러한 일은 더이상 일어나지 않으며, 모두 과거의 유물이기 때문이다. 그런데 이처럼 섬뜩한 일이 아직도 일어나는 곳이 있다는 사실이 드러나는데, 조카들의 놀이는 위험한 화물을 운반중이며 극악 무도한 선장이 지휘하는 배로부터 탈출하려는 사람으로 인해 곧 중단된다. 배 위에는 공포가 지배하고 있다. 배로 강제로 송환되자 문제의 도망자는 — 정작 그를 납치한 자들은 그를 노예로 취급하는데도 불구하고 — 자유의 이름으로 호소한다. "나는

자유인이오! 나를 놓아주시오!" 늘 그랬듯이 도널드는 이러한 일을 심각하게 받아들이지 않는다("아마 품삯을 놓고 말싸움을 하거나 배우들이 영화를 찍는 거겠지"). 그러나 그와 조카들도 금세 사로잡히고 만다. 선상 생활은 악몽이다. 바구미 쓿은 콩을 먹어야 하며, 심지어 쥐조차 배에서 빠져나가지 못한다. 그리고 배 안에서는 수많은 노예들이 강제 노동을 하고 있다. 모두가 블라이트 선장과 구레나룻 기른 그의 추종자들로부터 부당하고 자의적이며 흉악한 지배를 받는다.

그렇다면 이놈들은 틀림없이 대대로 해적질을 해먹던 놈들일 것이라고 추측할 수 있다. 하지만 전혀 그렇지 않다. 이들은 산바나나도르 정부에 대항해 싸우며, 배에 실은 무기를 반란군에게 공급하려다 해군의 추격을 받고 있는 (두말 할 필요 없는) 쿠바 혁명군이다. "놈들이 비행기로 정찰할 테니 소등할 것! 어둠을 타서 놈들을 따돌리는 거야!" 그리고 무선 통신사는 주먹을 불끈 치켜들고 "혁명 만세!"라고 외친다. 도널드에 의하면 "전통에 빛나는 해군! 법과 질서의 상징!"이야말로 유일한 희망이다. 이런 식으로 반란군 진영은 자동적으로 전제와 독재, 전체주의의 역할을 떠안게 된다. 그리고 배를 지배하고 있는 노예 사회는 이들이 합법적인 정권 대신에 세우려고 하는 사회의 복사판이다. 그렇다면 여기에서 명백하게 드러나듯, 현대에 들어서 노예 제도를 다시 도입할 자들은 바로 민중 반란의 주동자들인 것이다.

디즈니의 정치적인 논지는 그의 의도를 공공연하게 드러낼 수밖에 없는 이 몇 편의 만화에서 뻔히 드러난다. 이것은 동시에 그가 구체적이며 역사적으로 규정되는 사회 체제, 즉 미 제국주의로부터 생기는 이해 관계들의 연결 고리를 감추기 위해 대부분의 만화에서 동물을 중심으로 한 상징 체계와 '아동의 세계', 그리고 '고귀한 야만인론'[43]을 이용하는 상황에서는 불가피한 결과이기도 하다.

40. Shanghai, 이는 선원으로 부려먹으려고 사람을 마취하거나 협박해서 납치하던 예전의 관습을 가리킨다. 어원은 중국 도시 '상하이'이다.
41. 17세기경의 해적의 관습으로, 포로의 눈을 가린 채 뱃전에 내민 널빤지 위를 걸어 바다에 빠져 죽게 하는 형벌이었다.
42. 여기에서 '만세'에 해당하는 원문이 스페인어인 '비바(viva)'임을 주목할 것.

43. Savagery가 Savage의 명사형임은 사실이나, 이 단어는 '만행, 포악성' 또한 뜻한다. 이처럼 '고귀한 야만인'이라는 말을 한번 비틀어줌으로써 저자는 이 개념의 허구성을 폭로하고 있는 것이다.

문제는 디즈니가 어린이와 고귀한 야만인을, 그리고 고귀한 야만인과 저개발국의 민중을 동일시하는 것만이 아니다. 이들 모두에 대해 이야기하고, 언급하며, 드러내고, 감추는 것이 실은 오로지 하나의 진정한 목표, 즉 노동자 계급을 염두에 두고 있다는 점 또한 문제이며, 기실 이것이 가장 핵심적인 문제이기도 하다.

이리하여 어린이의 상상 세계는 특정한 사회 계급의 정치적 유토피아가 되어버렸다. 디즈니 만화에서 독자들은 결코 노동자나 프롤레타리아 계급의 인물들을 만나볼 수가 없다. 산업적 공정을 통해 만들어진 물건 역시 하나도 없다. 그렇다고 노동자가 부재하는 것도 아니다. 오히려 정반대이다. 이들 만화에서 노동자는 두 가지 가면을 쓰고 나타나는데, 고귀한 야만인의 가면과 범죄 성향이 있는 부랑자의 가면이 바로 그것이다. 이 두 부류는 공히 현실 계급으로서의 노동자를 없애버리며, 부르주아 계급이 적을 길들이며 노동자들의 연대를 방해하고 이들이 체제 내에서 고분고분하게 복무하며 스스로 이념적인 노예화에 협력하도록 하기 위해 뭔가를 은폐하고 처음부터 조작하고 부풀려갈 수 있도록 해주는 몇몇 신화를 유지하는 데 기여한다.

부르주아 계급은 지배를 합리화하고 특권적인 지위를 정당화하기 위해서 피지배자의 세계를 다음과 같이 분할해왔다. 첫째는 무해하고 자연스러우며 진실하고 순진하며 즉흥적이고 어린이 같으며 정태적인 농민 부문. 둘째는 위협적이고 우글거리며 불결하고 의심이 많으며 계산적이고 사악하며 적개심이 있는, 본질적으로 유동적인 도시 부문. 이 같은 신화화 과정에서 농민은 '민중적'이라는 독점적인 특성을 얻으며, 민중에 의해 생산되고 보존되는 모든 것에 대한 민중의 보호자로 입지를 굳히기에 이른다. 역동적인 도심의 영향으로부터 멀리 떨어져 있는 그는 대지의 원시적인 힘에 주기적으로 회귀함으로써 정화된다. 즉 고귀한 야만인이라는

44. Theocritus, 고대 그리스 시인. 『목가시』를 통해 목가시를 문학 장르로 정립하여 후대 작가들에게 상당한 영향을 미쳤다.
45. 고대 로마 시인. 테오크리투스의 영향을 받은 『목가시』, 『농경시』, 로마의 전설적인 건국 시조인 트로이의 왕자 아이네아스를 다룬 서사시 『아이네이스』 등을 남겼다.
46. Jacopo Sannazzaro, 르네상스 시대의 이탈리아 시인. 최초의 목가적 로맨스이자

신화, 달리 말하면 민중은 어린이이기 때문에 그들을 보호해주는 것이 그들의 이익을 지켜주는 것이라는 신화는 특정 계급의 지배를 정당화하기 위해서 생긴 것이다. 농민이야말로 부르주아적 이상들의 영원한 정당성을 전달할 수 있는 확실한 수단이 될 수 있는 유일한 사람들이기 때문이다. 아동 문학은 이러한 '민중적' 신화들을 먹고 자라며, 민중들은 으레 그러려니 하는 모습에 대한 불변적인 알레고리적 증언으로 기능한다.

각각의 위대한 도시 문명 — 테오크리투스[44]에게서는 알렉산드리아, 베르길리우스[45]에게서는 로마, 그리고 산나차로[46], 몬테마요르[47], 셰익스피어, 세르반테스[48], 뒤르페[49] 등에게서는 근대 — 은 자신만의 목가적 신화, 즉 정결하며 순수한 초(超)사회적 에덴을 만들어낸다. 이러한 복음주의적 목가주의와 더불어 유동적이고 타락했으며 구제 불능인 도시인의 진정한 성격을 드러내는 악당과 부랑자, 도박꾼, 대식가 등으로 넘쳐나는 문학이 출현한다. 그리하여 이 세상은 목자들의 세속적인 천국과 실업자들의 지상 지옥으로 나뉘기에 이른다. 이와 동시에 기술 공학에서 힘을 얻은 낙관주의, 그리고 중세 때의 통합의 붕괴로부터 생겨난 비관주의에 근거해서 완벽한 사회라는 황홀한 왕국을 미래에 투사하는 유토피아 문학이 넘쳐나게 된다(토머스 모어[50]와 톰마조 캄파넬라[51]). 또한 지리상의 발견을 낳은 항해에 필요한 힘을 제공했던 신흥 부르주아 계급은 이론상 전원적이며 유토피아적인 도식, 즉 에라스무스[52] 류의 인문주의에서 주창한 보편적인 기독교의 이성이라는 이상에 맞떨어지는 수많은 민족을 발견한다. 그리하여 긍정적이고 민중적이며 전원적인 것과 부정적이고 민중적이며 프롤레타리아적인 것 사이의 분리는 도저히 어찌해볼 수 없는 것으로 굳어지게 된다. 그리고 신대륙들은 바로 이러한 분리를 명분으로 식민지화된다. 원죄와 상업주의적인 오점으로부터 벗어나 있는 이들 대륙은 한때 부르주아 계급이 고국에서 그리던 이상적인 역사의 터전이 될 수도 있다는 것을 증

후대 작가들에게 상당한 영향을 미친 『아르카디아』(1504)를 저술하였다.

47. Jorge de Montemayor, 포르투갈 악사 출신의 르네상스 시대 스페인 시인 및 로맨스 작가. 그가 산나차로의 『아르카디아』의 영향을 받아 스페인어로 지은 첫번째 목가적 로맨스 『다이아나 여신의 칠서(七書)』는 셰익스피어 등 후대 유럽 작가들에게 영향을 미쳤다.

48. 스페인 황금시대의 시인·소설가·극작가. 주요 작품인 『재기발랄한 라 만차의 향사(鄕士) 돈 키호테』는 그후 유럽 소설의 발달에 지대한 영향을 미쳤다.

49. Honoréd' Urfé, 르네상스 시대의 프랑스 시인. 당대에 인기가 많았으며 후대 작가들에게 영향을 미친 목가 로맨스 『아스트라이아』를 남겼다.

50. 영국의 르네상스 인문주의자·정치인·작가로, 국왕 헨리 8세가 교황청과 단절하는 것을 거부하고 순교하였다. 그의 대표작 『유토피아』는 이상 사회의 청사진, 반어적인 사회 비판, 맹아적 사회주의 선언 등으로 다양하게 해석된다.

51. Tommaso Campanella, 르네상스 이탈리아 철학자. 그의 대표작 『태양의 도시』는 모어의 『유토피아』와 비슷하게 사회주의적이라는 평가를 받기도 한다.

52. 네덜란드 출신 르네상스 인문주의자로, 사회 비판적인 『우신 예찬』 등을 저술하였다.

명하기 위해서 말이다. 나태하고 더럽고 아이들로 우글대고 난잡하며 그 악스럽기 그지없는 프롤레타리아의 지속적인 반대에 의해 붕괴되고 위협 받기에 이른 이상적인 역사를 말이다.

라틴 아메리카에서의 실패, 그리고 아프리카와 오세아니아, 아시아에서의 실패에도 불구하고 이 신화는 생명력을 잃지 않았다. 이와 반대로 아직까지도 이 신화를 더 발전시킬 수 있는 유일한 나라 즉, 미국에게는 오히려 지속적인 자극이 되었다. 변경을 점점 더 넓혀감으로써 미국은 이 신화를 정교화시켰으며, 결국에는 사악한 디즈니와 공유하는 하나의 '삶의 방식'과 이데올로기를 낳기에 이르렀다. 즉 어린이들의 상상의 경계선을 좌지우지하려다가 결국 디즈니는 낡아빠진 신화들, 즉 전에 바로 조국인 미국의 건국 신화들에 기대게 되었던 것이다.

부르주아 계급이 처한 객관적인 모순, 다시 말해 프롤레타리아 계급과의 갈등, 산업 혁명이 야기하는 난제들의 산물인 동시에 이러한 신화가 늘 호도하고 재생산하는 부르주아 계급의 역사적인 향수는 이중적으로 위장된다. 하나는 지리적인 것으로서, 그들이 향유할 수 없었던 실낙원이 그것이다. 다른 하나는 생물학적인 것으로서, 그들의 인간 해방 계획을 정당화하는 데 이용되는 어린이가 그것이다. 왜냐하면 또 하나의 자연인 과학 기술을 제외하고는 그들이 도망칠 곳이란 달리 없기 때문이다.

매스컴을 이용해 (저개발 세계의 '부족 공산주의'를 모델로 한) '지구촌'으로 되돌아가자는 과학기술 시대의 예언자 맥루한[53]과 같은 사람의 바람은 그저 과거에 대한 향수를 부활시키는 미래의 유토피아일 뿐이다. 비록 부르주아 계급은 수세기 동안 존재해오면서도 그러한 공상적인 역사적 계획을 실현할 수 없었음에도 불구하고 이를 고이, 그리고 열심히 간직하면서 온갖 탐험과 정당화 속에서 이를 계속 주장해왔다. 디즈니의 캐릭

53. H. M. McLuhan, 캐나다 출신의 교육학자이자 미디어 이론가로『미디어의 이해』,『미디어는 마사지이다』 등의 저서가 있다.

터들은 과학기술과 그것의 사회적 함의를 두려워한다. 그들은 그것을 결코 전적으로 수용하지 않으며, 차라리 과거를 선호한다. 그렇다면 맥루한이 그들보다 훨씬 더 통찰력이 있는 셈이다. 왜냐하면 그는 과학기술을 과거의 가치들로의 회귀로 해석하는 것이 바로 제국주의가 다음 단계의 전략에서 제시해야만 하는 해결책이라는 점을 이해하고 있기 때문이다.

그렇지만 우리의 다음 질문은 맥루한이 한 번도 제기하지 않은 것이다. 즉 만약 프롤레타리아가 없어진다면 누가 그 많은 황금과 그 모든 풍요로움을 생산한단 말인가?

4장 위대한 낙하산병

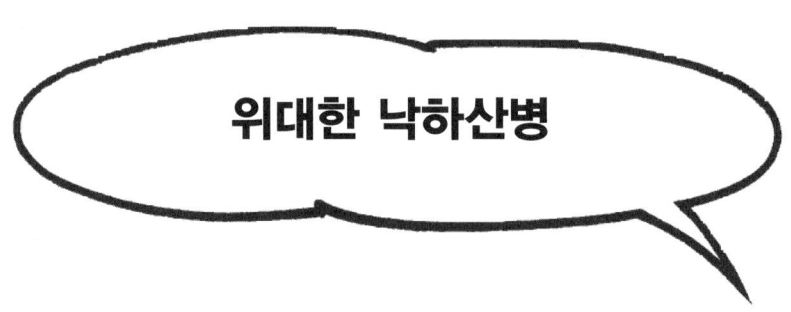

"만약 흑마술로 돈을 만들어낼 수 있다면, 내가 사막 한가운데서 황금을 찾고 있을 것 같아?"

마지카 디 스펠 (TR 111)

그렇다면 이 모험가들이 폐소 공포증을 일으킬 정도로 꽉 막힌 도시에서 벗어나 진정으로 찾고자 하는 것은 무엇인가? 이들이 도심으로부터 도망치려는 진짜 동기는 무엇인가? 직설적으로 말하면 이렇다. 우리가 수집한 표본 가운데 75퍼센트 이상에서 이들은 황금을 찾아 헤맨다. 나머지 25퍼센트에서는 돈이나 명성의 형태로 성공을 얻기 위해 도시에서 경쟁한다.

화폐 경제가 시작된 이래 줄곧 인간 관계를 오염시키고 인간성을 타락시키는 것으로 비판받아온 황금이 왜 여기서는 고귀한 야만인, 즉 어린이와 민중의 순수함과 뒤섞여야만 하는 것일까? 어째서 도시의 상업과 공업의 산물인 황금이 전원과 자연 환경으로부터 이토록 거침없이 흘러 나오는 것일까?

이러한 질문들에 대한 해답은 바로 우리의 지상 낙원이 이 모든 천연 상태의 부를 만들어내는 방식에 있다.

이것은 특히 숨겨진 보물의 형태로 주어진다. 이것은 제3세계에서 발견되며, 아주 오래된 지도나 양피지 조각, 유산, 화살 또는 그림에 숨어 있는 단서 등에 의해 마치 마술처럼 교묘하게 암시된다. 그리하여 착한 오리나라 사람들은 엄청난 모험과 시련을 거친 후에, 그리고 먼저 도착하려는 도둑 몇 명을 — 애초에 자기가 알아낸 것이 아니라 남의 지도를 훔쳐 본 뒤에야 보물을 찾아 나섰기 때문에 보물을 차지할 자격이 없다 — 물리친 후에 비로소 신상(神像)과 작은 입상(立像), 보석, 왕관, 진주, 목걸이, 루비, 에메랄드, 값비싼 단검, 황금 투구 등을 소유할 수 있게 된다.

우선 이들이 탐내는 물건이 하나같이 고대의 유물이라는 점에 놀라지 않을 수 없다. 이것들은 수천 년 동안 동굴, 폐허, 피라미드, 돈궤, 침몰선, 바이킹의 무덤 등 말하자면 과거 문명의 흔적이 남아 있는 곳이라면 어디에든 묻혀 있다. 이 보물은 시간이 지나면서 원 소유자의 손에서 빠져나가게 된다. 이처럼 독특한 유산은 이들이 미래에 물려준 것이다. 게다가 이 보물은 현재 상속자가 없는 상태로 있다. 왜냐하면 고귀한 야만인들은 지독하게 가난함에도 불구하고 (바닷속, 산속, 나무 밑 등) 그토록 가까이 있는 황금에는 도통 관심이 없기 때문이다. 더구나 디즈니는 이러한 고대 문명들이 모종의 파국적인 종말을 맞이한 것으로 그린다. 일가가 몰살되고, 군대는 연신 패하며, 사람들은 계속 보물을 숨기기만 한다……. 누구를 위해서? 디즈니는 아무것도 모르는 현재의 주민과, 과거의 주민이지만 그렇다고 해서 현 주민의 조상은 아닌 이들 사이에 심연을 만들어내기 위해서 편리하게도 과거 문명이 철저하게 파괴되었다는 추정을 이용한다. 아무것도 모르는 현재의 주민은 과거의 후예가 아니다. 왜냐하면 이 과거는 현재의 아버지가 아니며 기껏해야 삼촌에 지나지 않기 때문이다. 바로 여기에 빈틈이 있다. 따라서 묘안과 발굴용 삽을 갖고 먼저 도착하는 사람이 누구든지 횡재한 것을 집에 가져갈 권리를 갖게 된다. 반면 고귀한 야만인들은 역사가 없으며, 과거를 잊어버린 상태이다. 과거는 처음부터 그들의 것이 아니었다. 이들에게서 과거를 빼앗음으로써 디즈니는 이들의 역사적 기억을 파괴하며, 이와 동일한 방식으로 어린이에게서 부모와 가계를 없애버린다. 그리하여 양자 모두에게서 자신을 역사의 산물로 보는 능력을 파괴하게 된다.

게다가 이들 잊혀진 고대의 원주민들은 실제로 보물을 만들어내지 않은 것처럼 보이게 된다. 시종일관 전사 혹은 정복자, 모험가들로 묘사될 뿐이다. 마치 보물을 다른 누군가에게서 빼앗기라도 한 것처럼 말이다. 이 보물들은 손으로 만들어진 것이 틀림없지만, 만들어진 시기에 대한 언급은 전혀 찾아볼 수 없다. 그토록 오래 전에 일어난 일인데 무슨 수로 가능하겠는가? 보물의 실제적인 기원은 심지어 언급조차 되지 않는 신비 그 자체이다. 따라서 이 보물의 유일한 합법적인 소유자는 이것을 찾아낼 기발한 생각을 한 바로 그 사람이다. 즉 보물을 찾아 나설 생각을 하는 바로 그 순간 그것을 창조하는 것이다. 아니, 이 보물은 이전에는, 어느 곳에도 실재하지 않았던 것이 된다. 고대 문명은 보물의 삼촌에 지나지 않고, 그것의 진정한 아버지는 그것을 손에 넣게 되는 사람이다. 그것을 발견했으므로 그것을 시간의 망각으로부터 구원해준 셈이다.

그러나 설사 그렇게 되더라도 이 물건은 미약하게나마 고대 문명과의 접촉을 유지하고 있다. 사라져가는 얼굴들의 마지막 흔적이 바로 그것이다. 따라서 보물을 발견하는 자는 한 가지 조치를 더 취해야만 한다. 스크루지의 거대한 돈궤에는 이미 살펴본 대로 수많은 탐험을 통해 집으로 가져왔음에도 불구하고 보물이 손으로 만들어졌다는 흔적은 조금도 남아 있지 않다. 남아 있는 것은 오직 지폐와 동전뿐이다. 즉 보물은 오리 나라를 향해서 원래 묻혀 있던 나라를 떠나자마자 형체를 잃고 스크루지의 달러에 먹히고 마는 것이다. 따라서 이 보물을 사람과 장소, 시간과 연결시켜줄 수도 있을 제조 형태의 마지막 흔적마저 지워져버린다. 그리고 이 보물은 조국이나 역사의 향기라고는 찾아볼 수 없는 단순한 황금으로 변한다. 스크루지 삼촌은 뾰족뾰족한 신상이나 보석 박힌 왕관들보다는 동전과 지폐 더미 — 디즈니 만화에서 이것은 단순한 은유를 넘어선다[1] — 속에서 더 편안하게 뛰놀고 자맥질할

수 있게 된다. 이처럼 모든 것은 기계적으로 (그러나 기계는 없이), 인간의 마지막 숨결마저도 제거해버린 채 돈을 찍어내는 단일한 주형으로 변형된다. 그리고 마지막으로, 유물을 발견할 수 있도록 해준 모험 역시 유물 자체와 함께 사라져버린다. 땅 속에 묻혀 있었던 만큼 아무리 멀어도 보물은 과거를 가리킬 수밖에 없듯이 아무리 오리 나라에 있더라도 (원래 형태를 간직할 수 있는 한) 그리고 아무리 먼 곳에서 일어난 일이더라도 이것은 이미 과거에 경험한 모험을 가리킬 수밖에 없다. 하지만 보물을 잉태한 원래 문명에 대한 역사적인 기억이 지워지듯 과거의 경험에 대한 스크루지의 개인적 기억 또한 지워지고 만다. 즉 역사는 어떠한 방식으로든 달러라는 도가니 속에서 녹아 없어지는 것이다. 따라서 시공을 가로지르는 여행이며 역사와 지리 등의 학습을 도와줄 것이라는, 이 만화들의 교육적이고 미학적인 가치와 관련된 디즈니의 홍보 전체가 얼마나 위선적인가가 백일하에 드러나게 된다. 디즈니에게 역사란 파괴되기 위해, 그리고 역사를 태어나게 한 다음 이를 매장시켜버리는 달러로 전환되기 위해 존재할 뿐이다. 디즈니는 심지어 유물에 대한 과학, 즉 고고학마저 사장시켜버린다.

디즈니화(化)란 곧 달러화(化)를 의미한다. 모든 물건과 — 앞으로 살

1. 이 수전노의 취미가 자신의 돈궤 안을 헤엄쳐 다니는 것임을 상기할 것.

퍼보겠지만 — 심지어 모든 행동이 전부 황금으로 바뀐다. 일단 이러한 전환이 완성되면 모험도 끝난다. 여기서 더이상 나아갈 수 없다. 황금은 금괴이든 달러 지폐이든 이보다 더 상징적인 차원으로 단순화될 수 없기 때문이다. 따라서 똑같은 것을 더 많이 찾아 나서는 길밖에 남지 않게 된다. 왜냐하면 황금이란 일단 투자되면 이익을 내고, 어느 쪽인가 편을 들어 동시대의 역사에 개입하기 때문이다. 그렇다면 차라리 이를 지워버리고 새롭게 시작하는 편이 낫다. 목적도 없고 소득도 없이 횟수만 채우는 모험이 계속 이어지는 것은 이 때문이다.

그렇다면 떼부자가 일련의 생산 단계들은 건너뛰고 순금 덩이를 찾아 나선다고 해서 그리 놀랄 일은 아니다.

그러나 심지어 보물 사냥에서조차 생산 과정이 빠져 있다. '제 자리에, 준비, 땅! 모아들여!' 하는 식이다. 마치 나무에서 과일을 따듯이 말이다. 문제는 실제로 보물을 캐내는 것이 아니라 바로 그것이 묻혀 있는 지리적 위치를 발견하는 데 있다. 일단 그곳에 다다르기만 하면, 황금은 그것을 옮기는 손마디에 못 하나 안 박이게 하고서도 항상 보기 좋은 큼직한 덩어리 상태로 벌써 자루에 담겨 있다. 따라서 금을 캐내는 일은 일단 풍요로운 농업과 비슷하다. 보물이 있는 곳을 찾아낼 만큼 똑똑하기만 하다면 말이다. 농사 또한 무한히 펼쳐진 화원에서 꽃을 수확하는 것으로 그려진다. 왜냐하면 캐내는 데 힘도 전혀 들지 않을 뿐더러 실제로 수확물의 원료, 즉 순금이 순하고 무르며 고분고분한 만큼 도대체 힘들여 노력할 필요가 없기 때문이다. 이 광물은 다만 숨바꼭질을 할 뿐이다. 황금을 감추어져 있는 곳으로부터 들추어낼 꾀만 내면 되며, 이것을 천연 광물 상태에서 인간 사회에 유용한 어떤 것으로 바꾸기 위해 내용물의 모양을 만들거나 이것에 형태를 부여하기 위한 육체 노동은 필요가 없다. 이러한 변형 과정이 없기 때문에 부는 마치 사회가 정신과 아이디어, 즉 디즈니 캐릭터들의 머리 위에서 반짝이는 꼬마 전구들을 갖고 만들어내는 것처럼 보이게 된다. 그리고 자연은 원시 생활에서처럼 직공과 도구의 개입 없이도 이 물질을 즉시 이용 가능한 상태로 제공하는 것처럼 그려진다. 오리 나라 사람들은 비행기와 잠수함, 레이더, 헬리콥터, 우주선은 갖고 있지만 땅을 파헤칠 막대기 하나 없다. '어머니 자연'은 아낌없이 주며, 따라서 황금을 챙기는 일은 신선한 공기를 들이마시는 것만큼이나 순수한 행위가 된다. 어머니 자연은 자식들에게 황금을 먹인다. 이들 황금 벌레[2]들은 이것만을 먹으려 들기 때문이다.

이제 왜 황금이 머나먼 고귀한 야만인들의 세상에서 발견되어야만 하는지를 이해할 수 있을 것이다. 이것은 도시에서는 발견될 수 없다. 왜냐하면 (비록 나중에 어떻게 디즈니가 이러한 요소조차도 도시에서 제거해버리는지 보게 되겠지만) 삶의 정상적인 질서는 곧 생산의 질서이기 때문이다. 이러한 부의 원천은 자연스럽고 순결한 것처럼 보여야 한다. 오리 나라 사람들을 역사의 거대한 자궁 속에 위치시켜보자. 모든 것은 자연으로부터 나오며, 인간이 생산하는 것은 아무것도 없다. 따라서 어린이들에게 물건에는 역사가 없고, 마술에 의해 생기며, 인간의 손을 거치지 않는다고 가르쳐야 하며, 이와 함께 어른들 스스로도 그렇게 확신하게 된다. 말하자면 황새가 황금을 물어온[3] 셈이다. 마치 부가 무염시태(無染始胎)처럼 생긴다고 생각하는 것이다.

디즈니 세계에서 생산 과정은 자연적인 것이지 사회적인 것이 아니다. 그리고 마술적인 것이기도 하다. 모든 물건은 낙하산에 실려 내려오

2. 저자의 신조어인 원문은 Aurivores로, 이는 금식(金食) 동물로 풀이된다.

3. 이는 아기가 어떻게 생기느냐는 어린이들의 난감한 질문에 대한 영어권 부모들의 전통적인 대답, 즉 '황새가 물어왔다'를 이용하고 동시에 비꼬는 발언이다.

고, 주문을 외우기만 하면 마술사의 모자에서 튀어나오며, 바로 배달되는 생일 잔치 선물처럼 주어지고, 버섯처럼 퍼져 나간다. 이 모든 것은 어머니 자연께서 주신 것이니 죄책감일랑 느끼지 말고 어머니의 열매를 따 드시길. 그런다고 해서 아무도 다치지는 않으니 말이다.

　디즈니 만화에서 황금은 비, 바람, 눈, 파도, 눈사태, 화산, 아니면 또 다른 행성처럼 어떤 설명 불가능한 기적적인 자연 현상에 의해 생산된다.

　"저기 하늘에서 떨어지는 게 뭐지?"

　"굳어버린 빗방울…… 아야! 아니면 녹아내린 쇠붙이겠지."

　"이럴 수가! 저건 황금 동전이야, 황금이라구!"

　"만세! 황금 비다! 저 무지개 좀 봐!"

　"우리가 헛것을 보고 있는 거겠죠, 스크루지 삼촌. 이건 진짜가 아닐 거예요."

　그러나 그것은 현실이다.

　바나나, 구리, 주석, 소떼와 마찬가지로 말이다. 즉 인간은 대지에서 황금의 젖을 빨아먹는 것이다. 황금은 노동의 매개 없이 자연의 젖가슴에서 얻는다. 그리고 그것을 자기 것이라고 주장하는 사람들은 분명 타고난 재능, 아니면 그들이 지금까지 한 고생(나중에 설명하겠지만 이것은 추상화

된 형태의 노동이다) 덕택에 소유권을 획득하게 된다.

하지만 황금을 만들어내는 것은 가령 마녀 마지카 디 스펠이 부리는 유의 초인적인 마술은 아니다. 과학기술의 악령으로부터 증류되어 나온 이러한 종류의 마술은 단지 자연에 빌붙어 사는 기생충일 뿐이다. 인간이 이러한 부를 위조해낼 수는 없다. 이와는 다른 마술, 즉 자연적인 원천, 인간은 개입해서는 안 되며 단지 취할 권리만 있는 원천을 통해서 이를 얻어야 한다.

예를 하나 들어보자. 도널드와 조카들은 마지카를 꽁무니에 단 채(TR 111, DD 1/66) 무지개의 끝을 찾아 나선다. 전설에 의하면 그 뒤에는 자연에서 뚝 떨어진 과실, 즉 황금 항아리가 숨겨져 있다(TR 111, US 38, 6~8/62). 우리의 영웅들은 바로 그처럼 신비로운 보물을 찾지는 못하지만 다른 종류의 '황금 항아리,' 즉 아주 실팍한 상업적 이익을 챙겨 돌아온다. 도대체 어찌된 일일까? 레몬 씨앗이 가득 실려 있던 스크루지 삼촌의 비행기가 뜻하지 않게 북아프리카 사막에 씨앗을 뿌렸는데, 마지카 디 스펠이 폭풍우를 일으키자 단 몇 분 만에 전 지역이 레몬 과수원이 되어버린 것이다. 씨앗들, 즉 아이디어들은 해외에서 건너왔고, 마술 또는 우연이 그것들을 뿌리며, 쓸모없고 개발되지 않은 사막의 땅이 그것들을 자라게 한다. "자, 애들아! 어서 레몬을 따자. 이걸 도시에 내다 팔아야지"라고 도널드는 외친다. 노동량은 아주 적고 일 자체는 놀이에 가깝다. 하지만 이익은 막대하다.

이러한 일은 먼 곳에서만 일어나는 것이 아니라 오리 나라의 해변과 숲 그리고 산에서도 일어난다. 예를 들어 도널드와 글래드스턴은 둘 중 누가 데이지에게 줄 가장 값진 물건을 주워서 그녀와 함께 점심 식사를 할지 결정하기 위해서 해변을 이 잡듯이 뒤진다(D 381, CS 5/59). 파도는 커다란 조개와 큰 소라, 고대 인디언의 '아주 값진' 조개 껍질 목걸이, 고무 보트(글래드스턴과 도널드에게 각각 하나씩), 파파야와 망고 등 열대 과일이 가득 실려 있는 고무 코끼리, 알래스카 카약과 거울, 장식용 빗 등을 계속해서 밀어올린다. 바다는 풍요로움 그 자체이다. 너그러운 자연은 인간에게 풍요의 비를 내리며, 제3세계에서는 특히 이국적인 형태로 그러하다. 따라서 오리 나라의 안팎에서 인간과 풍요를 매개하는 것은 언제나 자연이다.

오늘날 인간의 모든 실제적이고 구체적인 성취가 그의 노고와 노동에서 비롯된다는 것은 부정할 수 없는 사실이다. 비록 자연이 원료를 제공하기는 하지만, 이것을 갖고 생존하기 위해서 인간은 분투해야 한다. 만약 그렇지 않다면 우리는 아직까지도 에덴 동산에서 살고 있을 것이다.

반면 디즈니의 세계에서 생산하기 위해 노동해야 하는 사람은 아무도 없다. 이곳에도 사고팔고 소비하는 지속적인 순환이 있지만, 그러한 외양에도 불구하고 취급되는 상품 가운데 어느 것도 그것을 만들기 위해 이러저러한 형태의 노력을 필요로 하지 않는다. 오히려 자연이야말로 인간과 사회에 유용한 물건들을 — 마치 그것이 자연스러운 양 — 만들어내는 엄청난 노동력이다.

그리하여 식탁, 집, 자동차, 옷, 황금, 커피, 밀, 옥수수(TR 96에 나오는 대로라면 이들은 농지에서 생산되기보다는 곡물 창고, 제품 창고에서 곧바로 나온다) 등 어떤 것이든 제품이 인간에 의해 만들어졌다는 사실은 감추어진다. 즉 제품의 기원을 알 수 있는 모든 연관성과 마찬가지로 생산 과정 역시 제거되어버린다. 따라서 애초에 이 과정에 참여한 직공, 물건, 상황은 아예 없었던 것이 되어버린다. 그리하여 바로 이 물건의 아버지와 같은 기원, 그리고 이를 생산 과정과 연결시켜줄 수 있는 가능성이 지워져버린다.

이 점은 다시 생부가 없는 디즈니의 이상한 가족 구조를 상기시킨다.

직접적인 생물학적 생산과 직접적인 경제적 생산이 동시에 부재하는 것은 결코 우연이 아니다. 양자 공히 모든 물건의 진정한 생산자인 노동자 계급과 계급 투쟁을 제거하려는 지배 이데올로기 구조와 일치하며, 이를 강화한다.

이처럼 땀방울도 피도 노고도 필요 없고, 노동자 계급의 삶에 필연적으로 따라다니는 비참함도 없으며 무정형에 뿌리도 없고 해악도 끼치지 않는 제품들만 남겨놓은 채 디즈니는 마술을 써서 사회적인(그리고 생물학적인) 재생산 요소를 제거함으로써 결국 역사를 몰아내버린다. 이렇게 해서 만들어진 물건은 정말 환상적이다. 이것으로부터는 유쾌하지 못한 연상들은 말끔히 걸러져 삭막하고 지저분한 빈민의 삶이라는, 눈에 보이지 않는 배경으로 퇴출되어버리기 때문이다. 디즈니는 그것들과 현실 세계의 모든 연관성을 지워버리기 위해서 다름 아닌 어린이의 상상력을 이용한다. 디즈니의 세계를 '채우고 있고' 이 세계에 널리 퍼져 있는 역사의 산물들은 끊임없이 사고팔린다. 그러나 부르주아 계급이 노동자 계급의 생산물과 노동을 착취하듯이 디즈니는 이 제품들과 그것들을 있게 한 노동을 착취한다. 이러한 상황은 부르주아 계급에게 아주 이상적인 것인데, 왜냐하면 노동자 없이도 상품을 소유할 수 있기 때문이다. 따라서 설령 디즈니 만화에 아주 드물게 공장이 등장한다 하더라도 (예를 들어 TR 120에 나오는 양조장) 일하는 사람이 한 명 이상 나오는 경우는 한 번도 없으며, 이러한 사람조차도 관리인으로 일하는 것처럼 보인다. 그의 역할이라는 것도 독자적으로 관리되며 자동화된 사장의 공장을 지키는 것 이상은 아닌 듯하다. 바로 이것이 부르주아 계급이 언제나 꿈꾸어오던 세상, 즉 부의 생산자이자 그것의 산물인 노동자를 직접 대면하지 않고도 개인이 엄청난 부를 축적할 수 있는 세상이다. 그리하여 물건으로부터 죄업의 흔적은 말끔히 씻겨나가게 된다. 이곳은 최소한의 보상이라도 요구하는 노동자들이라고는 기미조차 보이지 않는 순수 잉여의 세계이다. 부르주아 체제의 모순으로부터 생겨난 프롤레타리아는 가장 높은 가격을 부르는 사람에게 '자유롭게' 노동을 팔며, 최고 입찰자는 이 노동을 자신이 속한 사회 계급을 위한 부로 변형시킨다. 이렇게 해서 디즈니 세계에서 프롤레타리아 계급은 바로 자신들이 만들어낸 사회로부터 추방되며, 이와 함께 모든 적대와 갈등, 계급 투쟁 그리고 다름 아닌 사회 계급이라는 개념마저 종말을 고하게 된다. 즉 디즈니의 세계란 체제의 갈라진 틈새 위에 끊임없이 종이를 덧대 바르며, 부르주아의 이해를 대변하는 세계인 것이다. 디즈니의 상상 세계에서 장밋빛 환상으로 가득 찬 부르주아 계급의 선전은 완벽하게 — 임금 없는 부와 땀 흘릴 필요 없는 탈취제[4] 형태로 — 실현된다. 따라서 황금은 한갓 장난감이 되며, 이것을 갖고 노는 캐릭터들은 흥겨운 어린이들이 되어버린다. 아무튼 세상 돌아가는 형편에 비추어보자면, 어차피 이들 어린이는 그 세계에서는 아무에게도 해를 끼치지 않는다. 하지만 이 현실 세계에서 특정 계급의 꿈을 마치 인류 전체의 꿈인 양 주고 이를 실현하려고 하는 것은 해로운 일이다.

　　디즈니에게는 다이너마이트 같고, 흡혈귀에게는 성직자의 성의(聖衣) 같고, 개구리에게는 닿으면 사지를 쫙 뻗을 수밖에 없는 전류 같은 용어가 하나 있다. 사회 계급이 바로 그것이다. 바로 이 때문에 디즈니는 자신의 창조물들은 국경을 초월하는 보편적인 것 — 이들은 모든 가정과 모든 국가에 다다른다 — 이라고 선전해야만 한다. 오, 불멸의 디즈니여, 세계 도처에, 만방에, 어느 곳에나 있는 어린이에게 다가가는 전세계의 유산이여!

　　마르크스는 제품(축적된 노동)을 그것의 기원으로부터 분리해 이를 황금으로 표현함으로써 실제적인 생산 조건을 추상화해버리는 과정을 물신 숭배라는 말로 표현한 바 있다. 또한 자본가들이 금과 은 뒤에 노동자들의 희생(잉여 가치)을 대가로 부를 축적하는 전 과정을 은폐한다는 사실

4. 막대나 스프레이 형태의 땀 냄새 방지 제품으로, 국내에서는 '데오드란트'라는 이름으로 시판된다.

을 발견한 것은 다름 아닌 마르크스였다. 즉 '귀금속,' '금,' '은' 같은 단어는 노동자에게 자신이 강탈당하고 있으며, 자본가는 단순한 부의 축적자가 아니라 사회적 생산물들의 착취자들이라는 사실을 숨기기 위해 이용된다. 이런 식으로 노동자의 노동을 황금으로 전환시키는 것은 노동자에게 황금이야말로 진정한 부의 생산자요 생산의 원천이라는 거짓말을 믿도록 만드는 것이다.

요컨대 황금은 물신, 그것도 최고의 물신이며, 부의 진정한 기원을 은폐하기 위해서 모든 사회 관계와 사람은 물신화된다.

황금이야말로 이 영화의 배우이자 감독이며 제작자이기 때문에 인간은 한갓 사물 수준으로 축소된다. 따라서 물건들은 제 나름의 생명을 지니게 되는 반면, 인간은 막상 자기가 만들어낸 물건도 또 그것의 운명도 통제하지 못한다. 즉 디즈니의 우주는 세계가 황금에 의해 지배된다는 점에서 내적인 통일성을 갖고 있음을 증언해주고 있으며, 황금이 재생산하는 정치적 기획을 정확하게 반영하고 있다.

인간의 생산을 떠맡음으로써 자연은 이것을 증발시켜버린다. 그러나 제품들은 남는다. 무엇을 위해서? 소비되기 위해서. 디즈니는 생산에서 소비로 이어지는 자본주의적 과정에서 오직 두번째 단계만을 알 뿐이다. 그리고 마치 아들에게서 아버지로 대변되는 성이라는 원죄가 제거되듯이, 그리고 역사에서 계급과 갈등이라는 원죄가 제거되듯이 이러한 소비로부터는 생산이라는 원죄가 제거된다.

디즈니 만화에 나타나는 사회 구조를 살펴보자. 예를 들어 직업을 보

자. 오리 나라에서는 미용사, 부동산 중개업자, 여행사 직원, 온갖 유형의 영업 사원(특히 사치품을 파는 가게의 점원이나 방문 판매원), 야간 경비원, 웨이터, 사환, 그리고 오락 산업 관련자 등 주민 모두가 3차 산업 부문에 종사하는 것처럼, 말하자면 서비스를 파는 것처럼 보인다. 바로 이런 사람들이 결코 생산되지 않으면서도 언제나 구매되는 상품 천지의 세상을 채우고 있다. 이곳에서는 구매 행동이 지속적으로 반복된다. 그러나 이러한 상업적 관계는 물건 차원에만 국한되지 않는다. 계약 때 쓰는 언어는 심지어 인간들간의 가장 일상적이고 흔한 교섭 형태에도 스며들어 있다. 따라서 이곳 사람들은 서로 서비스를 사거나 판다고 생각한다. 유일한 안전은 오직 돈이라는 언어 속에만 존재하는 것처럼 말이다. 그리하여 사람들간의 모든 교류는 거래의 형태를 띠며, 사람들은 지갑이나 가게의 진열대에 놓인 물건 또는 수시로 주인이 바뀌는 동전과 같게 된다.

"자, 약속한 거다"[5], "'눈에 안 보이는 것은······ 거저 가져가실 수 있습니다' 라 — 이 말은 특허를 내야겠는데", "도널드, 너 이 파티 연다고 돈깨나 썼겠구나." 이 말들이 명백하게 보여주듯이, 일반적으로 디즈니 만화에는 모든 행동이 돈, 지위, 또는 지위를 부여하는 물건, 그리고 이를 차지하기 위한 경쟁을 둘러싸고 진행된다는 것이 함축되어 있다.

모든 단어가 어떤 물건이나 사람을 광고하기 마련인 디즈니의 세계는 강력한 소비 강박증에 시달리고 있다. 따라서 이처럼 자신을, 그리고 이와 함께 기타 상품을 팔 생각에만 매달리는 한 디즈니의 시야는 결코 소비주의를 넘어설 수 없다. 실제로 만화책 판매는 소위 '디즈니랜드 클럽'들을 통해 촉진되는데, 이 클럽들 자체가 만화책 속에서 엄청나게 선전되며, 정기 구독 회원에게 할인 혜택을 제공하는 여러 상업적인 회사들의 자금 지원을 받고 있다. 상병에서 대장으로, 그리고 곧바로 참모 총장으로 올라가는 우스꽝스러운 승진은 전적으로 디즈니랜드 만화를 구매하

---

[5] It's a deal. 물론 문자 그대로 '거래가 성사되었다'를 의미한다.

고 쿠폰을 보냄으로써 이루어진다. 이것은 잡지를 계속해서 구입하도록 만드는 자극 외에는 어떠한 이익도 주지 않는다. 즉 독자들 사이에서 증진되는 것처럼 보이는 연대는 실제로는 자꾸 잡지를 사게 되는 습관에 사로잡히도록 만들 뿐이다.

아이들에게 필요하지도 않은 물건들을 사라고 은밀하게 지속적인 압력을 넣는 것은 분명히 좋지 못하다. 그러나 소비를 위한 소비, 이것이야말로 디즈니의 유일한 윤리 규범이다. 체제가 계속 돌아가도록 사라, 일단 산 건 내던져버리고(심지어 만화에서도 산 물건을 실제로 갖고 노는 경우는 드물다) 다음날에는 약간만 바뀐 똑같은 물건을 사라. 돈이 돌고 또 돌도록 하라. 그렇게 해서 디즈니와 그의 계급의 주머니가 두둑해진다면, 다 그런 거지, 뭐 — 이런 식이다.

따라서 디즈니가 만들어낸 캐릭터들은 미친 듯이 돈을 좇는다. 우리가 마침 놀이 공원과도 같은 세계에 있으니, 디즈니의 나라를 '소비주의의 회전 목마'라고 표현해보자. 이 세계에서는 돈이 모든 사람이 갈구하는 목표인데, 왜냐하면 이것이야말로 이들 세계의 모든 특징을 구현하고 있기 때문이다. 그렇다면 우선 분명한 것부터 시작해보자. 돈의 구매력은 — 타인의 애정, 안전, 영향력, 권위, 명성, 여행, 휴가, 여가 그리고 삶의 나른함을 진정시켜주는 오락을 망라해서 — 무한하다. 이것들을 얻을 수 있는 유일한 통로는 돈뿐이며, 이것은 우리 삶에 좋은 모든 것을 상징하게 된다. 삶에 좋은 것은 모두 돈으로 살 수 있는 것으로 그려진다.

디즈니의 세계에서는 누가 부의 분배를 결정하는가? 어떤 기준에 따라 개인은 이 노다지의 꼭대기 혹은 밑바닥에 있게 되는가?

이와 관련된 몇 가지 메커니즘을 살펴보자. 일단 지리적 거리가 잠재적 소유자 — 그가 주도권을 행사한다 — 와, 수동적으로 그를 기다리고 있으며 즉시 이용 가능한 황금을 갈라놓는다. 이러한 거리 자체만으로는 목표에 이르는 도정의 장애물을 만들고 긴장감을 조성하기에는 충분하자 않다. 따라서 똑같은 보물을 좇는 도둑이 등장하게 된다. 이 같은 범죄자 무리의 대장이 바로 비글 형제들이지만, 저 피해갈 수 없는 검은 피트[6]를 포함해 헤아릴 수 없이 많은 전문 사기꾼, 운 없는 해적 그리고 노쇠한 대머리수리들[7]이 있다. 이 무리에 마치카 디 스펠과 덩치 큰 못된 늑대, 그리고 브레어 곰과 브레어 여우처럼 자잘한 숲 속의 도둑 몇을 덧붙일 수도 있을 것이다.

이들은 모두 덩치가 크고 까무잡잡하며 추하고 무식하며 수염이 덥수룩하고 멍청하며(묘안이라고는 단 한 번도 생각해내지 못한다) 어수룩하고 방탕하며 탐욕스럽고 으스대며(이들은 항상 서로에게 아첨한다) 파렴치하다. 이들은 한데 뭉뚱그려져 있으며 개별적으로는 구별이 되지 않는다. 비글 형제들과 같은 전문 사기꾼들은 죄수 번호와 강도 복면으로 쉽게 알아볼 수 있다. 이들의 범죄 성향은 타고난 것이라는 이야기인 셈이다. 비글 형제들 가운데 한 명을 사로잡으면서 경찰이 말한다. "닥쳐, 넌 간수 노릇할 놈이 아냐. 네 놈은 천상 상습범일 뿐이야"(F 57).

범죄야말로 이들이 알고 있는 유일한 노동이다. 그게 아니라면 이들은 죽을 때까지 뭉그적거리고만 있을 것이다. 어느 이야기에서(D 281) 덩치 큰 못된 늑대는 ('뒤죽박죽 출판사'에서 간행한) 변장에 관한 책을 읽는다. "드디어 완벽한 변장법을 알아냈어. 아무도 덩치 큰 못된 늑대가 일을 할 수 있으리라곤 믿지 않을 거야." 그리하여 그는 노동자로 변장한다. 일단 콧수염과 모자, 작업복, 손수레, 괭이와 삽을 갖추고 나자 그는 자신이야말로 영락없이 도로 보수반에 투입된 남부 출신 죄수라고 생각한다.

그런데 마치 범죄 기록만으로는 자신들이 가진 야심의 위법성을 선명하게 각인시켜주는 것이 부족하다는 듯 이들은 다른 사람이 이미 모아들였거나 선수 친 보물들을 끊임없이 쫓아다닌다. '비글 형제 대 스크루

---

6. 이 디즈니 악당은 나쁜 피트(Bad Pete), 나무 의족 피트(Pegleg Pete), 밀수주(密輸酒) 피트(Bootleg Pete), 피트 곰(Pete the Bear) 등으로도 불린다.
7. 영어판 서론의 첫번째 삽화를 상기할 것.

지 맥덕'의 경우가 가장 좋은 예인데, 다른 예들은 이 중심 주제를 변용한 것에 불과하다. 고지도와 언제나 새어나가기 일쑤인 비밀 천지의 디즈니 세계에서 이들 악당들이 적어도 이따금씩이나마 양피지 조각을 먼저 손에 넣지 못한다는 것은 통계적으로 거의 개연성이 없으며, 아무래도 불공평해 보인다. 하지만 이들이 이 같은 행운을 차지하지 못하는 것은 곧 이들이 자신의 지위를 변경할 여지가 전혀 없다는 것을 가리키는 또 다른 지표이기도 하다. 이들의 운명이란 바로 아무런 성과 없는 강도 행각 혹은 강도 모의를 일삼는 데 있으며, 이들을 기다리고 있는 것은 연속되는 체포와 탈옥 뿐이다. (혹시 이런 자들이 너무 많아서 감옥이 미처 이들을 다 수용하지 못하는 것은 아닐까?) 따라서 이들은 황금을 찾아 나서려는 사람들에게는 지속적인 위협이 된다.

 그러나 모험가가 보물을 손에 넣는 것을 방해하는 이 유일한 장애물은 그다지 현실적이지 않다. 오히려 악당은 바로 다른 사람이 보물을 가로챌 권리를 정당화해주기 위해서만 존재할 뿐이다. 물론 모험가는 이따금씩 보물이냐 다른 사람의 목숨이냐를 놓고 도덕적인 난관에 봉착하기도 한다. 비록 어떤 식으로든 황금을 희생해야 하는 일은 결코 없지만, 그는 언제나 생명을 선택한다(그러나 이 선택은 현실감이 별로 없다. 왜냐하면 상황이 이미 유리하게 설정되어 있기 때문이다). 그러나 소수의 예외를 제외하고는 악당들은 양심을 들여다보고 그러한 처지에서 벗어날 기회조차 갖지 못하는 반면, 모험가는 적어도 사악한 유혹을 마주할 수는 있다.

 디즈니는 부에 대한 위협으로 도둑질말고는 다른 어떤 것도 생각하지 못한다. 그리고 사유 재산 보호법을 침해하는 사람이라면 그가 누구라도 범죄시하는 그의 절박감은 거의 강박관념에 가까운데, 이 때문에라도 이 악당들을 조금 더 자세히 살펴볼 필요가 있다. 검은 피부, 추한 용모, 너저분한 옷, 볼품 없는 체격, 수인 번호로 환원되는 이들의 신원, 폭도 같은 성격, 그리고 영원히 '찍혔다'는 사실 등은 모두 한데 섞여서 이들을 사장 나으리의 진짜 적, 즉 진짜 그의 재산을 노리는 상투적인 모습으로 낙인찍게 한다.

 그러나 현실 생활에서 부자의 적은 도둑이 아니다. 만일 주변에 도둑 밖에 없다면 자산가는 역사를 합법적인 소유주와 바로 그가 확립해놓은 사유 재산법에 따라 단죄해야 할 범죄자 사이의 투쟁으로 전환시킬 수 있을 것이다. 하지만 현실은 이와 다르다. 부를 독점할 필연성과 정당성에 실질적으로 도전하고 그것을 파괴할 수 있는 요소는 다름 아니라 노동 계급으로서, 이들은 오로지 부르주아 계급의 경제적 기반을 제거하고 사유 재산을 폐지함으로써만 해방을 쟁취할 수 있다. 마르크스가 외젠느 쉬[8]의 연재 소설에 대한 분석에서 보여준 대로 부르주아 계급은 프롤레타리아 계급을 착취하기 시작한 순간부터 후자의 저항을, 그리고 실제로 계급 투쟁 자체를 선과 악 사이의 전쟁으로 환원하려고 애써왔다.[1] 그리하여 '도덕'이라는 딱지가 이러한 갈등의 뿌리, 즉 경제적인 뿌리를 감추는 동시에 계급의 적, 즉 프롤레타리아가 벌이는 활동을 헐뜯을 목적으로 고안되었다.

 따라서 노동자 계급은 디즈니에게서 도시의 범죄자와 농촌의 고귀한 야만인이라는 두 집단으로 나뉜다. 하지만 디즈니의 세계관이 폭력과 사회적 갈등으로부터 본래 그것들이 가진 성격을 거세시켜버리는 까닭에 심지어 도시의 악당들조차도 한갓 버르장머리 없는 어린이들('녀석들' [boys])이 되어버린다. 그리고 이들은 반면교사로서 언제나 지고, 볼기를 맞으며, 손을 맞잡고 원무를 추면서 어리석은 생각을 찬양하는 모습으로 형상화된다. 즉 노동자 조직을 잡다한 미치광이 폭도들로 그려내길 바라는 부르주아 계급의 욕망을 그대로 표현해주고 있다.

 그리하여 어느 이야기에서 도널드가 도둑질을 했을 수도 있다는 가

---

8. 본명은 마리-조세프 쉬(Marie-Joseph Sue). 19세기 프랑스 소설가이자 언론인. 대개 신문에 연재되었던 그의 소설은 산업 혁명으로 야기된 사회악을 선정적으로 그렸다. 대표작으로 『방랑하는 유대인』이 있는데, 이 작품은 빅토르 위고의 『레 미제라블』에 영향을 미쳤다.

능성에 직면하자(F 178) 스크루지는 다음과 같이 말한다. "내 조카가 강도라니? 내가 빤히 보고 있는 데서 말이야? 경찰이랑 정신병자 수용소에 전화를 해야겠구먼. 그 녀석이 미친 모양이야." 이 발언은 범죄 행위를 사회적 조건화의 결과로 보기보다는 정신병리학적 질병으로 환원하려는 경향을 반영하고 있다. 즉 부르주아 계급은 노동 계급을 약화시키고 착취를 감추기 위해 착취

로 인해 야기된 이들의 약점을 도덕적인 오점인 동시에 경멸과 비난의 대상으로 바꾸어버린다. 심지어 부르주아 계급은 계급의 적, 즉 달리 독창성을 발휘할 수 없기 때문에 백만장자가 되고 착취 계급에 끼어들려면 도둑질을 할 수밖에 없는 계급의 적의 야망에 부르주아 계급에 고유한 가치들을 강요한다. 프롤레타리아는 사회를 개선하려고 노력하는 모습으로는 결코 그려지지 않는다. 노동자들에 대한 이런 식의 희화화는 이들에게 존엄성과 존경심을 부여할 수 있으며 또 그렇게 함으로써 사회 계급으로서의 정체성을 부여할 수도 있는 모든 특성을 왜곡하고, 이들을 조롱과 경멸의 눈요깃거리로 바꾸어버린다(덧붙여 말하자면, 현대의 과학기술 시대에도 부르주아 계급의 일상적인 대중 문화 식단은 여전히 19세기 후반의 기계 시대에 등장한 것과 똑같은 신화적인 풍자화로 차려져 있다).

그런데 선악을 나누는 기준은 '정직함,' 다시 말해 사유 재산을 존중하는 것이다. 예를 들어 <보상받은 정직함>(D 393, CS12/45)에서 조카들은 10달러짜리 지폐를 발견하고는 그것을 차지하려고 서로에게 "도둑놈," "사기꾼," "악당"이라고 욕을 해대며 싸운다. 그러나 이때 도널드가 개입한다. 도시 안에서 그만한 돈이 발견되었다면 합법적인 주인이 있을 것이

며, 따라서 그를 꼭 찾아내야 한다는 것이다. 이는 엄청난 임무인데, 왜냐하면 덩치 크고 무섭게 생겼으며 난폭하고 피부가 검은 온갖 사람들이 이 돈을 훔치려 하기 때문이다. 최악의 경우는 "고아원을 털 권총을 사기" 위해 이 돈을 훔치려는 놈이다. 진짜 돈 임자가 나타나자 마침내 평화가 찾아온다(아주 의미심장하게도 도널드는 이 이야기의 첫번째 장면에서 『전쟁과 평화』를 읽고 있다). 굶주리고 헤진 옷을 입고 있는 조그만 여자아이 — 이것은 우리가 수집한 표본 중에서 사회적 빈곤을 보여주는 유일한 예이기도 하다 — 가 주인이었던 것이다. "엄마한테 남은 돈이라곤 이게 다였거든요. 우린 하루 종일 아무것도 못 먹었어요."

착한 외국인들이 어리숙한 제3세계의 원주민을 보호해준 것처럼 이제는 이들이 또 한 명의 꼬마 원주민, 즉 대도시의 혜택받지 못한 어린아이를 보호하는 것이다. 이 이야기에서 조카들은 성인(聖人)들처럼 행동한다(실제로 마지막 그림에서는 후광을 쓰고 있다). 왜냐하면 이들은 각자가 그리고 모든 사람이 이미 갖고 있던 돈을 소유할 권리를 인정했기 때문이다. 한편 부의 불공정한 분배는 아무런 문제가 되지 않는다. 즉 모든 사람이 못된 협잡꾼들보다는 정직한 꼬마 오리들과 같다면 체제는 완벽하게 기능하리라는 것이다. 따라서 여자아이의 문제는 가난이 아니라 오히려

가족이 가진 유일한 돈을 잃어버린 데 있다(이 돈이 영원토록 그대로 남아 있으리라고 추정할 수 있는데, 만일 그렇지 않다면 소녀의 가족은 굶을 것이며 디즈니의 집 전체가 무너져버릴 것이기 때문이다). 결국 전쟁을 피하고 사회의 평화를 유지하려면 모든 사람은 다른 이에게 그들이 원래 갖고 있던 물건을 돌려주어야만 한다는 것이다. 꼬마 오리들은 도널드가 주겠다는 상금을 사양한다. "저희가 누군가를 행복하게 해줬다는 것을 알았으니까, 저희는 이미 보상받은 거예요." 그러나 자선 행위는 주는 자들의 도덕적 우월함을 강조하며, 그들이 빈민가에서 '선행'을 베푼 후에 돌아가는 저택을 정당한 재산으로 만든다. 지폐를 돌려주지 않았더라면 이들은 비글 형제들 수준으로 전락했을 것이고, 보물 찾기에 성공할 자격도 없어졌을 것이기 때문이다. 즉 부에 이르는 길은 바로 자선에 있으며, 이것이야말로 훌륭한 도덕적 투자인 셈이다. 따라서 디즈니 만화에 등장하는 길 잃은 아이들, 상처 입은 양들, 그리고 길을 건너려면 도움을 받아야만 하는 늙은 부인들의 숫자는 이미 다른 '선행자'에게서 지명을 받은 후에 '선행자 클럽'에 가입하기 위한 요구 조건들의 지표가 되는 셈이다. 적극적인 미덕이 없는 상황에서는 '선행'이 곧 도덕적 우월성의 증거가 된다.

토크빌[9]은 자못 예언적으로 『미국의 민주주의』[10]에서 다음과 같이 쓴

9. Alexis de Tocqueville, 프랑스 정치 사상가. 1827년에 베르사유 재판소 배석 판사로 취임했으며 1831년에 교도소 조사차 미국 징치 감옥 연구단원으로서 미국으로 건너갔다. 귀국 후에는 『미국의 민주주의』를 저술했으며, 외무 장관을 지냈으나 나폴레옹을 반대한 후 정계에서 은퇴했다. 밀(John Stuart Mill) 등 자유주의자에게 영향을 미쳤다.

10. 미국 사회의 특징을 '모든 조건의 평등화'라는 관점에서 파악하고 그것이 정치·경제·문화에 미치는 영향을 구체적으로 분석한 이 저서는 특히 다수에 의한 전제(專制)의 폐해를 지적했으며, 개성 및 다양성의 존중과 국민의 적극적인 참정을 주장한 것으로 유명하다. 또한 근대 민주주의 사회로의 이행을 필연적인 현상으로 보았으며, 이러한 사회의 부정적 영향인 개인주의나 정치적 무관심 등도 언급했다. 밀이 상세한 서평을 첨부해 이 저서를 영국에 소개하였다.

바 있다. "이러한 식으로 영혼을 타락시키지는 않을지 모르나 무기력하게 만들며 어느새 탄력 있는 작용을 느슨하게 만들 일종의 효율적인 물질주의가 종국에는 이 세계(미국)에 확립될지도 모른다." 19세기 중반에 이와 같은 글을 썼던 이 프랑스인이 오늘날까지 살아서 자기 말이 대단히 관념적인 닭 홰 치는 소리로 전락하여 웃음거리가 되어버린 디즈니 제국을 방문하지 못하는 것이 안타까울 뿐이다.

이렇듯 승자는 미리 발표된다. 그렇다면 겉보기에 모든 경쟁자가 똑같은 위치에 있는 이 돈 벌기 경기에서 이기고 지는 것을 결정하는 요소는 무엇일까? 만약 선과 진리가 '정당한' 소유자 편에 있다면, 어떻게 다른 사람이 재산의 소유권을 가로챌 수 있을까?

그들은 결코 그렇게 할 수 없다. 즉 정당한 재산을 가로챌 수 없다는 것보다 더 간단하고 누구나 쉽게 알 수 있는 원리도 없을 것이다. (우리가 기억하듯 어린아이처럼 행동하기 마련인) 악당들은 덩치가 크고, 힘이 세며, 빠르고, 무기를 갖고 있다. 반면에 착한 인물들은 지능이 우월하다는 장점을 갖고 있으며, 이를 가차없이 사용한다. 물론 악당들도 묘안을 떠올리려고 필사적으로 머리를 쥐어짜기는 한다(D 446에서 어느 악당[11]은 바보처럼 머리를 긁적이면서 이렇게 말한다. "굉장한 계획을 생각해냈는데, 176-716번, 넌 도대체 머리통이 달리기나 한 거냐?"). 그러나 이들을 예외 없이 몰락으로 이끄는 것은 바로 이들의 생각 없음이다. 즉 이들은 이중 구속[12]에 붙잡혀 있다. 다리품만 팔 경우, 이들은 목표에 다다를 수 없다. 설령 머리까지 쓴다고 해도 결과는 마찬가지이다. 애초 일자무식인 탓에 이들의 생각은 절대로 결실을 맺을 수 없다. "돼먹지 못한 네 녀석들이 머리를 쓴다고 해서 뭐가 어떻게 될 줄 알고. 팔다리나 부지런히 움직이는 게 낫지 않겠어, 응?" 반면 언제나 꼬마 모험가들이 더 뛰어나고 기막힌 생각을 할 것이므로, 이들과 경쟁해보아야 아무런 소용이 없다. 왜냐하면 바로 꼬마들이 생

11. 여기에서는 비글 형제들 중 한 명을 가리킨다.
12. 아이에게 전달되는 말과 행동이 모순될 때 아이는 갈등에서 벗어나지 못하게 되고 마비, 분노, 불안, 절망에 빠지며 분명한 의사 소통, 사회적인 분별 능력을 발달시키지 못한다. 가령, '사랑의 매'를 맞는 아이의 심리 상태가 그것이다.

각과 두뇌, 말, 그리고 — 말이 났으니 하는 말이지만 — 세상의 의미를 독점하고 있기 때문이다. "이 세상은 그들 것이니 네 놈들보다 세상을 더 잘 알아야만 하는 거라구, 그렇지?"

그렇다면 결론은 딱 하나밖에 없다. 선과 악의 이면에는 사회적인 적대자들뿐 아니라 영혼 대 육신, 정신 대 물질, 두뇌 대 근육, 정신 노동 대 육체 노동 등의 대립을 통해 이들을 정의하려는 의도가 숨겨져 있다. 그리고 결코 의문시되지 않는 분업도 함께 감추어져 있다. 즉 착한 인물들은 근육질 짐승들과의 경쟁에서 '지식 시장을 독점'한 것이다.

그러나 이것이 전부는 아니다. 노동 계급이 결코 다다르지 못할 목표를 향해 뛰는 일군의 다리(脚)로 환원되는 까닭에, 생각을 하는 자들은 보물의 합법적인 소유자로 남게 된다. 즉 공정한 싸움에서 이긴 것이다. 그리고 그뿐만 아니라 처음부터 부를 창출하고, 부를 찾아나설 생각을 하게 만들었으며, 물질에 대한 정신의 우위를 다시금 확인시킨 것이 바로 이러한 생각의 힘이다. 따라서 착취는 정당화되고, 과거로부터 나온 이윤은 합법화되며, 소유권은 부의 보유와 증대에 대한 배타적인 권리를 부여받게 된다. 부르주아 계급이 자본과 생산 수단을 통제하고 있는 것도 이들이 부정하게 특정인을 착취하거나 축재했기 때문은 아닌 것이 된다.

디즈니는 만화를 전개해나가면서 내내 자본주의적 부는 자기가 만화책에서 그려내는 것과 똑같은 조건 아래에서 생겨났다는 것을 암시한다. 즉 성공을 위한 경주에서 부르주아 계급에게 우위를 부여한 것은 언제나 이들의 아이디어였을 뿐, 다른 것은 전혀 아니었다는 것이다.

그리고 이들을 지켜주기 위해 아이디어들이 솟아나게 될 것이다.

5장 아이디어 제조기

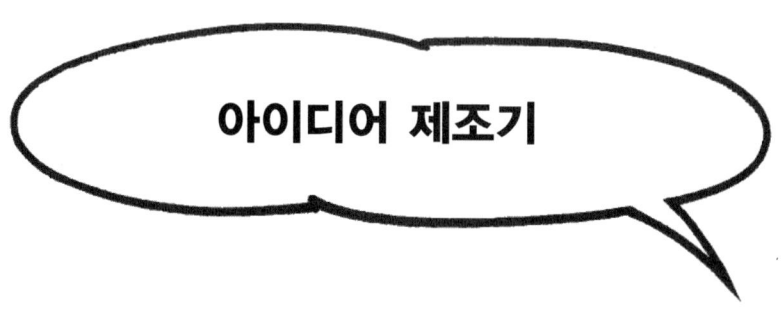

아이디어 제조기

"그저 가만히 계시면 되는 일입니다. 가끔 박물관이나 한 바퀴 돌아보시고 별 일 없는지만 확인하세요."

도널드 (D 436)

"난 부자야. 언제나 내 행운을 **제조**하니까."

스크루지 (TR 40)

이쯤 해서 혹시 독자들은 도널드라는 인물 자체를 한번 자세히 보라고 주장할지도 모르겠다. 얼핏 보기에 그의 모습은 디즈니 세계에는 노동도 노동자도 없다는 우리의 주장에 반(反)하는 것처럼 보이니 말이다. 이 친구가 일을 찾고, 그가 떠안아야만 하는 엄청난 짐에 신음하면서 일생을 보낸다는 것은 누구나 알고 있지 않은가.

도널드는 왜 일을 찾을까? 여름 휴가비를 벌기 위해서, 마지막 TV 할부금을 내기 위해서(분명히 그는 이 짓을 수천 번은 되풀이하는 것 같다. 왜냐하면 이야기가 새로 시작될 때마다 새로 할부금을 내야 하기 때문이다), 아니면 (대개 데이지나 스크루지에게 줄) 선물을 사기 위해서. 하지만 이 모든 경우 도널드가 과연 그것을 정말로 필요로 하는지에 대해서는 아무런 의문도 제기되지 않는다. 사실 그는 집세, 전기료, 식비, 옷값 등에서 아무런 문제가 없다. 한편 그는 수중에 단돈 1달러도 없으면서 언제나 물건을 사고 있다. 악당들은 커피 한잔 사먹을 단돈 10센트도 없는 반면, 이 오리들은 마술적인 풍요의 세계에 둘러싸여 산다. 그러다가 갑자기 다음 장면에서 오리들이 짜~안 하고 무(無)로부터 로켓을 만들어낸다. 이와 달리 악당들은 스크루지를 터는 과정에서 그에게서 빼앗을 액수보다도 훨씬 더 많은 돈을 쓴다.

　이 사치스럽고 흥청망청하는 사회에서 생계 수단과 관련된 문제는 찾아볼 수 없다. 굶주림은 마치 고대에 창궐했던 어떤 전염병에 지나지 않는 듯 이미 완전히 퇴치된 상태이다. 꼬마들이 배고프다고 말하자 미키는 이렇게 대답한다. "사람은 배고플 권리도 있는 거야. 너희 꼬마들은 배고픈 게 뭔지 몰라! 자, 앉아라. 내가 말해주지"(D 401). 그러자 조카들은 즉각 "이 말도 안 되는 굶는 짓을 얼마나 더 오래 해야 돼요?"라고 말하면서 그를 조롱한다. 하지만 애들아, 걱정할 필요는 없단다. 이때 미키는 오늘날 세계 도처에서 굶주림이 어떻게 수백만 명의 사람을 죽이고 또 그만큼의 사람들에게 치유할 수 없는 정신적·육체적 손실을 안겨주는지에 대해서는 별 다른 생각이 없다. 굶주림이라는 문제를 설명하기 위해 구피가 함께 겪었던 선사 시대의 모험을 현대 오리 나라의 전형적인 플롯에 짜 넣어 들려줄 뿐이다. 즉 미키가 보기에 오늘날 굶주림과 같은 문제는 분명 존재하지 않는다 — 사람들은 세상이 완벽하다는 환상 속에서 살고 있다.

　따라서 도널드가 꼭 일을 해야 할 필요는 없다. 액수가 얼마건 그럭저럭 벌어들인 돈을 언제나 꼭 필요하지 않은 물건을 사는 데 쓰는 것이 이를 잘 보여준다. 그리하여 스크루지 삼촌이 재산을 유산으로 남기겠노라고 거짓 약속을 하자, 도널드의 머리에 제일 먼저 떠오르는 생각은 "이제

야말로 원 없이 실컷 쓸 수 있게 됐어!"이다(TR 116). 그는 곧바로 최신형 자동차와 침실 여덟 개가 딸린 유람선, 그리고 열다섯 개 채널이 나오고 원격 조정 스위치가 있는 컬러 TV를 주문한다. 다른 이야기(D 423)에서는 이렇게 결심한다. "그 선물을 살 만큼 돈을 벌려면 당분간 어디서든, 무슨 일이든 해야 해." 또는 경비가 아주 많이 드는 여행을 가고 싶어하지만 "내가 가진 돈은 겨우 50센트뿐인데"(F 117).

욕구가 쓸데없는 것이듯 일 또한 마찬가지다. 디즈니 세계에서 일거리란 (앞에서 살펴본 대로) 대개 소비자들에게 서비스나 보호 또는 운송을 제공하는 것이다. 심지어 스크루지 맥덕에게 조차도 일꾼이 없다. 직원 명단을 가져오지만 이들은 모두 그저 '고용인들'일 뿐이다.

모든 고용은 생산 수단이라기보다는 소비 수단이다. 도널드는 일할 필요가 없는데도 끊임없이 일을 찾는 데 몰두한다. 그러다 보니 그가 선호하는 일들이 모두 쉽고, 정신적으로나 육체적으로 그다지 노력을 필요로 하지 않는 종류의 것이어야 한다는 점은 놀라운 일이 아니다. 즉 일이란 아무도 모르는 곳으로부터 떨어질 행운(혹은 지도 조각)을 기다리는 동안의 여흥에 지나지 않는 것이다. 간단히 말해 그는 땀을 흘리지 않고서 봉급을 받기를 원하는 것이다. 게다가 도널드가 (아니면 다른 누구든) 일자리를 구하는 데는 아무런 어려움도 없다. 왜냐하면 일은 넘쳐나기 때문이다. "이야! 저거 편한 일일 것 같은데! '밀가루 반죽할 사람 구함. 보수 많고 과자는 공짜로 가져갈

수 있음. 근무 시간 짧음'이라. 저거야말로 날 위한 일자리야!"(F 82) 하지만 진짜 이야기는 일단 일을 하게 된 도널드가 일자리를 잃을까 봐 두려워하는 때부터 시작된다. 하지만 막상 쫓겨날지도 모른다는 공포감은 일이 도널드에게 꼭 필수불가결한 것이 아닌 만큼 전혀 납득하기 어렵다.

그런데 도널드는 애초에 생겨먹길 서툴고 부주의해서 늘 해고당한다. "세상에는 일자리가 많고 많지만 도널드는 자기가 할 수 있는 일을 단 한 가지도 찾지 못하는 것 같다." "넌 해고야, 오리 녀석아! 네가 밀가루 반죽기 안에서 잠을 잔 게 이번이 벌써 세번째라고!" "넌 해고야, 오리 녀석아!

넌 빈둥거리는 시간이 너무 많아!" "넌 해고야, 오리 녀석아! 도대체 어디서 머리 깎는 기술을 배웠어? 인디언 추장한테서 배웠나?"(CS 12/59) 이렇듯 도널드에게 일이란 바로 일자리를 잃지 않는 것, 어디를 가나 그를 쫓아다니는 파국을 겪지 않는 것에 집착하는 것이 된다. 그는 무능력 때문에 해고된다. 일자리로 넘쳐나는 세상에서 말이다. 디즈니의 세계에서는 늘 소비가 생산을 초과하는 것과 마찬가지로 일에 대한 수요보다 공급이 훨씬 앞서기 때문에 일자리를 잡는 것 자체는 문제가 되지 않는다. 덩치 큰 못된 늑대나 비글 형제들, 그리고 수많은 다른 사람들처럼 도널드가 어찌해볼 도리 없는 게으름뱅이라는 사실은 이들의 실업이 자유 의지와 무능력에서 비롯된다는 것을 증명해주고 있다. 그리하여 도널드는 독자들에게 실업자를 대변하게 된다. 하지만 역사적으로 자본주의의 구조적인 모순에서 비롯된 진짜 실업자가 아니라 피고용인의 인간성에서 기인하는 디즈니 식 실업이다. 모든 사회적 현상의 원인이나 결과는 개별 인간의 행동 속에 들어 있는 비정상적인 요소들에 뿌리를 두고 있다고 전제하는 개인심리학적 설명을 선호하는 까닭에 실업의 사회·경제적 토대는 뒷전으로 밀려나고 만다. 그리하여 일단 경제적 압력이 소비하라는 압력으로 전환되면, 그리고 진정 어느 곳에서나 쉽게 일자리를 얻을 수 있게 되면 도널드의 세계는 "진정한" 자유, 즉 일자리를 잃을 자유가 지배하게 된다.

현 세계의 제조업자들은 "노동의 자유"라는 슬로건을 내건다. 즉 모든 시민은 노동력을 팔 자유와 누구에게 팔지를 선택할 자유, 그리고 만약 맞지 않으면 그만둘 자유까지 있다는 것이다. 그런데 (디즈니의 환상 세계에서) 이 거짓된 "노동의 자유"는 더이상 신화가 아니라 현실이 되고, 해고당할 "자유"라는 형태까지 취하게 된다.

그러나 도널드가 아무리 잘해보려고 노력해도 일자리는 언제나 그의 손아귀를 빠져나간다. 고용의 문턱을 넘어서자마자 광적이고 혼란스러운 소동의 희생양이 되는 것이다. 마치 부조리한 발작과도 같은 이러한 상황은 통상 주인공의 휴식과 보상으로 끝난다. 그러나 종종 주인공은 이 묵시록적인 소용돌이를 빠져나갈 수 없다. 왜냐하면 신들이 그를 영원한 고통으로부터 놓아주지 않기 때문이다. 즉 보상과 처벌은 도널드에게 달려 있지 않으며, 이 모든 행동의 결과는 예측할 수 없다. 이 때문에 독자들의 극적인 긴장감도 고조된다. 도널드가 하는 일의 수동성과 불모성은 누적되는 고통 외에는 그에게 달리 적극적으로 사줄 만한 장점이 없음을 부각시켜준다. 자기 운명은 자기가 통제해보려는 모든 노력에도 불구하고 온갖 휴식이 위에서부터 그리고 저 너머에서부터 그에게 하사된다. 도널드를 노리개로 즐겨 갖고 노는 운명의 여신이 재앙을 내리고 즐거움을 선사하는 등 유일하게 역동적인 요소가 된다. 운명은 물이 쉴 새 없이 요동치는 밑 빠진 물동이 같다. 그리고 이 물동이를 가득 채우는 것이 도널드의 일이다. 누군가가 와서 고맙게도 바닥을 메워주지 않는 한 도널드는 실패할 것이며, 영원히 허리를 구부리고 물을 쏟아부을 운명에 처할 것이다.

　도시에서 진행되는 이러한 유형의 일은 디즈니 캐릭터들이 도시 바깥으로 나가 외국에서 온갖 모험을 겪을 때 일어나는 다른 형태의 짜증나는 고통과 비슷하다. 오리 나라의 오리들은 집을 나서자마자 난파, 충돌, 위난 그리고 엄청난 불행과 장애물 등 온갖 종류의 사건을 겪는다. 그리고 운명의 손에 맡겨진 고난이 이들을 찾고 있는 보물로부터 점점 더 멀어지게 만든다. 물론 이들은 온갖 수를 다 내보지만 그들의 노동은 전혀 쓸모없어 보이는데, 왜냐하면 그것은 우발적인 사건의 연속에 불과하기 때문이다. 그들의 "노동"[1]은 위기에 대한 즉각적인 반응이 되어버린다. 먼저 불행이 그들이 가는 길 도처에 위험과 고난을 마련해놓는다. 그런 다음 결말에 가서는 행운이 황금으로 보상해준다. 그러나 이 황금은 쉽게 얻어지지 않는다. 왜냐하면 우리의 모험가는 우선 물적 기반이 없는 노동, 즉 모험

1. Labors, 이는 '노력' 또한 뜻한다.

이라는 형태의 노동을 감수해야 하기 때문이다. 이와 흡사하게 스페인에서 나온 최초의 모험 소설들은 '역경'이라고 불렀다.[1] 이러한 형태의 소설에서 주인공이 부를 얻으려면 끊임없이 불행이 누적되는 과정을 거쳐야 한다. 이러한 과정은 실제로는 노동이 아니면서도 노동을 상징한다. 이것은 적극적으로 창조하며 생산하는 형태의 노동이라기보다는 오히려 수동적으로 소비되는 형태의 노동이다. 즉 돈이 물건의 추상적 형태인 것과 마찬가지로 모험은 노동의 추상적 형태인 것이다. 따라서 보물은 생산 과정이 아니라 모험을 겪는 과정을 통해서 획득된다. 이것은 마치 그 외에도 더 많은 위장 수단이 필요하거나 한 것처럼 부의 진정한 기원을 위장하는 또 다른 수단이 되고 있다. 그런 한편 모험의 알맹이는 도덕적인 결과로 가득 차 있다. 주인공이 스스로 자기 운명을 밀고나가는 것이 아니라 운명에 의해 밀려가는 만큼 그는 운명의 계획에 복종해야 한다는 필연성을 배우게 된다. 이런 식으로 불행의 돌팔매질을 받아들임으로써 그는 운명에 고스란히 굴복하며, 종국에는 그러한 짓을 통해 운명에게서 달러 몇 푼을 뽑아낼 뿐이다. 하지만 이 세상의 위협적인 가학성, 미쳐 돌아가며 위험하기 짝이 없는 우여곡절, 그리고 괴로움과 분열 등 이 세상의 악마적인 리듬은 부정할 수 없다. 왜냐하면 모든 것이 섭리에 따라 일어나기 때문이다. 이곳은 언제라도 무너져내릴 수 있는 공포로 가득 찬 세상이다. 이곳에서 살아남기 위해서는 체념의 철학이 필요하다. 인간은 아무것도 누릴 권리가 없으며, 만약 어떤 것을 얻게 된다면 이는 그의 겸손한 인격과 자신의 무력함을 받아들인 덕택이다.

이 모든 거짓 꾸밈새에도 불구하고 도널드는 현대 노동자의 진정한 대변자로 간주된다. 그러나 노동자에게 필수적인 임금은 도널드에게는 쓸모가 없다. 현실 세계의 노동자들이 필사적으로 찾는 것을 도널드는 아무 어려움 없이 찾아낸다. 노동자들이 생산을 담당하면서도 삶의 물질적 조건들과 끊임없는 착취로 인해 고통받는 동안 도널드는 모험이라는 형태로, 즉 노동이라는 환상으로 인해, 노동의 수동적이고 추상적인 압박감으로 인해 고통받을 뿐이다.

도널드는 순수한 상부 구조의 세계 속에서 움직인다. 그러나 이 상부 구조는 그 자체의 하부 구조, 그리고 이 하부 구조의 발전 단계와 아주 밀접한 형식적 유사성을 갖고 있다. 따라서 그는 실제적인 삶의 구체적인 기반 위에서 살고 있다는 인상을 주지만 실은 공중을 떠다니는 허깨비에 불과하

다. 그리고 모험은 언뜻 보기에는 위로 솟아오르는 구름으로 느껴지지만 실제로는 아래로 빨려들어가는 유사(流砂) 지대에서 하는 노동에 불과하다. 그러나 월급날이라는 결정적인 순간이 되면 신비스러운 기적이 일어난다. 현실 세계의 노동자들은 결국 사기당하고, 자신이 생산한 것의 아주 작은 부분만을 집에 가져가며, 나머지는 사장이 훔친다. 반면 도널드는 전혀 일에 무용한 인물이라는 것을 입증해 보였으므로 사실은 자기 몫보다 돈을 더 받은 셈이 된다. 디즈니의 세계에서 노동자는 애초에 부의 창출에 기여하지 않았기 때문에 자기 몫을 요구할 권리라고는 없다. 따라서 이 '기식자(寄食者)'가 받는 것은 어떠한 것이든 외부로부터 호의로 주어지는 것이며, 그는 이에 감사해야 할 뿐 그 이상을 요구할 수는 없다. 애시당초 자격이 없는 자에게 생존의 은총을 베풀 수 있는 것은 오직 신의 섭리뿐이다. 이렇듯 모든 것이 섭리에 맡겨져 있고 노동 조건을 통제하는 아무런 규범도 없는데 도대체 어떻게 파업을 하고 더 많은 임금을 요구할 수 있겠는가? 즉 도널드는 모든 노동자의 사이비 대표인 것이다. 따라서 노동자

들은 도널드만큼 순응해야만 하는데, 왜냐하면 도널드와 마찬가지로 물질적인 세상을 건설하는 데 전혀 기여한 것이 없기 때문이다. 그렇다면 오리 나라는 공상의 세계가 아니라 바로 마르크스가 말한 환영(幻影)인 것이다. 도널드의 '노동'은 노동에 관한 사장들의 신화 속에 들어 있는 모순들을 은폐하고 노동의 가치와 노동이 만들어내는 가치 사이의 차이, 다시 말해 잉여 가치를 숨기기 위해 고안된 것이다. 따라서 도널드에게 생산과 관련된 노동이란 존재하지 않는다. 결국 도널드는 환영과도 같은 리듬에 따라 고난과 보상이 되풀이되는 가운데 지배자(신비화하는 사람)의 삶을 살면서도 역설적으로 피지배자(신비화에 빠진 사람)를 대변하게 된다.

이처럼 디즈니는 현대의 여러 가지 사회적 갈등을 한갓 모험 형식의 백일몽으로 만들어버린다. 그러나 설령 이러한 고난을 — 순진하게도 — 부지불식간에 드러내더라도 그는 모든 것이 최선을 위해서라는 은근한 확신을 통해 그것을 중화시킨다. 즉 모든 일은 보답받을 것이며, 결국 인간 조건이 개선되고, 여가와 휴식의 천국으로 나아가리라는 것이다. 디즈니는 현실 생활의 좌표들과 현대인들의 고충을 자신에게 유리하게 이용하면서도, 정작 현대인들이 그것을 비난하고 그것이 가진 모순을 폭로하며 극복할 수 있는 힘은 빼앗아버리는 방식으로 유년기라는 상상의 영역을 도식화하고 있다.

노동 즉, 오리 나라에서는 죄 없이 당해야 하는 고난으로 위장되어 있는 노동은 언제나 그것의 반대, 즉 여가 활동으로 정의된다. 전형적인 예로, 어느 이야기는 주인공들이 지루함과 평온함에 파묻혀 지내는 것이 얼마나 따분한가를 강조하는 장면부터 시작된다. 조카들은 하품을 해댄다. "모든 게 너무나 지겨워. …… TV마저도"(D 43).

이러한 도입 장면의 상황은 정상적인 것으로 강조된다. "어떻게 **통통 튀는 공**같이 단순한 물건이 우리 친구들을 아즈텍랜드의 보물까지 데려갈 수 있었을까?"(D 432, DD 9/65) "나지막하게 째깍거리는 시계 소리를 들으면서 돈더미 위에 큰 대자로 누워 있는 것만큼 편안한 일이 또 있을까? 정말 맘이 너무나 편하단 말이야"(TR 113). "어느 날 아침 …… 별 생각 없이 시작된"(D 448) 모험이 끝난 후에 도널드는 이렇게 자문한다. "단순한 가족 모임 초대가 이렇게 끝날 거라고 누가 상상이나 했겠어?" "평소에는 조용하기 그지없는 도시인 덕버그가 새벽을 맞았다"(D 448). 주인공들은 늘 침대, 소파, 잔디밭, 아니면 그물 침대에서 쉬고 있다. "미키는 '마법의 숲'에 있는 일곱 난쟁이의 손님이 되어 응당 누려야 할 휴식을 취한다"(D 424). 이와 같은 문구의 반복과 이들이 담고 있는 편안한 느낌은 오리 나라에서 벌어지는 일상 생활의 성격을 규정한다. 주인공은 (가령 통통 튀는 공과 같이) 아무런 해가 없는 여가를 상징하는 것들 가운데 한 가지로부터 방해를 받고서야 비로소 그 자체가 곧 여가 생활이기도 한 관습적인 일상 생활을 벗어나며, 이는 고난과 황금이 있는 모험으로 이어진다. 독자들은 이 캐릭터들과 자신을 동일시하도록 부추겨지는데, 왜냐하면 그들 역시 만화를 읽는 동안에는 쉬고 있으며 따라서 몇 가지만을 제한해서 흥분을 제공하는 그러한 경주에 쉽게 사로잡혀버리기 때문이다. 그리고 일단 코를 꿰이고 나면 그처럼 환상적인 이야기가 끝날 때까지 주인공을 따라갈 수밖에 없다.

　모험은 통상 휴가와 휴식을 위한 귀향이라는 보상을 받는 것으로 끝을 맺는다. 주인공이 물적 기반을 상실했지만 아무튼 너무나 힘든 노동의 무게를 견뎌냈으니 이제 당연히 그러한 것을 누릴 권리를 갖게 된다. 형식적으로 볼 때 만화의 맨 처음과 마지막 그림에서 이제 비로소 균형을 이룬 힘들의 부동성과 대칭성이라는 원칙을 발견할 수 있다. 즉 모험이 시작되기 전과 끝나고 난 후 독자를 진정시키기 위해 르네상스 고전주의풍의 시각적 장치를 이용하는 것이다. 한편 모험이 지속되는 동안 주인공들은 끊

2. Bread of Life, 이는 『신약성서』의 「요한 복음」 6장 35절 및 48절에 나오며 통상 '생명의 떡' 또는 '생명의 빵'으로 번역된다. 예수가 보리떡 다섯 개와 물고기 두 마리로 5천여 명을 먹이고도 열두 광주리에 가득 찰 정도로 남았다는 오병이어(五餠二魚)의 기적을 행하자 군중

임없이 움직이는 모습으로 그려진다. 일반적으로 이들은 독자들의 눈이 땅 위를 날아다니는 주인공들의 다리밖에 볼 수 없도록 지면의 왼쪽에서 오른쪽으로 돌진한다. 쭉 뻗은 손가락은 평화가 회복되고 원이 닫힐 때까지 주인공이 가야 할 방향을 가리킨다.

"하! 고생 끝에 낙이 온다더니 열대 지방에서 휴가를 보내게 됐어"(D 432). 스크루지 밑에서 일을 마친 후 도널드는 "애틀랜틱 시티에서 진짜 휴가"를 보내는 것으로 보상을 받는다(F 109). "하하! 너무나 오랫동안 아카풀코[5] 해변에서 여름을 보내는 꿈을 꿔왔는데, 사고 보험에 든 덕택에 마침내 그 황홀한 곳에 갈 수 있게 됐어"(F 174). "만세, 만세다! 내 다리가 부러졌다!" 이 이야기는 고난이 어떻게 행운을 낳는지를 분명하게 보여준다. 삼촌 집을 한 달 동안 빌린 도널드는 '우선 난 더이상 일을 안 할 거야. 근심 걱정은 다 잊어버리고 놀기만 할 거야'라고 마음먹는다(TR 53). 그렇다면 전에 그를 괴롭히던 걱정거리란 과연 무엇이었을까? "생활비가 이렇게 많이 드는 판에 내 월급으로 월말까지 버텨야 한다는 게 얼마나 어려운지 넌 상상조차 못할 거야. 이건 악몽이라니까!" 엄청난 문제란 또 무엇인가? "바로 다음날에 다음 번 TV 할부금을 내야 하는데 수중에 땡전 한 푼 없을 때면 편히 자긴 글렀지."

노동과 여가 간의 외양상의 뚜렷한 대립은 단지 여가를 우위에 두기 위한 핑계에 지나지 않는다. 여가는 노동의 모든 영역을 침범하고 노동에 여가의 규칙을 강요한다. "열심히 일하며 여가 활동을 사랑하는 사람들의 모임"(D 185에서 여성들의 활동을 이렇게 표현하고 있다)에서 노동은 아무 쓸모없는 여가 활동이며, 소비 도구이자 하는 일 없이 시간을 보내는 수단이다.

극단적인 예를 살펴보자. 덩치 큰 못된 늑대는 아기 돼지 삼형제를 끊임없이 추적한다. 이 늑대는 돼지들을 잡아먹고 싶어하는 것처럼 보인다. 그러나 배고픔은 그의 진정한 동기가 아니다. 실제로는 자기 삶을 의사(疑似) 활동으로 채워넣으려고 하는 것일 뿐이다. 즉 아기 돼지들을 쫓고, 이들이 꾀를 부려서 그의 손아귀에서 벗어나게 하고, 그렇게 해서 처음으로 되돌아가고……. 바로 소비를 통해서 소비라는 모험을 달성하는 소비 사회와 똑같이 말이다. 물건이란 손에 넣자마자 손아귀에서 사라지며, 겉모양만 바뀐 똑같은 물건으로 즉각 대체되기 때문이다. 이러한 상황은 D

은 그를 로마의 압제에 대항할 왕으로 추대하려는 뜻을 비친다. 그러나 그 같은 세속적 구원이 목적이 아니었던 예수는 다음날의 설교에서 자신을 생명의 떡에 비유하며 참된 신앙만이 영생을 가능케 함을 역설한다. 물론 이 만화에서 도널드는 이 같은 종교적 의미는 전혀 염두에 두지 않는데, bread는 '돈'을 뜻하는 속어이기도 하다.
3. Bird Watching, 이는 '할 일 없는 사람의 궁여지책'이라는 함의를 갖는다.
4. 물론 가상의 지명이다.
5. 멕시코 남부의 유명한 태평양 연안의 도시로, 미국인들이 종종 휴양지로 이용한다.

329에 집약되어 있다. 여기에서 실용적인 돼지(Practical Pig)는 덩치 큰 못된 늑대에게 자신들을 다 내보내도록 설득한다. "이렇게 우릴 다 잡아들이면 무슨 재미로 살 거야? 죽치고 앉아서 때가 되기도 전에 늙어버리는 것말곤 할 일이 없잖아." 사실 이들을 잡아먹는 것은 규정상 하나의 캐릭터에 불과한 그의 한계를 넘어서는 일이고, 그 너머에는 심드렁하고 공허한 일상만 남아 있다.[2] 캐릭터는 고정 불변한 성격이 바뀔 위험에 처하면 알아서 스스로를 교정한다. 그는 아기 돼지들이 부족한 상태를 마주할 수도 없고 그렇게 하고 싶어하지도 않으며, 또 쫓아다닐 수 있는 또 다른 대상을 만들어내는 일도 원하지 않는다. 왜냐하면 그는 노동하는 방식으로 여가를 채우며 살아가기 때문이다. "이게 다른 어떤 일보다도 즐거워." 실용적인 돼지는 매디슨 가[6]의 광고 같은 방식으로 늑대를 설득한다. "일을 계속하려거든 물건을 사시오. 당신의 미래를 보장하려거든 물건을 사시오. 내일도 계속해서 다른 사람이 일할 수 있도록 오늘 물건을 사시오. 어쩌면 그 사람이 바로 당신일 수도 있으니까."[3] 여기서는 '필요하다'는 가상이 생각의 출발점이 되는데, 막상 그러고 나면 이는 인위적인 것이 되고 금세 잊혀진다. 즉 이 늑대에게 아기 돼지들은 '자기 편'인 것이다. 욕망은 (잉여적인 것을) 계속 생산하기 위해 자극된다.

노동이 절대로 필요하다는 이러한 구실은 일단 당연한 것으로 전제되고 나면 곧장 '반복적인 비정상성'의 형태로 역사 속에 들어가게 된다. 따라서 노동은 별나고 기이한 현상으로 간주되며, 다름 아니라 흔하고 습관적이며 늘 하는 일과이고 정상적이기 마련이라는 의미를 제거당한다. 디즈니 만화에서 생산 과정을 형상화하기 위해 언제나 선택되는 단계는 노동과의 연결을 헐겁게 하는 성질을 갖게 된다. 따라서 진부하고 반복적인 노동은 천방지축의 환상과 우발적인 것, 그리고 소동으로 변형된다. 이처럼 노동은 현실에서는 강제적인 성격을 갖고 있음에도 불구하고 더이상 고된

6. 뉴욕 시에 있는 도로 이름으로, 미국 광고업계를 상징한다.

일과로 그려지지 않는다. 오히려 모든 인간을 고통으로부터 떼어놓는 것으로 묘사된다. 한마디로 일상 생활은 선정적인 이벤트성 사건이 되어버린다. 그러니 도널드와 구피, 미키, 다람쥐 형제에게는 이상하며 흔히 볼 수 없는 것이야말로 평범한 것이다. 가령 이발사로 일할 때 도널드는 아주 상냥한 천재 예술가이자 과학자가 된다. "머리 덮개 널힘줄까지 7인치, 머리 널판근까지 9인치, 코 끝까지 7인치." 반복되는 일상도 "특별히 발명된 도구"들을 쓰면 세련된 것이 되어 경이로운 일들로 바뀐다.

 노동을 이러한 식으로 바라보는 것은 일상 생활과, 살아남기 위해서 해야 하는 모든 힘든 일을 끝없는 볼거리로 변형시키기 위한 전략이다. 오리 나라라는 평범한 시공간적 한계에 구애받지 않고 환상적인 모험을 하거나 도회지의 극히 단순한 일터에서 말도 안 되는 괴상한 일을 겪기 위해 한 디즈니 캐릭터가 일상적인 환경을 떠나듯이, 어린이 독자들 또한 삶의 구체적인 현실을 초월해서 잡지들 속의 '마술'과 '모험'에 심취하도록 부추겨진다. 어린이의 세계가 일상의 세계와 마법의 세계로 분리되는 것은 어린이 만화 자체에서 시작된다. 이 만화들은 어린이들이 아주 어릴 때부터 일과 여가, 그리고 따분한 현실과 상상이 펼쳐지는 세계를 분리하도록 가르치는 일을 시작한다. 아이들이 사는 일상 세계가 상상력이라고는 허락하지 않는 일의 세계라는 점은 명백해 보인다. 반면 만화의 세계는 환상으로 가득 찬 여가의 세계이다. 따라서 어린이들은 다시 한번 물질과 정신 사이에서 분열을 겪으며, 주변의 현실 세계로부터 상상적인 것을 없애도록 부추겨진다. 따라서 다름 아니라 본성상 주변 환경을 거부하려는 경향이 있는 어린이의 '넘쳐 흐르는 상상력'을 살찌운다는 명분으로 이러한 부류의 만화를 옹호하는 것은 사실상 어린이들에게 현대 사회, 즉 그 자체가 억압적이고 막다른 세계에 갇힌 나머지 도착적으로 '순수한' 유토피아를 꿈꾸도록 압력을 받는 사회의 도피주의적 요구를 주입하자는 것이나 마찬가지다. 어른들의 자기 보호적이고 도피주의적인 꿈이 어린이들로 하여금 온전한 어린이 같은 존재를 포기하게 만드는 것이다. 나중에 어른들은 이처럼 '천성적으로' 환상을 좋아하는 어린이들의 속성을 이용해 어른들 자신의 근심과 일상의 노동으로부터의 소외감을 줄이려고 한다.

이러한 투사와 분리의 세계는 자본주의 사회에서 발달한 오락의 역할과 개념에 기반하고 있다. 따라서 도널드가 환상적인 색채와 현란한 움직임, 그리고 볼거리 많은 모험으로 변형된 여가를 보내는 방식은 20세기 폭스 사의 소비자들이 대중 문화라는 영적인 양식에 안도하면서 지루함을 견디고 살아가는 방식과 동일하다. 미키는 미스테리와 모험에서 즐거움을 얻는다. 그리고 독자들은 혼자 즐거워하는 미키를 보면서 즐거움을 얻는다.

디즈니의 세계는 개조되거나 심지어 사라질 수도 있다. 아무런 실질적인 변화도 없이 말이다. 어린이 만화 이면에는 오직 오락만이 사회적인 근심과 갈등에 잠겨 있는 인간을 해방시킬 수 있다는 원리에 기반한 현대의 대중 문화 개념이 자리하고 있다. 부르주아 계급은 사회적인 문제를 기술 공학적인 문제들의 주변적인 부산물들로 여기듯이 대중 문화 산업을 성장시킴으로써 소외 문제 또한 해결할 수 있다고 믿는다. 실로 이 문화적인 기술 공학은 대중 매체와 그것의 생산물들로부터 단체 여행이라는 보따리 장사에까지 뻗어 있다.

자본주의적인 대중 문화가 이해하는 바에 따르면 오락이란 모든 것, 즉 노동과 여가, 일상과 상상의 세계, 사회적인 것과 사회 외적인 것, 육체와 영혼, 생산과 소비, 도시와 농촌을 화해시키려고 하는 한편 이들의 상호 관계에서 발생하는 여러 모순은 감추려고 애쓴다. 즉 부르주아 사회의 중추 신경인 현실 세계의 모든 갈등은 상상 속에서 정화되어 오락의 세계에 흡수되고 정수된다. 따라서 디즈니를 그저 거짓말쟁이라고 부르다가는 문제의 핵심을 놓치게 된다. 거짓말이란 쉽게 드러나기 마련이니 말이다. 그러나 다른 모든 대중 매체에서와 마찬가지로 디즈니의 세탁 과정은 훨씬 더 복잡하다. 디즈니의 사회 계급은 특정 계급의 필요에 상응할 수 있는, 명확히 규정되고 기능적인 방식으로 세계를 그려낸다. 부르주아 계급의 상상력은 이러한 현실을 무시하기는커녕 오히려 이를 포착해 겉을 순수함으로 도색해 소비자에게 되돌려준다. 따라서 일단 독자들이 이것을 바로 자기의 일상적인 경험에 대한 마술적이고도 경이로운 패러다임으로 해석하고 나면, 다름 아니라 자기가 부딪히고 있는 모순들을 하얗게 회칠이 된 형태로 소비하게 된다. 그리하여 그는 결국 계속해서 이러한 갈등들을 어린아이의 순수함과 무력함 속에서 바라보고 살아가게 된다. 즉 그는 현재의 문제점들을 해결하지도, 심지어 이해하지도 못한 채 미래로 들어가는 것이다.

이 모든 이야기[7]를 다시 한번 종합하자면, 부르주아 계급은 독자들이 필연성[8]의 영역을 통과하지 않고서도 자유의 영역에 이를 수 있도록 만들어 왔다. 그들의 환상 속의 낙원은 동참을 호소하지만, 필요와 문제들의 구체화가 아니라 추상화를 통해서 그렇게 할 뿐이다. 물론 그렇다고 해서 사람들이 미래에 대해서 꿈꾸지 못하도록 해야 한다는 말은 아니다. 이와 정반대로 진정 더 나은 미래를 일궈내도록 하는 것이 해방 투쟁의 근본적인 도덕적 동기이다. 그러나 디즈니는 이러한 욕망을 이용해먹었으며, 현실에 뿌리내리지 않은 상징들로 그것을 희석시켰다. 즉 이것은 온통 거품 투성이일 뿐인 펩시 세대의 오락 세계인 것이다.

이처럼 모순을 중화시킴으로써 구원을 얻는다는 착상은 말할 것도 없이 디즈니 만화에 가장 잘 형상화되어 있다. 특히 한 캐릭터에게서 우리는 그것의 궁극적인 표현을 발견할 수 있다. 물론 이 캐릭터는 — 독자 여러분께서는 벌써 맞추셨는지? — 다름 아닌 글래드스턴 갠더이다. "내가

7. Humpty Dumpty, 이는 페로의 『거위 아주머니 이야기』의 영역본이 출간된 이래 영어권 자장가(Nursery Rhyme) 및 구전 시가에 즐겨 등장해온 인물이다. 그는 달걀 모양의 땅딸보 사내로, 어느 노래에서는 담장 위에 앉아 있다 그만 떨어져 깨지기도 한다. 따라서 저자는 이 문장에서 '한번 망가지면 원상 복구되지 못하는 것'이라는 뜻으로 이 허구적 인물을 언급하는 듯하다.

8. Necessity, 이는 '궁핍함' 또한 뜻하며 디즈니 만화에서 형상화되는 노동 및 노동자에 대한 저자의 논지와 연관된다.

일단 바닷가에서 제일 좋은 조개 껍질을 찾겠다고 마음먹으면 일부러 그걸 찾으러 나서지 않아도 돼. 난 너무나 운이 좋거든"(D 381). 그는 여기저기 걸어다니지만 "한 번도 함정에 빠지지 않는다. 언제나 그렇듯이 운이 좋으니까"(F 155).

글래드스턴은 물질적인 것인 한 원하는 것은 무엇이든 일도 안 하고 고통도 겪지 않고 — 따라서 보상 받을 자격이 없는데도 — 모두 손에 넣는다. 그는 정작 일이 시작되기도 전에 — 그것도 마술과도 같은 휴식 상태에 있다가 — (오리 도시에서 일어나는 모든 일의 원동력인) 모든 경연 대회에서 우승한다. 사실 그는 모험과 고통이라는 분쇄기에서 빻아지지 않는 유일한 인물이다. "그에게는 나쁜 일이라고는 단 한 번도 일어나지 않는다." 이와 대조적으로 도널드는 사실적이며 행동에 상응하는 대가를 받는 것처럼 보이는데, 왜냐하면 그는 적어도 일하는 시늉은 하기 때문이다. 글래드스턴은 모든 청교도적인 윤리를 조롱한다. 왜냐하면 시간과 장소가 그의 편이며 행운이 그를 응석받이로 만들기 때문이다. 따라서 그의 번영은 마치 자연의 순수한 힘처럼 넘쳐 흐른다. 게다가 그가 누리는 자유는 필연이라는 환상으로 위장되어 있지도 않다. 그는 고통을 겪지 않는 도널드인 것이다. 누구든 그처럼 되고자 할 수는 있지만 그를 따라잡을 수는 없다. 왜냐하면 길이 없기 때문이다. 그리하여 한편으로는 글래드스턴을 거부하면서 동시에 그에게 매혹되는 독자는 (도널드에게 체현되어 있는 바와 같이) 여가를 보낼 권리를 부여하는 노동의 필연성에 대한 존중, 그리고 모든 것을 공짜로 받아먹으면서도 감사할 줄 모르는 일하기 싫어하는 '히피'에 대한 경멸을 배우게 된다.

그런데 그가 '천재성'과 '지성'이라는 디즈니의 신들, 최고의 아이디어와 마주치면 어떠한 일이 일어나는가? 글래드스턴은 자이로가 보지 못하고 지나친 지폐 한 장을 주우면서 한마디 한다(TR 115). "운 좋은 게 머리 좋은 것보다 백 배는 낫다니까." 이에 자이로가 대꾸한다. "그건 순전히 우연이야. 난 아직도 운보단 머리가 더 중요하다고 생각해." 하루 동안 진이 빠지도록 경쟁하고 난 후 이들은 지능 쪽에 좀더 우위를 둔 채 동점으로 끝을 맺는다.

이처럼 영원히 소진되지 않는 행운을 갖지 못한 다른 모든 디즈니 캐릭터들은 인내하거나 고통을 겪거나 머리를 써서 그것을 획득해야만 한다. 우리는 언제나 성공할 준비가 되어 있는 꼬마 주인공들이 얼마나 영특한지 이미 살펴본 바 있다. 그들은 알 건 이미 다 알고 있으며, 재빨리 반역을 간파해 이를 진압한다. 비록 어른들에게 종속되어 있기는 하지만 이들은 속이기 놀이와 어른 노릇 하기 놀이를 하는 품행이 방정한 보이스카우트 대원들인 것이다.

그런데 이 보이스카우트 대원이 성장하여 위에서 이들에게 지시할 사람이 아무도 없게 된다면 그는 다름 아닌 미키 마우스, 즉 황금을 그 자체로서 찾는 일에 관여하지 않는 유일한 인물인 미키 마우스가 될 것이다. 그는 언제나 어려운 처지에 처해 있는 다른 사람들을 **돕는 사람**으로 등장하며, 또한 언제나 다른 누군가가 보상을 받도록 돕는 유일한 인물이다. 때때로 그가 몇 달러를 챙긴다 한들 그게 무슨 대수인가. 엄청난 돈이 곳곳에 널려 있는 상황에서 그만 욕을 먹을 수는 없으니 말이다. 미키의 총명함은 자기 멋대로 남의 것을 훔쳐내려는 사악한 자들에 의해 엉망진창이 된 세상에 신비로움이 있다는 것을 보여주고 순수함을 되살려놓는 일에 쓰인다. 현실의 어린이도 그의 **몸과 마음으로** 탐험해야만 하는 이상한 세상을 대면한다. 미키가 세상에 다가가는 태도를 바로 다른 사람들이 만들어놓은 수수께끼의 열쇠를 발견하고 해결해가는 탐정의 태도라고 부를 수 있을 것이다. 그리고 결론은 언제나 똑같다. 즉 이 세상은 도덕적으로 분열되어 있기 때문에 불안하다는 것이다. 따라서 일단 악당들이 감옥에

잡혀 들어가고 질서가 회복되면 다시 행복(그리고 휴일)이 지배하리라는 것이다. 미키는 비공식적인 화해 조정자이며, 자신이 미덕을 갖고 있다는 것을 확인하는 것말고는 다른 보상을 받지 않는다. 그는 법이자 정의이자 안녕으로서 이기심과 경쟁의 영역을 넘어서 있으며, 맛난 것과 선물[9]을 후하게 나누어준다. 이러한 이타주의 때문에 미키의 존재는 먹고 먹히는 경쟁[10]을 넘어서며, 나아가 그에 따른 보상에도 전혀 관여하지 않는다. 이러한 이타주의는 질서와 공공 행정, 그리고 사회 봉사의 수호자라는 그의 직무에 위엄을 부여하는데, 이 모든 것은 상업주의로 물든 세계에서는 필연적인 온갖 오점들로 오염되어 있지 않은 것으로 가정된다. 따라서 '당파적 증오'를 초월해 있는 '공평 무사한' 판사나 경찰관을 신뢰하듯이 미키를 신뢰할 수 있게 된다.

오리 나라에서 우월한 힘이란 언제나 지력(智力)이다. 파워 엘리트는 흔히 개인적인 이익은 생각하지 않는다고 추정되는 공무원 계급과, 지력을 이용해 돈을 긁어모으는 경제인 계급으로 나뉜다. 오늘날 공공연하게 맹렬한 비판의 표적이 되어버린 후자의 최고 대표자는 다름 아닌 스크루지 삼촌이다. 겉으로 드러난 그의 역할은 동네북, 즉 이 연구서에서 제기하고 있는 모든 문제로부터 독자들의 시선을 돌려놓기 위한 혹하기 쉬운 미끼의 역할이다. 그는 지배의 진정한 메커니즘들을 그대로 보존하기 위해 만들어졌다. 따라서 스크루지를 공격하는 것은 마치 디즈니 성 안에 살고 있는 나머지 주민과 대면하지 않기 위해서 성의 문지기를 쓰러뜨리는 것과 마찬가지다. 이 문지기는 분명하게 드러나 있지만 어디까지나 2차적인 징후일 뿐이다. 그렇다면 요란하고 번드르르하게 극화된 이 맘몬형 캐릭터는 독자의 관심을 분산시키려고, 즉 스크루지를 제외한 모든 캐릭터들을 독자들이 믿게 하려고 만들어진 것은 아닐까?

이러한 까닭에 탐욕, 황금 더미 속에서 미역 감기, '달러'라는 좋은

9. Favors, '은혜'와 '청(請)'이라는 다분히 위계적인 함의 또한 갖는다.

10. Rat Race, 이 같은 이타주의 덕택에 미키가 자신의 종(種)마저 초월할 수 있게 된다는 반어적인 뜻을 갖는다.

'배(船),' 그리고 노랑이짓이라는 구명 조끼에 대한 이야기로 논의를 시작해서는 안 된다. 또한 노숙자용 무료 식사 대기자들 사이에서 차례를 기다리며, 조카가 보고 있는 신문을 공짜로 보기 위해 어깨 너머로 건너다보는 백만장자 거지 이야기로 시작해서도 안 된다.

스크루지의 성격 중 우스꽝스러운 면모와 말도 안 되는 간교함은 실제로는 다른 것을 감추기 위한 미끼일 뿐이다. 왜냐하면 스크루지의 근본적인 특성이란 바로 고독이기 때문이다. 그에게는 조카들이나 종손자들과의 압제적인 관계 외에 아무것도 없다. 심지어 경찰을 부를 때조차도 문제를 혼자서 해결해야만 한다(F 173). 또한 스크루지 삼촌의 돈은 정작 본인에게 권력을 가져다주지는 못한다. 사방에 널려 있기는 하지만 정작 그의 돈은, 무엇인가를 만들거나 부수거나 할 수는 없으며 사람이나 군대 또는 국가를 움직일 수도 없다. 오직 그가 미친 듯이 돈을 좇는 데 도움이 되는, 이동이 가능한 개별적인 기계 장치만을 살 수 있을 뿐이다. 이처럼 생산력을 획득할 수 있는 여지를 박탈당한 상태에서 화폐는 스스로를 변호할 수 없으며 어떤 문제도 해결할 수 없다. 바로 이 때문에 스크루지는 불행하고 약점이 많으며, 아무도 그처럼 되고 싶어하지 않는다(예를 들어 TR 53, 74 같은 여러 이야기에서 도널드는 그러한 기회가 마치 전염병이나 되는 것처럼 도망친다). 따라서 스크루지는 정작 돈으로 자기를 지켜낼 수도 없으면서 그것을 잃어버리지 않을까 하는 두려움에 온통 사로잡혀 있다. 그는 모든 일을 스스로 해야만 한다. 그는 외로운 사장 노릇을 하느라고 고생하지만 아무런 보상도 따르지 않는다. 그러나 한편으로는 조카들이 그의 독재에 질렸을 때 조카들에게 공갈을 쳐대기 위해 일부러 약하다는 인상을 심어 놓는다. 도널드가 말한다. "빌어먹을, 스크루지 삼촌처럼 늙고 허약한 분을 그 무시무시한 산 속에 혼자 갇혀 있도록 내버려둘 순 없단 말이야"(TR 113).

이러한 취약함은 동정을 베풀어야 할 것 같은 분위기를 만들어낸다. 즉 그는 (구식 나팔총 같은) 원시적인 무기 뒤에 숨어서 안위를 도모하며 방어적인 입장에 서 있는 셈이다. 그는 결코 자신이 가진 부의 영광을 누리는 데 안주하지 않으며 도리어 그로 인해 계속 고통당한다(그러니 고통받아도 싸다). 왜냐하면 스크루지의 강박 관념적인 고통은 그가 가진 돈의 도덕적 합법성을 확신할 수 있는 유일한 방법이기 때문이다. 그는 근심으로 돈을 가진 대가를 지불하며, 이 돈은 투자되지 않고 방치됨으로써 힘을 상실한다. 그러나 스크루지의 돈을 훔치는 것은 단순한 도둑질이 아니라 살인이다. 왜냐하면 고귀한 야만인들에게 생계 유지 수단이 그렇듯이 돈은 그의 삶에서 핵심적인 요소이기 때문이다. 무엇을 사는 데 돈을 쓰는 일은 절대 하지 않는 스크루지는 사람이 숨을 쉬듯이 돈을 먹고 산다. 그는 이 세계에서 유일한, 진정 열정적인 사람인데, 왜냐하면 그는 바로 자기 생명을 방어하고 있기 때문이다. 따라서 독자는 그에 대한 연민으로 가득 차게 된다. 다른 모든 사람은 천한 동기, 즉 쓰기 위해서 돈을 원한다. 반면에 스크루지는 돈을 그 자체로 사랑하며, 그리하여 돈을 벌어들이는 과정 자체를 감상적인 것으로 만들어버린다. 따라서 이 외로운 노인에게 유일하게 남아 있는 것, 즉 돈을 빼앗아가는 도둑은 이 애처롭고 자연스러운 유대를 끊어버리는 셈이 된다. 즉 스크루지는 독자들이 자애로운 눈길로 봐주기를 바라는, 상처 입고 병들었으며 거동이 불편한 동물인 것이다.

더구나 스크루지는 가난한 사람이다. 겉보기와는 정반대로 그는 돈도 수단도 재산도 없다. 아예 쓰려고 하지 않기 때문이다. 다만 자신을 보호하며 재산을 모을 수 있도록 도와야 하는 가족의 의무감에만 의존할 뿐이다. 행운도 그를 변화시키지 않는다. 스크루지는 예전에 겪은 모험 이야기를 통해 어떻게 돈을 벌었는지를 보여주는데, 그것은 정확히 그가 현재 돈을 벌어들이는 방식이기도 하다. 즉 똑같은 이야기가 끊임없이 반복되는 것이다. 그의 탐욕스러움은 그를 세상의 다른 사람들과 똑같은 수준으로 끌어내린다. 스크루지는 이미 축적한 부를 이용할 수 없는 상태에서 경주를 시작하는데, 비록 천하 무적은 아니지만 대체로 이긴다. 하지만 다음 번에도 달라지는 것은 없다. 엄청난 돈더미에 한 몫 더 보태려고, 이미 갖고 있는 것을 지키려고 계속 새로 품을 팔아야만 한다. 그가 이긴다면 그것은 그가 매번 다른 이들보다 돈벌이 경주에 능하기 때문이다. 하지만 스크루지는 전혀 쓰지 않으므로 그의 부는 아무런 이익도 가져다주지 않는다. 그리하여 황금은 맥없이, 해를 끼치는 일도 없이 구석에 쌓여 있는데, 더이상 축재를 위해 이용되지 않기 때문에 마치 존재하지 않는 것 같다. 스크루지는 마지막 동전 한 닢을 마치 처음으

로 버는 듯이 벌어들이는데, 이는 결국 그가 실제로 처음 만져보는 돈이기도 하다. 즉 그는 신분을 바꾸고 출세하기 위해서 돈을 원하는 졸부 — 가령 『아버지 양육하기』[12]의 매기 — 와는 정반대이다. 스크루지가 겪는 모든 모험은 가난에서 풍요로, 빈민굴에서 대저택으로 상승한 그의 삶 — 꾸준한 인내와 철저한 자조(自助) 정신, 고독한 천재성, 술수와 지력(智力), 영감(靈感) 그리고 조카들 덕에 이룬 떳떳한 생애 — 의 이력을 압축적으로 담고 있다.

　자수성가한 사람. 기회 균등. 절대적인 민주주의. 자본주의 체제에서

[11]. 이 대답은 Poor가 '가난한'과 '~에 서투른'을 모두 뜻한다는 점을 이용한 말장난이다.
[12]. 미국 만화가 조지 맥메이너스(George McManus)의 대표적인 신문 연재물로, 1913년에 시작되어 그가 죽고 난 뒤에도 다른 만화가들에 의해 계속됐다. 이 작품은 작가 자신과 마찬가지로 아일랜드계인 벽돌공 주인공 직스와 매기 부부가 복권 당첨으로 하루 아침에 백만장

자가 된 뒤 겪는 일을 그리는데, 새 발명품과 유행 등 시대상을 아르 데코(Art Deco) 풍으로 세밀하게 묘사해 주목받았다. 소탈한 직스는 부자가 된 후에도 예전처럼 친구들과 술 마시고 도박하는 등 '점잖지 못한' 행동을 함으로써 신분 상승 욕구가 강한 아내 매기의 꾸중을 듣고, 이들의 딸 노라는 최신 유행만 좇는다.

사회적 유동성을 설명하는 기본적인 신화는 이러한 요소로 구성되어 있다. 즉 어떤 어린이건 빈손으로 시작해서 일한 만큼 얻는다는 것이다. 그런데 도널드는 언제나 성공에 이르는 사다리의 다음 발판을 놓친다. 누구나 경쟁과 일 — 고통, 모험 그리고 유일하게 능동적인 부분인 우수한 두뇌 — 을 통해 수직으로 상승할 수 있는 기회를 갖고 태어난다. 그런데 스크루지는 돈과 관련해서 독자에 비해 아무런 유리한 점도 없는데, 왜냐하면 그가 가진 돈은 전혀 쓸모없기 때문이다. 그에게 돈이란 차라리 눈이 멀거나 불구가 된 아이와 마찬가지로 부담이다. 물론 이는 목표이자 자극제이지만 일단 손에 넣고 나면 결코 다음 모험을 결정하지는 못한다. 그래서 실제로 이들 만화 속에는 역사가 없는데, 왜냐하면 바로 앞 이야기에서 나왔지만 곧장 망각되는 황금이 다음 이야기에 쓰일 수는 없기 때문이다. 만약 그렇게 된다면 그것은 결국 그러한 과거가 여전히 현재에 영향을 미치고 있으며, 자본과 잉여 가치의 축적 과정 전체를 통해 스크루지 삼촌의 재산을 설명해줄 수 있을 것이다. 만약 상황이 이렇게 된다면 독자는 절대로 첫번째 이야기를 넘어서까지 그에게 감정을 계속 이입할 수는 없을 것이다. 게다가 이야기들은 죄다 처음이자 마지막 이야기들이다. 따라서 어떠한 순서로 읽어도 무방하며 "시간에 구애받지 않는다". 즉 1950년에 쓰인 이야기가 1970년에 출판되어도 아무런 문제가 없는 것이다.[4]

그리하여 너무나 우스꽝스러워 보이는 스크루지의 탐욕도 결국에는 그가 가난한 것처럼 보이게 하는 장치가 된다. 이는 거듭해서 스크루지를 출발점으로 되돌려놓으며, 따라서 그는 영원히 자기 가치를 주장하고 증명할 수 있게 된다. 게다가 스크루지의 인색함은 검소함이라는 긍정적인 자질, 즉 부르주아 사업가의 잘 알려진 속성에서 비롯되는 것으로 사소한 단점일 뿐이다. 마치 운명처럼 성공이 예정되었음을 가리키는 상징인 검소함은 부르주아 계급이 번 것을 쓰지 않고, 자기는 망각한 채 사업과 산업에 투자하면서 부를 획득하기 위한 도덕적 도구가 되었다. 부르주아 계급은 스크루지의 **금욕주의**를 그가 돈을 쓰지 않고 또한 과도한 소비로 본인에게 오점을 남기지 않으면서도 다른 사람들의 노동을 독점할 수 있는 도덕적인 권리를 가질 수 있도록 해주는 것으로 보았다. 이 경우에 축재의 목적은 사업과 산업에 대한 **재투자**이다. 그런데 스크루지는 금욕적인 도덕성은 고수하면서도 궁극적으로는 이것이 지향하는 목적인 투자도 하지 않고 이러한 투자에 따르는 권력도 행사하지 못한다. 그래서 동정을 받는 것이다.

스크루지가 우월할 수 있도록 해주는 또 다른 자질로는 그가 언제나 주도권을 쥐는 것을 꼽을 수 있다. 그는 생각을 만들어내는 기계, 즉 아이디어 제조기이며, 아이디어는 노동에 의해 매개되지 않은 부를 만들어낸다. 따라서 스크루지는 정신 노동과 육체 노동의 분리가 극에 달한 상태를 보여준다. 그는 육체 노동자처럼 고통받고 지식인처럼 창조한다. 하지만 스크루지는 (자본가들이 누누이 말하듯, 굴욕적인 지위에서 벗어날 수 있도록 저축해야만 하는) 노동자들이 흔히 그렇다고 간주되는 것처럼 자기 돈을 허비하지 않으며, 자본가처럼 투자하지도 않는다. 결국 그는 자본주의 체제 속에 살고 있는 사람들 — 노동자와 자본가 — 을 화해시키려고 한다. 하지만 실패한다.

밑바닥에서 출발해서 자수성가했다고 주장하는 사람은 비단 개별 사업가들뿐만은 아니다. 하나의 계급으로서 부르주아 역시 자본주의 체제는 소규모의 개인이 같은 길을 걷다가 만들어진 것이라는 신화를 선전한다. 따라서 스크루지의 처량하고 감상적인 고독은 명백히 그가 속한 계급을 위한 연막에 지나지 않는다. 즉 백만장자들은 — 그것이 다른 사람들의 사유 재산을 존중하는 한 — 오로지 자연의 법칙만 지키면서, 자기들을 아무런 공통적인 이해 관계나 연대도 없는 뿌리뽑히고 무작위적인 잡동사니로 만들어버림으로써 스스로를 축소시킨다. 그리하여 스크루지라는 유별난 괴짜에 대한 이야기는 그가 특정 계급, 그것도 사회 전반을 장악한 계급의 일원이라는 사실을 그럴싸하게 얼버무린다.

결국 스크루지라는 개인의 삶의 주기는 그가 살면서 하는 각각의 행동 속에서 한 계급, 즉 그가 속한 사회 계급이 겪는 역사적 삶의 주기를 재현하고 있다.

6장 케케묵은 동상들의 시대

케케묵은 동상들의 시대

"역사라고? 난 그게 뭔지 통 모르겠는데."

도서관 역사서 칸에서, 도널드(D 455)

"그래! 이거야말로 진정한 민주주의예요.¹⁾ 억만장자와 거지가 같은 소용돌이 속에서 빙빙 돌고 있잖아요."

소용돌이에 빠진 도널드가 스크루지에게 (TR 106, US 9/64)

1. Antonio Machado(1875~1939), 스페인의 시인이자 극작가. 소위 '98년대 작가 중의 하나로서, 처녀 시집 『외로움』으로 인정받은 후 장엄하고 명상적인 시풍의 작품을 남겼다. 대표작으로 『카스티야 평원』과 『새로운 노래들』 등이 있다. 스페인 내란 중 공화정부를 지지한 후 프랑스로 망명했다.
2. Silly Sympathies, 에어 파이어러츠 사의 잡지 『에어 파이어러츠 만화』에 수록된 일부 작품을 가리킨다.

안토니오 마차도¹는 당신이 걷는 곳에 길이 없다면 걸어가면서 만들라고 쓴 바 있다. 그러나 이 말을 디즈니 식으로 하면 이렇다. 당신이 걸어가는 곳이 온통 길뿐이라면 그 자리에 멈춰 서라.

왜냐하면 이 위대한 마법사에게 세상이란 온통 동물 모양의 로봇들이 다져놓은 길들로 이루어진 사막같은 곳이기 때문이다.

그렇다면 왜 이렇게 되었을까? 그의 만화들은 마치 열병에 걸린 듯 맥이 뛰며 언제나 비등점에 있지 않았던가? 매혹적인 활기, 타오르는 불꽃, 바보 같은 동정심,² 전기 충격과도 같은 활동력 — 이것들이 바로 디즈니의 영혼이 아닌가?

맞다. 그러한 리듬은 결코 주춤거리지 않는다. 우리는 끊임없이 유형들이 뒤바뀌는 만화경 안에 던져진다. 캐릭터들의 숨가쁜 활동은 심지어 색깔에도 반영된다. 예를 들어 똑같은 부엌이라도 파랑색에서 초록색으로, 그런 다음에는 노랑색에서 빨간색으로 바뀐다(D 445). 한편 조카들의 침실은 하늘색, 노랑색, 분홍색, 보라색 그리고 빨간색과 파랑색 등 이보다 더 눈부시고 선명한 색채 효과를 담고 있다(D 185). 이와 비슷하게 경찰서장의 사무실도 하늘색, 초록색, 노랑색, 분홍색 그리고 빨간색으로 숨가쁘게 바뀐다(TB 103). 이처럼 색깔을 재빨리 바꾸는 일은 조카들의 모자에서 정점에 달한다(D 432). 쇠창살을 뛰어넘는 조카는 하늘색 모자를 쓰고 있다. 그런데 반대편으로 뛰어넘어 착지하는 것과 동시에 모자는 빨간색이 되고, 마지막으로 잡힐 때에는 초록색으로 변해 있다. 이어지는 이야기에서 내내 모자는 처연하게 구조해 달라고 호소하는 듯 세 명의 조카가 재회할 때까지 초록색으로 남아 있다가 다시 새로운 색깔로 바뀐다.

이처럼 동일하고 고정된 내용을 덮고 있는 외관을 바꾸고, 한 장면에서 다음 장면으로 넘어갈 때마다 페인트를 새로 덧칠하는 일은 바로 기술 공학적인 '혁신'과 상통하고 있다. 즉 모든 것이 움직이고 있지만 아무것도 바뀌지는 않은 것이다.

오리 나라 안팎의 교통 수단 역시 의상과 마찬가지로 이미 표준화된 중심 주제의 변주곡에 지나지 않는다. 롤러스케이트든 제트 여객기든 우주선이든 지긋지긋한 자전거든 오리 나라 사람들은, 움직이게만 해준다면 어떠한 것이라도 탈 것이다. 이처럼 물건을 끊임없이 다시 닦아줌으로써 마치 그것이 새로운 것처럼 보이는 외피를 제공해주게 된다. 따라서 각 캐릭터의 아이디어 제조기, 즉 두뇌는 원하는 것을 얻기 위해 터무니없는 과학적 발명품들을 만들어낸다. 모든 캐릭터가 20세기 초의 어린이들처럼 입고 있는 또는 서부 개척기의 작은 변경 마을풍의 옷을 입고 있는 디즈니 세계에서 인물들이 이렇듯 새로운 것, 즉 다르며 기이한 것에 목말라 하는 것은 참으로 인상적이다. 이러한 과학적 장치들이 너무나 손쉽게 나타나고 사라지는 것 또한 놀랍다. 디즈니 만화에서 새로움과 기계 장치들을 이런 식으로 제시하는 것은 이제 막 유년기를 체험하고 있는 독자들에게 하나의 모델을 제공하는데, 이것은 나중에 그들의 삶에서 대중 문화 산업에 의해 하나의 현실 원칙으로 증폭된다. 오늘 새로운 것이 내일은 낡은 것이 되어버린다는 것이 그것이다. 과학의 여러 산물, 자이로 기어루스의 각종 발명품, 그리고 시장에 내놓은 천재적인 최신의 착상들은 즉각 소비 대상이 되는데, 왜냐하면 이것들은 망가지기 쉽고 낡았으며 대체가 가능하기 때문이다.

그리하여 과학은 일종의 선정주의와 기술 공학적 속임수가 된다. 이것은 정신병원 안에 문을 연 특허청 지부와 다를 바가 없다. 이것은 현란한 변장 시범을 보여준다. 또한 새로운 것을 찾아 헤매는 국제 관광객과 만화 대본 작가들을 실어 나르는 교통 수단이다. 그러나 여기에는 어떠한 진보나 진전도 없다. 왜냐하면 이 기계 장치들은 다만 운송이나 겉모습 바꾸기에만 쓰이며, 다음 호 잡지에서는 벌써 잊혀지기 때문이다. 진보가 있으려면 기억이, 전수된 지식의 연쇄 고리가 있어야 한다. 그러나 디즈니에서 물건은 오직 한 순간, 그것도 바로 그 순간만 쓰이고는 끝이다. 물건의 이러한 고립은 바로 그러한 물건을 생산하는 것이 완전히 통제되고 있음을 잘 보여주는데, 이것은 결국 물건을 아무런 효과도 낳지 못하는 무의미한 것으로 만든다. 「쓸모없는 기계」(TR 109)에서 이러한 태도는 극에 달한다. 이 기계는 대량으로 생산되며, 마치 디즈니 만화 자체를 조롱하려는 듯이 오락 외에는 아무런 쓸모가 없다. "어느 누가 쓸데없이 비싸기만 하고 시끄러운 걸 참아낼 수 있겠어? 트랜지스터 라디오랑 오토바이, TV의 성공을 보라고." 이는 곧 인공적인 풍요를 소비하라는 꼬드김인데, 이러한 소비는 다시 그밖의 부차적이고 케케묵은 물건들의 판매를 자극한다. "'쓸모없는 기계'는 고급 휘발유를 쓰기 때문에 제트 여객기보다 운용비가 더 많이 듭니다." 비서가 이 물건의 주인인 스크루지에게 알려준다. 그러자 이 파렴치한 백만장자는 낄낄대고 웃으며 말한다. "그놈들(즉 '쓸모없는 기계')은 온종일 달리고, 주유소마다 줄을 서게 한단 말이야. 게다가 그놈들은 모두 내 거지." 이처럼 어떤 장면에 나타났다가 금세 폐기되고 대체되는 기계 장치는 대개 통신 분야의 것이거나, 관광객 수송용(비행기, 잠수함, 선박, 기선, 그리고 자이로가 만들어내는 놀랍고도 바보 같기 이를 데 없는 기계 일체) 또는 문화적인 것(TV나 라디오 그리고 레코드 판)이다. 디즈니 산업의 이러한 이중적인 전술은 대중 매체와 관광 산업을 촉진하는 잡지들의 지면을 통해 소비를 자가 홍보함으로써 강화된다. 칠레 산티아고의 13번 채널에서 방영하는 <디즈니란디아> 쇼를 보라.[2] 그리고 미국의 어린이 나라의 수도인 디즈니랜드와 월트 디즈니 월드를 방문해보라.

다시 한번 생산 과정으로부터 분리되고 육체 노동의 매개 없이 발명가의 머리로부터 곧바로 다 만들어진 상태로 튀어나가면서 기술은 진정한 변화의 부재를 감추기 위한 속임수로 이용된다. 그리고 일종의 유행이 되어 변화가 가능하다는 거짓 인상을 조장한다. 이로써 첫번째 원이 닫힌다.

아무런 기능의 변화도 없이 단지 새로운 색깔로 덧칠해지고 말듯이 물건들은 주인공의 활동의 본성이나 진의는 전혀 바꾸지 못한 채 기술에 의해 새로운 모습을 갖게 된다. 즉 기술이란 패션 모델처럼 보이도록 옷을 입은 하녀라고 할 수 있다.

그리하여 연기자로서의 기술의 운명은 연기자로서의 인간이라는 동물의 운명과 다르지 않게 된다. 왜냐하면 청량 음료와도 같은 환상의 세계에 아무리 많은 거품을 부어 넣는다 해도 맛은 언제나 똑같이 탁월하기 때문이다. 즉 과학은 장난감 벽장에서 꺼내져 잠시 희롱당하다 다시 집어넣어질 뿐이다. 이와 비슷하게 만화의 주인공도 판에 박힌 생활로부터 꺼내져서 어처구니없게 극화된 일상 속에서 좌충우돌하다가 폭죽처럼 폭발하고, 고생 끝에 당연히 얻은 휴식 — 이는 일상적인 생활 조건이자 또 다른 지루한 모험의 출발점이다 — 으로 돌아간다. 이렇듯 처음과 끝은 같고, 움직임은 돌고 돈다. 그저 한 만화에서 다른 만화로 넘어가고, 휴식이라는 소극적인 성취는 또 다른 모험의 배경이자 도약대가 된다. 심지어 모험 자체도 해묵은 소재의 과장된 반복에 지나지 않는다.

따라서 각각의 개별적인 모험 안에서 일어나는 행위는 본질적으로 앞의 것과 같고, 이것은 다시 그 앞의 것과 같다. 이렇게 하나 둘, 하나 둘…… 합창은 반복된다. 그렇기 때문에 아주 자그마한 세부 사항 하나만으로도 중심적인 이야기의 주요 윤곽을 그릴 수 있다. 즉 이들은 다양하게 채색된 과녁의 동심원들로 모양은 똑같은데 색깔만 다른 것이다. 결국 주인공은 모험 속에서, 모험은 이야기의 똑같은 시작과 끝 사이에서, 이야기는 똑같은 것을 베껴대는 만화 전반의 경계선 안에서, 만화는 따분함만을 자아내는 읽을거리 안에서 맴돈다. 따분함은 또 다른 만화를 사게 하고, 독서는 따분함을 증가시키며, 그렇게 돌고 또 돈다. 그래서 어떠한 넘쳐나는 환상도, 유별나고 완고한 사슬을 깨부술 수 있는 것처럼 보이는 어떠한 움직임도 실제로는 그저 자기 꼬리를 물고 있는 뱀, 언제나 동일한 질서의 닫힌 틀 안에서 박자를 맞추고 있는 도널드 덕에 지나지 않는다. 그리하여 디즈니 세계를 형식상 단편적인 여러 세계로, 그리고 '각기 다른' 만화로 분류하는 일은(이는 자본주의적인 삶 전반의 특징적인 메커니즘이다) 소비라는 거대한 분쇄기의 또 다른 톱니바퀴에 불과한 독자를 속이는 데 일조하게 된다.

변화에 대한 두려움은 캐릭터들의 육체적인 움직임으로 인해 불식된다. 하지만 이것이 발작적인 일상 생활이나 끊임없는 여행 그리고 가정으로부터의 끊임없는 탈주 속에서만 해소되는 것은 아니다. 이 외에도 이들에게는 — 가령 디즈니 캐릭터들처럼 옷을 차려입고 캘리포니아 주의 디즈니랜드 거리를 순찰함으로써 그곳에 밀려드는 구경꾼들에게 어떠한 응집력을 부여하는 사람들처럼 — 미리 할당된 영역을 넘어서 디즈니의 현실 세계의 다른 구성원들을 만나는 일 또한 허락된다. 그리하여 밈 부인과 구피는 스크루지를 방문하고, 덩치 큰 못된 늑대는 꼬마 오리들과 이야기를 나누며, 미키는 그랜드마 덕을 도와준다. 모든 이들이 너나 할 것 없이 기존 체제의 억압적인 질서의 언어로 말하는 이 가짜 바벨탑 안에서는 언제나 모든 성분이 한꺼번에 집어넣어져서 늘 똑같은 정신의 약, 즉 호기심을 조제한다. 그러면 백설 공주는 미키에게 어떤 반응을 보일까? 친근함은 캐릭터들의 전통적인 특성을 그대로 남겨둠으로써 유지된다. 독자들은 모험에 혹한 나머지 이러한 만남의 새로움 뒤에서 캐릭터들이 똑같은 모습을 되풀이해서 보여주고 있다는 것을 알아차리지 못한다.

디즈니의 캐릭터들은 지나치게 활동적이며 융통성이 있어 보이는데, 마술 지팡이[3]가 화려한 불꽃을 발하기 때문이다. 하지만 온갖 마술에도 불구하고 이들은 여전히 경직된 채로 꼿꼿이 서 있다. 여기에서 우리는 변화에 대한 지독하고 터무니없는 공포를 읽을 수 있다. 이 인물들은 마치 항목이 단 몇 개밖에 적혀 있지 않은 물품 목록처럼 각자를 위해 그려진 성격에 따라 엄격히 구속받기 때문에 누구든 자신을 색다르게 표현하려고 한다면 엄청난 실패를 겪게 된다. 예를 들어 도널드는 건망증 탓에 언제나 공격 받지만, 막상 자이로가 코끼리의 기억을 도널드의 뇌 안에 이식하자마자 그를 둘러싸고 있는 세상은 무너지기 시작한다(DD 7/67). 그러자 모든 인물, 특히 도널드가 거의 즉시 원래 상태로, 즉 우리 모두가 사랑하는 예전의 도널드로 되돌려 달라고 요구한다. 스크루지 삼촌이 조카로 하여금 스스로의 행동을 부끄럽게 여겨 빚을 갚게 만들려고 요술 잉크를 사용

3. 이는 물론 디즈니 사를 의미하는 비유이지만, 만화 영화 <판타지아>에 등장하는 마법사의 이름 옌시드(Yensid)가 바로 디즈니(Disney)를 뒤집어놓은 것이라는 점에서 한층 더 직접적인 뜻을 갖는다.

할 때에도 이와 똑같은 일이 벌어진다. 그런데 이러한 효과는 도널드뿐만 아니라 바로 스크루지 본인에게도 나타나서, 스스로 부끄러워진 스크루지는 도널드에게 값비싼 선물들을 안겨주기에 이른다. 그렇다면 결국 다른 사람의 습관적인 심리적 메커니즘을 바꾸지 않는 편이 좋다. 그리고 이보다 더 나은 것은 바로 각각의 존재 방식에 만족하는 일이다. 왜냐하면 아주 갑작스러운 변화 뒤에는 엄청난 위험이 도사리고 있기 때문이다. 비록 변화는 통상 어떠한 세균이나 마술적인 장치에 의해서 유발되지만 혁명과 같이 한 인간의 인격 구조에 외적인 위협을 가하는 변화나 특정 캐릭터로 하여금 과거와 현재의 상투적인 삶으로부터 벗어나도록 위협하는 개인의 심리적 혼란 또한 위험 요소가 된다. 디즈니는 캐릭터들을 무자비한 식이 요법 코스로 몰아넣는다. 그러면 그들은 고정된 자전거의 페달을 죽어라 밟으면서 1파운드를 줄이거나 늘린다. 그러나 이렇게 만들어진 새로운 너 속에는 예전과 똑같은 뼈대가 그대로 남아 있다. 설령 그러한 처방이 그러한 운동을 즐길 수 있는 특권 계층만을 겨냥한 것처럼 보이더라도 이것은 착하건 악하건 야만인들에게도 마찬가지로 필수 코스이다.

누가 되었건 어떠한 캐릭터에게서든 이처럼 겉치레일 뿐인 발작을 일으키는 것은 다름 아닌 경쟁의 더듬이들이다. 실제로 우리의 표본 가운데 90퍼센트에서 가장 분명하게 드러나는 주제는 바로 가능한 한 가장 빠른 시간 안에(그래서 가장 황급하게) 어떤 지점에 다다르거나 어떤 물건을 얻는 시합이다. 이와 같은 (언제나 공개적인) 경쟁, 장애물 경주와 운동 능력 과시 시험에서 목표는 대체로 돈이다(어느 이야기의 제목이 말하듯, "시간은 돈이다"). 하지만 항상 그런 것은 아니다. 때로는 명성에 대한 갈망, 또한 보통 사람들 사이에서 튀어보려는 것이 그것을 대신하기도 한다. 그러나 이것은 경쟁에서의 승리가 비단 자동적으로 달러를, 그리고 승자에게 안겨줄 아름다운 여자들을 뜻하기 때문만은 아니다. 이것은 바로 고통의 행복한 마무리이자 명예의 전당으로 가는 '노고'를 대변하기 때문이기도 하다.

명예는 생산적인 노동의 모든 혜택을 한가롭게 향유할 수 있게 해준다. 유명 인사가 풍기는 이미지는 그의 생계를 확실하게 보장해준다, 영원히 자신을 팔 수 있기 때문이다. 이것은 마치 인격이라는 금광을 발견한 것과 같다. 명성 자체를 수입의 원천으로 전환하는 일은 다름 아니라 자신의 표피적 자아를 파는 사업인 것이다.

그러나 이 모든 것이 가능하려면 먼저 바로 대중 매체를 통해 방송되어 기사거리가 되고 '여론'으로부터 인정받아야 한다. 따라서 디즈니의 주인공에게 모험이란 그 자체로, 그리고 자동적으로 충분한 보상이 되지는 못한다. 관객이 없다면 이는 아무런 의미가 없는데, 왜냐하면 주인공은 객석을 보고 연기해야 하기 때문이다. 특정한 공적의 중요도는 다른 사람들이 그가 자기들을 능가한다고 인정하는 정도에 의해 측정된다. 그는 TV, 라디오, 신문을 통해서 다른 사람에게 자신의 중요성을 인식시킬 수 있고 그들을 지배할 수 있다. 유력 인사의 도움으로 유명해질 수도 있다. 도널드는 어느 이야기에서 자신 역시 "도대체 아무것도 아닌" 사람들 중 하나인 것 같다고 걱정하면서 어떻게 해서든지 이를 바꾸려고 한다(D 443, CS 2/61). 따라서 그는 어느 배우에게 어떻게 해서 유명해지게 되었느냐고 묻는다. 그러자 배우는 이렇게 대답한다. "골프를 치다가 홀인원을 했어. …… 그랬더니 아주 돈 많은 기획 사업가가 내 솜씨를 보고 너무나 깊은 인상을 받은 나머지 나를 스타로 만들어주더군." 이에 도널드도 똑같은

일을 시도하지만 그만 TV 카메라가 다른 사람을 찍는 바람에 실패하고 만다. "난 다들 브리지트 밴 도런이 지나가는 걸 보려고 돌아보는 순간에 기어코 홀인원을 하려고 했지." 또한 어느 모리배 정치인이 도널드에게 어떻게 해서 다른 사람들의 주목을 끄는 방법을 찾아냈는지를 말해준다. 그래서 도널드는 그의 말대로 두 번이나 국기 게양대 위로 올라가지만, 매번 사진에 찍히지도 못하고 떨어지고 만다. 그러다가 마침내 우연하게 성공하자 도널드는 꼬마 오리들에게 말한다. "성공은 쉽게 오진 않았지만 결국 왔단다." "도널드 삼촌, 이걸 출발점으로 해서 영화 배우나 상원 의원, 아님 대통령도 되실 수 있을 거예요!" 하지만 『트라이프』[4]지가 그만 사진 밑에 싣는 이름을 잘못 기재한다. '로널드 덕'이라고 말이다. 도널드는 결국 완전히 망하고 만다.

그렇다면 결국 디즈니 세계에서 중요한 것은 진실이 아니라 바로 겉모습이다. 따라서 주인공의 평판은 전적으로 가십 기사에 좌우된다. 자신

4. Tripe, 일단은 '양 또는 소의 위장에서 식용 가능한 부분'을 의미하나, 헛소리, 시시한 글, 하등품, 쓸모없는 사람도 뜻한다.

이 연 파티가 형편 없이 실패하자 도널드는 이렇게 말한다. "그저 기자들이 이 얘길 듣지 않길 바랄 수밖에 없지. 이 파티에 대한 기사 한 건이면 난 완전히 끝장나고 말 거야"(D 433). 하지만 그 자리에는 당연히 기자, 그리고 (『이브닝 태틀러』[5]지의) 사회면 편집자와 사주까지 와 있다.

자기 이미지를 성공적으로 퍼뜨리는 것에 대한 이러한 집착을 감안하면 디즈니 만화에서 이야기를 진행하기 위해 종종 이용하는 뻔한 속임수가 바로 사진첩에 있다는 점은 놀랄 만한 일이 못 된다. 즉 만일 아무런 증거 — 사진 — 가 없다면 애당초 아무 일도 일어나지 않는다는 식이다. 실제로 주인공들은 모든 모험을 사진첩 안의 사진, 즉 일종의 자기 관광으로 본다. 따라서 카메라는 단지 과거를 통조림으로 만들어 보존하기 위한 수단일 뿐이다. 그래서 사진이 나오지 않는 경우(D 440) 곧 엄청난 낭패를 보게 되는데, 왜냐하면 해당 인물은 이로 인해 (대중 매체에서의) 자기 재생산을 보장해주는 것을 잃어버리며 기억의 다리가 무너져버리기 때문이다. 그러면 불멸성은 박탈되며, 역사 자체가 시야에서 사라져버린다.

그런데 사진보다 훨씬 더 좋은 것이 있다. 동상이 바로 그것이다. 만약 어떤 캐릭터가 자신을 모델로 한 동상을 갖게 된다면 이제부터 불멸성은 그의 것이다. 동상, 법규, 신분, 정태적인.[6] 실제로 디즈니 만화에서는 거듭해서 누군가가 공공 장소나 박물관에 세워진 동상으로 보상을 받는다. "도널드의 은근한 야망이란 지역의 영웅이 되어서 공원 안에 동상으

5. 이는 영어권, 특히 미국에서 실제로 종종 쓰이던 신문 제호로, 가령 19세기에 뉴욕시에서 발행한 『뉴욕 이브닝 태틀러 New York Evening Tattler』지를 들 수 있다. 그러나 Tattler가 원래는 '수다쟁이'를 뜻한다는 점을 고려하면, 이 이야기에서 언급되는 이 허구적 발행물의 수준은 크게 믿을 만한 것이 못 된다고 하겠다.

6. Statue, Statute, Status, Static. 여기에서 저자는 어두(語頭)의 소리가 같으면서 동시에 논리 전개상 연관된 일련의 단어를 나열하는 말놀이에 의지하고 있다.

로 세워질 수 있는 권리를 갖는 것"인데(D 441, DD 7/68), 그는 화성인들(원문 그대로임)을 물리침으로써 이 야망을 달성한다. "저희는 유명한 조각가를 고용해서 당신의 상(像)을 시민 공원의 다른 '위인들' 가운데 세울 생각을 하고 있습니다!" 그리하여 길모퉁이마다 누군가의 개인사에서 있었던 최고의 순간이 기록되어 있다. 즉 시간은 성서에서처럼 저주가 되기는커녕 정지되고 돌로 변해서 영원해지는 것이다. 하지만 가족 사진과 동상이 단지 과거의 '여행'으로부터 가져온 '기념품'에 그치는 것은 아니다. 이것들은 또한 선조들의 과거와 현재의 중요성을 정당화하며, 미래의 중요성을 보장해준다. 그래서 국왕 마이클 1세는 "콧수염을 빼고는" 미키와 똑같다(D 433). 무수한 삼촌 오리들의 명성 역시 오로지 후세에 남긴 동상들을 통해서만 증명될 수 있다. 따라서 일단 한 개인의 평판에 대해 합의가 이루어지는 순간 시간과 경쟁에 대한 두려움은 사라진다. 구피는 "난 사람들이 나에 대한 생각을 바꾸기 전에 떠날 거야"라며 떠나는 이유를 설명한다(TB 99).

명성과 수상(受賞)은 특정한 개인을 상품, 즉 여타의 생산 과정으로부터 분리되어 소비되거나 소진되는 — 이 단어의 어원상의 의미에서의 — 완성된[7] 물건으로 바꾸어버린다.

결국 변화는 다시 한번 부동 상태로 이어진다.

1장에서 우리는 이와 똑같은 정태적인 관계가 어른들과 어린이들 사이에 있으리라고 추정되는 갈등 속에서도 일어난다는 점을 확인한 바 있다. 거기서 양극은 겉보기에는 분리되고 유동적인 상태로 대립하고 있다. 그러나 실제로는 (긍정적으로 표현되든 부정적으로 표현되든) 동일한 핵심적 기준의 주위를 뱅뱅 맴돌면서 계속해서 역할만 바꾸고 있다. 같은 얼굴에 씌워진 두 개의 가면인 것이다. 이처럼 아버지와 아들이 똑같은 이상을 추구하는 것으로 한데 융합시켜버림으로써 어른은 자식에게 자기 가치의

---

[7] finished. '죽은'과 '망해 버린'이라는 뜻도 있다.

영속성을 투사하며, 그렇게 해서 바로 자신에게 배턴을 넘겨줄 수 있게 된다. 결국 두 사람 혹은 두 계층간의 대립에서 생겨나는 움직임은 동어반복이고 허구적인 것에 지나지 않는 것이다. 왜냐하면 양자가 한쪽을 위에 두고 다른 한쪽을 아래에 두는 규칙에 합의하자마자 적대감은 사라지기 때문이다. 각자는 자기 자신인 동시에 자신의 분신인 것이다.

지배 계급의 혼잣말이자 그것을 새로이 재생하는 데 지나지 않는 이러한 사이비 대화는 사회적으로 계층화된 디즈니 캐릭터들의 모든 층위에서 반복된다. 바로 이 시점에서 쌍둥이라는, 옛날부터 전해 내려오는 발상이 전면에 등장한다. 엘리트 문학(예를 들어 포우[8], 도스토예프스키[9], 코르타사르[10]의 작품)에서도 두드러지게 나타나는 이러한 민중적 모티프는 사람들이 자신의 성격 내면에서 겪는 모순을, 다시 말해 존재의 반항적이고 악마적인 층위를 표현하는 데 종종 쓰인다. 영혼은 구원하고 삶은 파괴하면서 기존 질서를 위협하는 존재의 알 수 없는 부분을 말이다. 그런데 문화를 독점하는, 즉 디즈니 만화를 만들어내는 자들은 어떤 사람을 좋게 말하는 동시에 비난하도록 만드는 이러한 양면성을 단조롭게 만들어 이용해 먹었으며, 이것의 단순화된 형태를 만인을 위한 집단적인 전망으로 내놓았다.

이러한 양면성은 디즈니 세계의 두 층위, 즉 오리 나라의 꼬마 주민들이 대다수를 이루는 지배자 그리고 고귀한 야만인들과 범법자들로 구성되는 피지배자 모두에서 나타나지만, 극히 상징적인 방식으로 전달된다. 알다시피 민담에서는 쌍둥이 중 하나는 착하고 다른 하나는 못되기 마련이며, 어중간함이란 없다. 이와 비슷하게 디즈니 만화에서 피지배자들 가운데는 순진하게 예속적인 상태를 기꺼이 받아들이는 부류(착한 사람들)와 사장의 재산을 공격하는 부류(나쁜 녀석들)가 있다. 이 둘은 철저하게 구분되며, 한 쪽에서 다른 쪽으로 이동 가능성은 결코 없다. 따라서 나쁜 녀

---

8. 미국의 시인·문학 평론가·소설가. 「검은 고양이」, 「모르그 가(街)의 살인」 등 현재 '추리 소설'로 분류되기도 하는 일련의 장·단편 소설뿐 아니라 「애너벨 리」, 「갈가마귀」 등 음악성이 뛰어난 시도 다수 남겼다.

9. 러시아 소설가. 독특한 방식으로 인간의 내면을 탐색해 근대 소설의 새로운 가능성을 열었다. 대표작으로 『죄와 벌』, 『카라마조프 씨네 형제들』, 『백치』, 『지하 생활자의 수기(手記)』 등이 있다.

10. 본명 훌리오 데니스(Julio Denis). 아르헨티나 출신의 프랑스 소설가. 현대 사회의 가치를 부정하며 실험적인 반(反)소설 경향의 작품을 많이 발표했다. 대표작으로 『땅따먹기』가 있다.

석들은 착한 사람들의 영역으로 도망쳐 들어갈 기회라고는 전혀 갖지 못한 채 상투형이라는 감옥 안에서 미친 듯이 돌아다닐 뿐이다. 이러한 상황 설정은 너무도 확고한 것이어서, 나쁜 녀석들은 심지어 한 이야기에서 (중립적이고 소극적인) 원주민으로 변장했을 때조차 스크루지 삼촌을 위해 그의 돈을 줍도록 강요되는 식으로 여전히 처벌받는다. 한편 고귀한 야만인들은 그들 나름대로 도시에서 사기당하는 위험에 빠지지 않기 위해서 원래 자리에 조용히 머물러 있어야만 한다. 결국 모든 피지배 계층은 각각 선함 아니면 악함이라는 틀 안에 고정되는데, 왜냐하면 민중이 사는 광야에는 양자간의 의사 소통 통로가 전혀 없기 때문이다. 즉 착하면서도 남의 재산을 침범할 수 있는 길은 없다. 규칙을 준수하는 한 나쁘게 될 방법이란 없는 것이다. 옛날부터 전해 내려온 속담은 "네 본분대로 살라"고 말하는데, 이것은 부르주아 계급이 만들어낸 것이다. 이러한 영역들에서 변화는 금지되어 있다. 그러므로 고귀한 야만인은 범죄자가 될 수 없으며, 범죄자는 순수해질 수 없다. 그래서 적극적인 악한이든 소극적으로 덕이 있든 피지배자들의 역할은 고정되어 있으며, 역사는 전혀 다른 세상에서 이루어지는 것처럼 보인다.

    이러한 상황을 유동성이 지배적이며 무엇이든 가능한 지배 계급의 역동성과 한번 비교해보라. 한 가족 안에도 부자와 가난뱅이가 있다. 친구들 가운데서도 한 사람은 운이 좋은 반면에 다른 한 사람은 그렇지 않다. 부자들 사이에도 착한 사람과 악한 사람, 똑똑한 사람과 미련한 사람이 존재한다. 즉 울퉁불퉁 가파르고 매혹적인 지배 계급의 나라는 불화와 딜레마를 용인하는 것이다. 따라서 여기에는 백퍼센트 완벽한 사람, 말하자면 완전히 양극화된 캐릭터는 없다. 비록 번번이 지는 쪽이기는 하나, 도널드조차도 20퍼센트의 경우에는 이긴다. 스크루지 삼촌도 종종 좌절당한다. 심지어 미키조차도 때로는 겁쟁이처럼 행동한다(D 401에서 아이들이 미키를 놀래키고 그의 자리를 차지한다. 이에 미니가 한마디 한다. "넌 정말 어떤 땐 어린애만도 못하다니까. 도대체 어찌해야 할지를 모르겠어. 애들이 옳아." 그러자 미키는 이렇게 답변한다. "저 괘씸한 꼬마 녀석들은 언제나 날 이긴단 말이야"). 글래드스턴 갠더 또한 항상 승자인 것은 아니며, 보이스카우트 오리들 역시 때로는 낭패를 보기도 한다. 오직 신동인 아기 늑대만이 이 원칙을 벗어나지만 그토록 못됐고 어리석고 사악한 아버지 밑에 있다면 의당 그래야만 할 필요가 있지 않은가. 결국 지배 계급에 속하는 오리 나라 사람들의 영역에서는 미세한 차이들이 존재하며 모순들은 소소한 것에 지나지 않는다. 그리하여 인생의 행로를 '자유롭게' 고르고 결정할 수 있는 지배 계급의 인물은, (말하자면 '좋든 싫든 당신 처지는 애시당초 구제 불능이고, 늘 그럴 수밖에 없다'는 식의) 집단적인 결정론에 함몰되어 있는 민중 위로 우뚝 솟아오르는 것이다.

이때 지배자의 자유란 바로 개성을 소유하고, 자기 동상을 통해 번창하며, 역사의 목소리에 대해 독점권을 갖는 데 있다.

일단 사전에 실격될 경우(이것은 체계적으로 이루어진다), 적수는 경주에서 패배할 뿐만 아니라 심지어 참여조차 할 수 없게 된다. 즉 역사란 바로 지배 계급이 골라주는 얼굴을 갖기 마련이다.

이러할진대 디즈니의 세계가 실제로 얼마나 폐쇄적이며 숨막히는지를 더이상 강조할 필요가 있을까?

종속 계급이 목소리와 얼굴, 그리고 감옥 문을 열어젖힐 가능성을 박탈당하는 것과 마찬가지로(생산이 마술처럼 이뤄지는 상황에서 이들을 제거하는 일이 얼마나 쉬운지 눈여겨보시라 — 실제로 이들은 필요하지도 않다), 과거 역시 진정한 성격을 박탈당하고 현재와 똑같이 보이도록 만들어진다. 그리하여 과거의 역사 전체는 지금 이 순간의 가치와 불안에 의해 식민지화된다. 그리고 역사적인 경험은 하나같이 낡아빠진 지배 이론을 옹

호하는 신성하기 그지 없는 도덕적인 교훈과 지침, 늘 똑같은 낡은 기준과 주의로 가득 찬 커다란 보물 상자에 지나지 않게 된다. 비록 도널드가 돈에 대한 스크루지 삼촌의 집착을 의심쩍은 눈초리로 보기는 하지만 이 구두쇠는 언제나 자기 재산이 정당하게 획득된 것임을 증명할 수 있다. 왜냐하면 재산은 갑작스럽게 사라질 수 있고 또 언제든지 재난을 당할 수도 있기 때문이다. 그리고 이러한 반론을 위해 고대 그리스로부터 역사적인 선례가 제시된다. 디오니시오스 왕이 신하 다모클레스[11]에게 했던 것과 똑같은 이야기를 늘어놓는 것이다(F 174).

이러한 유비 관계는 디즈니에서 역사가 반복적인 성격을 갖고 있다는 것을 강조해준다. 즉 어떠한 시대이든 과거가 현재의 도덕의 선구자로 간주되는 그러한 역사 말이다. 세상을 디즈니에 대한 끊임없는 예시(例示)로 보려거든 단지 뒤돌아보기만 하면 된다. 물론 그렇지 않을 수도 있지만 적어도 연대표는 안전하게 남는다.

현실에서 과거란 현재를 통해 (그리고 현재 안에서) 드러나며, 따라서 현재의 함수이자 지배적인 이념의 받침대로 존재한다. 이처럼 과거와 현재를 단절시키다 보니 디즈니는 결국 제3세계의 역사를 도식화하고 또 도덕화하게 된다. 오래 전에 (비글 형제들과 같은) 정복자들이 아즈텍 원주민 (달리 말하면 오리들)의 재산을 빼앗아가려고 한 바 있는데, 이들은 재산을 비밀 장소에 숨긴다. 즉 역사란 스스로 반복되며 끊임없이 되살아나는 모험으로 그려지고, 이 속에서 나쁜 녀석들은 — 비록 성공하지는 못하지만 — 착한 사람들의 것을 도둑질하려고 한다(D 432, DD 9/65). 이러한 유형

11. 다모클레스는 기원전 4세기에 시칠리아의 시라쿠사를 지배했던 참주 디오니시오스 1세의 궁정 신하로, 그가 아첨하며 행복을 기원하자 디오니시오스는 그를 연회에 초대하고는 왕좌에 앉혔다. 이때 왕좌 바로 위에는 칼이 한 올의 말총 끝에 매달려 있었으며, 이것을 본 다모클레스는 군주의 행복이란 늘 불안과 위기가 함께 한다는 것을 깨닫게 되었다. 이 일화에서 비롯된 '다모클레스의 칼'이라는 표현은 '신변을 따라다니는 절박한 위험'을 뜻한다.

은 그 밖의 다른 많은 이야기에서도 반복되는데, 거기에서 현대의 오리 나라의 온갖 투쟁은 과거의 문화들의 역사에 투사된다. 때때로 주인공들은 꿈, 최면 또는 타임머신을 통해 다른 시대로 이동한다. 구(舊)캘리포니아야말로 힘겨운 황금 찾기, 경찰과 도둑의 싸움, 그리고 다시 여가와 질서로의 귀환으로 이어지는 닳아빠진 디즈니 공식의 무대이다(D. 357). 주인공들이 로마, 바빌론 그리고 선사 시대로 여행하는 중에도 이와 똑같은 일이

일어난다. 그 밖에 외계에서 온 '마이크로 오리들'도 있는데, 이들 역시 우리의 주인공들과 마찬가지로 모험을 하다 정신적 트라우마를 입게 된다(TR 96, US 9/66). 그렇다면 '미래의 시간과 무한한 우주'라는 시장도 바로 디즈니에 의해 궁지에 몰리고 식민지화되리라는 것은 이미 자명한 일이다.

이처럼 현재의 구조들을 갖고 과거(그리고 미래)를 침범함으로써 디즈니는 인간의 역사 전체를 손에 넣게 된다. 따라서 가령 이집트에는 스크루지 삼촌의 얼굴을 한 스핑크스가 있다 ─ "몇 해 전에 그가 스핑크스를 발견했을 때 그것은 얼굴이 없었다. 그래서 그는 자기 얼굴을 새겼다"(D 422, DD 3/64). 사실 맥덕의 얼굴은 어디에든 바꿔 넣어도 무방하다. 왜냐하면 이것이 바로 미국 역사의 등록 상표이기 때문이다. 앞에서 예를 든 이야기의 끝 부분에서 그는 급기야 러시모어 산¹²에 있는 워싱턴, 링컨 등의 거대한 조각에 자기 얼굴을 새겨 넣고, 그곳을 덕모어 산이라고 고쳐 부르기에 이른다. 이렇게 해서 스크루지는 미국 건국의 아버지들의 대열

12. 이 봉우리는 사우스 다코타 주 남서부 산지에 있는데, 여기에는 조지 워싱턴, 토머스 제퍼슨, 에이브러햄 링컨, 시어도어 루스벨트 이렇게 네 명의 미국 대통령 얼굴이 조각되어 있다.

에 끼는 것이다. 심지어 외계에도 그의 조상이 있다(TR 48).

자신들의 시대야말로 인간성의 결정체이자 완성이며 문화와 문명의 정점이라고 생각하기 때문에 부르주아 계급은 — 고작 자신들에게서만 찾아볼 수 있는 특수한 입장에 서서 — 자신들이 권력을 쟁취해온 역사를 재해석할 수 있는 배타적인 권리를 갖고 있다고 사칭한다. 따라서 부르주아 계급의 보편성과 영속성을 부인하는 것은 무엇이든 보잘것없고 기이한 일탈로 간주된다. 그리고 그 어떤 모순도 개인들간의 사소하며 주관적인 분란에 지나지 않는 것으로 치부된다. 게다가 부르주아 계급의 찬양자이며 듣기 좋은 말만 하는 거울[13]인 디즈니의 역사 왜곡 덕분에 지배 계급은 자기 계급의 부상을 사회적인 것이 아니라 자연스러운 또는 '자연적인' 현상으로 보게 되었다. 말하자면 부르주아 계급은 인류가 지구상에 나타난 그 순간부터 선점해 임대한 아파트를 그대로 쓰고 있을 뿐이라는 것이다.

이렇듯 역사로서의 만화는 예측할 수 없는 것마저 사전에 결정된 것으로 바꾸어버리며, 고통으로 가득 찬 시간의 흐름을 영원하고 때 이른 노년으로 해석해버린다. "현재의 원인은 과거에서 찾으실 수 없습니다. 그저 문제 해결 전권 대사인 도널드 덕하고 상담하세요. 그러시면 됩니다" 하는 식이다. 소크라테스가 만화책을 사지 못했다니 얼마나 안타까운 일인가. 만일 그랬다면 분명 독약을 마시지는 않았을 텐데 말이다.

이처럼 과거를 현재의 시궁창이나 쓰레기와 뒤섞게 되면 적어도 시간은 역동적이라는 환상을 주입할 수 있다. 따라서 이처럼 돌고 도는 순환 속에서 주요 차이점들이 지워지기는 하지만, 그럼에도 불구하고 — 두 번 다시 맛볼 수 없는 짜릿함에 대한 투정 섞인 향수 같은 것에 의해 부지불식간에 드러나는 — 일정한 불일치는 끝까지 남는다.

하지만 역사를 산화 피막 처리하고 마비시키는 또 다른 방법이 있다. 시간을 소비 가능한 어떤 실체로 파악하는 것이 그것이다. 그리하여 고대

---

[13]. Flattering Mirror, 문자 그대로는 '실물보다 좋아 보이게 하는 거울'을 뜻한다. 이는 물론 『백설 공주』에 등장하는 마술 거울에 대한 인유이다.

국가나 민족들은 역사의 알리바이가 된다. 잉카-블링카, 언스테디스탄, 파라오 통치 시대의 이집트, 바이킹이 살던 시대의 스칸디나비아, 해적으로 들끓는 카리브 해, 인디언 부족들이 살던 시대의 북미, 즉 미국 정부가 보호 구역으로 지정하기 이전에 버펄로 부족의 왕 미니미오 추장이 땅을 일구고 있던 (D 446) 북미, 이 모두가 디즈니의 골동품 지휘봉이 가리키는 대로 케케묵은 동상들의 슈퍼마켓으로 행군해 들어가는 것이다. "자, 할인 가격으로 모십니다. 역사 한 조각씩 사세요" 하는 식으로 말이다. 이로써 시간이 무엇을 생산한다는 개념은 자연히 제거된다. 만약 그렇게 된다면 펩소던트[14] 치약으로 닦아낸 새하얀 이를 썩게 할 수 있기 때문이다.

  디즈니랜드라는 세관과 이민국(그리고 인터폴)을 거쳐서 과거가 미래로 들어가는 데 필요한 비자에는 이국 취향과 민담이라는 확인 도장이 찍히게 된다. 그리고 역사는 고대 문명들이 구매라는 투표를 통해 통과하는 시장으로 바뀐다. 그리고 고대 문명들간의 유일한 차이점은 오늘날 그것들이 갖는 오락적이고 감각적인 가치의 정도에 있다. 물론 이것마저 없다면 그것은 부르주아 계급이 감탄하면서 신발을 닦아대는, 잉카인들이 만든 마룻바닥 깔개로 전락하고 만다. 어느 이야기에서 데이지가 "이 진짜 골동품 프라이팬을 단돈 30달러에 샀어. 아주 싸게 산 거야" 하고 말하자 도널드가 꽥 하고 한마디 한다. "근데 새 프라이팬은 2달러밖에 안 하잖아!" 이에 데이지가 대꾸한다. "네가 뭘 알아? 새건 아무 가치가 없어. 요즘은 골동품 다리미가 유행이라니까"(F 178). 여기에는 이중의 아이러니가 있다. 시간이 정지되거나 압축되어 있기 마련인 케케묵은 동상들의 시대는 마치 슈퍼마켓 박물관과도 같다. 캘리포니아에 있는 디즈니랜드와 마찬가지로 시간은 곧 놀이 공원이며, 그곳에서 독자 여러분은 그날의 특매품, 여러분께서 제일 좋아하시는 문명을 즐길 수 있는 것이다. "오늘과 매주 화요일에 아라우칸 식[15] 소스를 친 옥수수와 칠리 요리[16]를 드실 수

14. 영국과 네덜란드에 본사를 두고 있는 세계적 식음료 및 생활용품 제조·판매사인 유니레버(Unilever)의 상표 가운데 하나이다.

15. 칠레 원주민인 아라우칸 부족을 가리키는데, 그 일원인 마푸체 부족은 19세기까지 350년 동안 스페인계 식민주의자들의 통치에 저항하는 데 성공하였다.
16. Chile-with-Indians, 국가명인 칠레와 칠리 고추, 양파, 저민 고기 등을 넣은 중남미 요리 칠리(chili)의 영어 발음과 같다. 그리고 Indian은 '옥수수'와 '인디언' '인디오' 모두를 뜻하는데, 따라서 이 끔찍한 말장난은 '인디오를 곁들인 칠레' 또 한 뜻한다. 물론 이 인디오들은 아라우칸 부족이다.

있습니다."

'도널드 주식회사'가 생존과 기억을 보장하기 위해서 사진이나 동상을 필요로 하는 것과 마찬가지로, 고대의 문화들 역시 소생하기 위해서는 사진이나 그림 속에서 디즈니 식으로 바뀌어야만 한다. 즉 살아남기 위해서 생매장당해야만 하는 것이다.

디즈니는 개별적인 존재에게조차 외국 문명에 다가가는 것과 똑같은 정신으로 접근한다. 그리고 양자 모두 성공과 각자의 굳어진 이미지를 선전하기 위해서 경쟁한다. 이 점은 도널드가 밀랍 인형 박물관의 야간 경비원으로 일하는 이야기에 잘 나타나 있다(D 436, CS 12/59). 어느 날 밤 근

17. Vacation-land, 이는 물론 서울랜드와 같이 놀이 공원 자체의 이름이기도 하다.

야호! 다들 봐, 바로 저기에 **놀이 공원**¹⁷이 있네. …… 이제 보니 요술 거울 말이 맞았어. 이렇게 깜찍하고 아름다운 곳에 누구나 즐길 수 있도록 휴가용 놀이가 알뜰하게 마련돼 있다니!

무 시간에 박물관 맞은편 집에서 가장 무도회가 열린다. 밀랍 인형 박물관에 딱딱하게 굳어 있는 것들과 (똑같은 복장, 얼굴, 표정 등을 한) 똑같은 역사적인 인물들이 이 무도회에 참석한다. 그런데 도널드는 언제나 그렇듯이 잠이 들고 말며, 잠에서 깨자 살아 움직이는 사람들을 밀랍 인형들로 착각한다. 이에 그는 자기가 잠든 동안 "혁명"이 일어났다는 결론을 내리기에 이른다. 왜냐하면 역사의 이러한 변동을 달리 설명할 도리는 분명히 없어 보이기 때문이다(역사의 움직임에 대한 이와 유사한 태도는 앞에서 인용한 언스테디스탄에 관한 이야기에도 나온다. 대도시인들이 혁명을 제압하고 ― 천 년 왕조의 플라스틱 복제품에 지나지 않는 ― 차밍 왕자를 권좌에 다시 옹위하는 일이 바로 그것이다. 즉 도널드는 현실에서든 상상 속에서든 어떠한 역사의 변동도 받아들일 수 없다). 그리하여 잠에서 깨어난 그는 "엘리자베스 여왕, 잔다르크, [흉노족 왕] 아틸라, 박물관이 통째로 거리를 돌아다니고 있어"라고 소리 지르며 살아 있는 인물들을 허겁지겁 밧줄로 묶고, "혁명"을 멈추려고 애쓴다. 이 모든 일이 일어난 것은 가장 무도회장의 손님들이 변장할 때 박물관 안에 있는 것과 똑같은 역사적인 인물들을 모델로 이용해 결국 과거를 오락과 관광의 오아시스로 바꾸어놓았기 때문이다. 이 사건은 도널드의 잘못으로 벌어진 일은 아니다. 하지만 이 사건은 도널드를 유명인으로 만들며, 그는 과거의 수호자로서 애쓴 노고에 대해 보상받는다. 하지만 정작 도널드는 냉혹한 현재를 위해서 과거를 수호하는 직업을 더 좋아하는 것처럼 보인다. "(박물관 소동으로부터) 벌써 몇 달이 지났네. 도널드 삼촌은 돈을 하도 많이 벌어서 더이상 일할 필요가 없어"라고 어린아이들은 말한다. "그래, 삼촌은 이제 유명 인사가 되었어. …… 너무도 유명해져서 삼촌은 단지 자기 밀랍 인형이 박물관에 전시되도록 하는 것만으로도 월급을 받아. …… 바로 우리 도널드 삼촌이 오리 나라 역사상 가장 엄청난 소동을 일으켰다니까!"

도널드는 드디어 꿈을 실현한다. 많은 보수를 받으면서도 요구 조건이 까다롭지 않은 일자리가 바로 그것이다. 자! 고대와 현대 할 것 없이 어떤 문명이라도 도널드를 모델로 삼을 수 있습니다. 월트 디즈니 프로덕션으로 편지 한 통만 쓰시면 됩니다.

그러나 이 위대한 오리는 사실 이 모든 것을 누릴 만한 아무런 일도 하지 않았다. 물론 총명하면 더 크게 성공하고 더 많이 주목받을 수도 있지만 케케묵은 동상들의 얼어붙은 목초지로는 운이 좋아야만 들어갈 수 있다. 왜냐하면 영화 제작자가 해당 장면을 재구성하거나 영원한 것으로 만들 수도 있지만 이와 반대로 아예 잘라버릴 수도 있기 때문이다. 따라서 대중 매체의 목소리를 소유한 자들은 이 공동 묘지 거주자들이 규칙대로 잘 알아서 예절 바르게 행동하도록 확실히 조치한다. 그렇지 않을 경우 이들은 역사의 회전 목마에서 좌석을 얻을 수 없으며, 따라서 발견되지 않을 것이기 때문이다.

디즈니에 의하면, 모든 개인과 문명은 홀로 있을 때도 역사의 부침을 모방하고 예견하기 마련이다. 이때 역사는 변화를 지배하는 모든 법칙을 안고 다니는 개인들로 구성된 거대한 인간 조직으로 간주된다. 따라서 개인적 규범은 사회적 차원과 개인적 차원 모두에서 공히 타당하게 된다.

전원이 없는 전구만으로도 캐릭터들을 물질적이거나 도덕적인 보물을 발견하기 위한 모험에 내보내는 데 충분한 것처럼, 마술로 충전된 역사의 불빛들이 내는 찬란한 초강력 뇌파 역시 진보의 길을 밝히기에 충분하다(D 364). 모든 피조물, 즉 모든 캐릭터는 아이디어 은행에 예치된 자기 몫의 천재성을 갖기 마련이며, 따라서 절박한 상황에서는 자기 계좌에 얼마나 많은 액수가 남아 있는지도 모른 채 이를 현금화한다. 그런데 이러한 아이디어들은 어디에서 나오는 것일까? 바로 무(無) 또는 예전에 떠오른 적이 있는 아이디어로부터 나온다. 즉 디즈니의 역사는 구체적인 상황이나 인간의 노동에서 유래하지 않고, '저 위'에 있는 알 수 없는 곳으로부터 사람들 위로 쏟아져 내리는 아이디어들에 의해 추동된다. 따라서 사람들은 아이디어들을 써버리며, 그 대가로 신체적 고통을 당하지만 결코 아이디어들을 만들어내지는 않는다. 신체적 고통은 수동적 요소인 반면, 정신의 유희는 능동적 요소이다. 또한 아이디어는 투자될 수가 없는데, 왜냐하면 은행은 인간들의 예금, 즉 인간이 만들어낸 아이디어는 받지 않기 때문이다. 단지 지고의 존재, 가령 신이 정신의 양동이에 자애롭게 쏟아 부어주는 현금을 인출할 수 있을 뿐이다. 결국 사람이란 아이디어 제조기를 돌아가게 하는 연료이지 조종 장치는 아닌 것이다. 모든 아이디어는 경이롭지만 씨앗 없는 열매를 맺는 아주 특이한 씨앗이다. 그리고 그것은 관념론적 사유라는 불모의 힘에 의해 지배받고 있다. 그것은 구체적인 물질 세계와 개인의 진짜 삶으로부터 나오지 않기 때문에 단 한 번밖에 힘을 발휘할 수 없다. 즉 단 하나의 출구만 있는 일방 통행로인 것이다. 그리고 출구는 또 다른 일방 통행로로 이어진다. 이처럼 아이디어는 저장될 수 없는 까닭에 지각된 내용은 단번에 다 쓰인 다음 "또 일이 터지면 그때 다른 생각이 나겠지" 하는 기대 속에 휴지통으로 내던져지는 색다른 물건에 지나지 않게 된다.

그리하여 역사 과정은 마치 서로 전혀 무관하고 철저하게 나뉜 일련의 아이디어들이 단일한 군사 대오를 이루어 빠르게 행진해 나가는 것인 양 '관념화' 된다. 이렇듯 아이디어의 기원이 인간의 물질적 현실에 있다는 것을 인정하지 않는 것은, 마치 우리 모두가 머리를 자루 속에 처박은 채 주인이 속삭이는 명령을 엿들으려고 기를 쓰며 기다리고 있는 것과 같다. 그런데 자루의 소유주는 (초인이나 마음 좋은 고리대금업자처럼) 모든 구체적인 사회적 상황의 바깥에 있는 것으로 상정되기 때문에 아이디어는 자연적인 힘의 산물로 여겨진다. 이처럼 아이디어를 수동적인 수용자들의 통제권 너머에 있으며 그들과 애당초 무관한 것처럼 보이게 함으로써 역사의 동력을 역사로부터 꺼내어 순수한 자연의 영역으로 끌고 나간다. 이를 전도라고 할 수 있을 것이다. 그러나 실제로는 바로 민중이 구체적인 조건에 따라 역사를 만들어가며, 이들은 여러 사회 세력과 상호 작용함으로써 아이디어를 생산한다. 그러나 디즈니 세계에서는 다름 아닌 아이디어가 마치 허황된 보이스카우트 지침서처럼 어떠한 사회적·물질적 기원도 갖지 않은 채 현실적 삶의 과정을 만들어내는 것처럼 보인다.

그런데 현대의 몇몇 문헌이 암시하듯, 이 '자연-컴퓨터'는 자의적으로 다양한 혜택을 분배하는가? 아니면 그것은 어떤 법칙의 지배를 받는가? 분명히 그렇다. 왜냐하면 디즈니의 법률 담당 부서는 모든 증서를 빈틈없이 보관하기 때문이다. 그리하여 두뇌들은 이미 계층화되어 있는 세상에 분배되고, 똑똑한 놈과 멍청한 놈, 악한 놈과 착한 놈이 그곳에서 이들을 기다리고 있다. 분배는 운명이 예정된 자들에 대한 저주나 구원을 강화하며, 이들이 대변하는 가치를 강화하는 데 기여한다. 윤리적 구별과는 별도로 사람들은 재능에 의해서도 차별화된다. 그래서 도널드는 ('정신적으로 모자란 사람들을 위해' 만들어진. TR 53, GG 4/63) 자이로의 마술 모자를 쓰자마자 천재가 된다. "대니얼 맥덕은 1862년에 오리 나라를 건국하셨고, …… 보리스 왜들은 1609년에 왜들 제도를 발견하셨고, …… 야호! 난 역사의 귀재다!" (내친김에 덧붙이자면, 개국 시조가 스크루지의 조상이라는 점과 섬을 발견한 사람이 섬에 자기 이름을 붙인다는 점을 유심히 보시라. 그래, 도널드, 네가 맞다. 수업 내용을 정말 제대로 외웠구나). 이제 그는 이 발명품을 자신의 자애로운 지배권을 주장하는 데 이용하려고 한다. "휴이, 듀이, 루이, 이놈들이 저희만 똑똑한 줄 안단 말이야. 놈들한테 이 삼촌이 한수 위라는 걸 보여줄 테다." 그런데 이때 문제의 모자가 바람에 날려가 "저 교양 없어 보이는 사람한테" 씌워진다. 그리고 이번에는 이 사람이 새로운 아이디어를 무엇에 써야 하는지 알게 된다. "아니, 이런! 스크루지 맥덕을 어떻게 털 수 있는지 갑자기 알게 됐어!" 이에 자이로는 한탄한다. "아, 안 돼! 내 인공 두뇌 비니가 저 악한의 머리를 도와주는 일에 쓰이다니!"

한편 어떤 아이디어가 멋진 목표를 향해 일단 작동되기 시작하면 또 다른 요소가 개입하기 마련이다. 도저히 예측할 수 없는 일이 바로 그것이다. 즉 재능만으로는 충분하지 않은 셈인데, 만약 그렇다면 세상은 언제까지나 미리 예정된 대로 굴러갈 것이기 때문이다. 우연과 운명 그리고 자의적인 힘이 의지와 재능이 미치지 않는 곳에서 작용하며, 그럼으로써 세계에 사회적 유동성을 도입한다. 이는 인물 됨됨이의 한계에도 불구하고 개인들로 하여금 이따금씩 자그마한 성공을 꿈꾸고 또 향유할 수 있게 해준다. 그래서 도널드는 실패자로 규정되어 있음에도 불구하고 기막히게 영리한 맥덕을 이길 수도 있게 된다. 왜냐하면 그가 운이 좋았기 때문이다. 달리 말해 도널드가 떠올린 아이디어가 어쩌다 한번 삼촌의 아이디어보다 나았던 것이다. 반면에 루드빅 폰 드레이크[18]와 마찬가지로 천재임이 틀림없는 자이로 기어루스는 믿을 수 없을 정도로 수많은 악운을 불러들인다. 한편 조카들은 대체로 머리도 좋고 운도 따르지만, 운이 따르지 않는 경우에는 진다.

하지만 이러한 행운과 불운 사이의 유동성은 오직 지배층, 즉 도덕적인 선택을 할 수 있으며 언제라도 속죄할 수 있는 도시 출신의 착한 아이들에게만 허용된다. 반면에 열등하며 범죄를 저지르는 계층에게 행운이란 언제나 끔찍한 것이며, 좋은 아이디어도 전혀 떠오르지 않는다. 설령 좋은 아이디어가 떠오르더라도 일반적으로 그것을 생각해낸 사람이 패하고 체포되는 방향으로 귀결된다. 따라서 생각하는 것이야말로 이들이 감옥으로 되돌아가는 가장 확실한 길이며, 바로 그것이 이들의 운명이다. 오직 질서

18. 몇몇 이야기에 의하면 이 인물은 오스트리아 태생으로, 스크루지의 누이인 마틸다와 결혼하는 천재 과학자이자 교수이다. 취미로 도널드를 비롯한 오리 도시 인물들에게 엉뚱한 정신 분석 실험을 실시하며, 도널드에게 슈퍼맨과 비슷한 (정의의) 복수자 덕(Avenger Duck)으로 변신할 수 있는 특수 옷을 만들어주기도 한다.

를 대변하는 계층만이 혼돈에 의해, 다시 말해서 혼돈의 질서에 의해 통제될 수 있다. 이렇듯 만화의 줄거리에서 나타나는 무정부 상태는 (어차피 모든 것이 사회적으로 미리 결정되어 있는 세상에서) 마치 결정론을 넘어서는 것이 가능한 것처럼 보이게 만들고, 이야기마다 꼭 필요한 만큼의 놀라움과 다양성의 요소를 제공한다. 즉 줄거리에 무정부 상태가 나타남으로써 캐릭터들에게 신뢰성과 긴장감을 부여하며, 날마다 계속되는 불안 상태에서 살고 있는 독자들에게 대리 동일시의 수단을 제공하는 것이다.

디즈니 만화와, 초인적인 인물이 법칙에 의해 지배되는 질서 정연한 세상에서 활약하는 다른 유형의 만화들 간의 차이는 바로 여기에 있다. 타잔과 배트맨은 규범에서 이탈할 수 없다. 이들은 더할 나위 없이 선하며,

질서라는 신성한 전체 법칙의 정신적·육체적 정수를 대변한다. 따라서 이들은 기존 세계나 자기 자신과 어떠한 갈등도 일으키지 않는다. 도둑들에 맞서 올바른 도덕을 확립하려는 이들의 십자군 원정은 세상에 흠집 없는 조화를 되찾아준다. 악의 세력이 쫓겨나면 세상은 다시 맑고 깨끗하게 되고, 영웅들은 드디어 휴가를 보낼 수 있게 된다. 이처럼 지루하고 반복적인 세상에서 발생할 수 있는 유일한 긴장은 바로 영웅의 약점, 즉 아킬레스건을 찾기 위한 탐색에서 비롯된다. 독자는 이들 주인공과 스스로를 동일시하기 마련인데, 왜냐하면 독자도 주인공의 이중 인격, 즉 평범하고 소심하며 무능한 인격과 뛰어나고 전능한 인격을 공유하기 때문이다. 이 (클라크 켄트/슈퍼맨의) 이중 인격은 바로 일상으로부터 초자연의 세계로,

그리고 다시 역으로 왔다갔다하기 위한 수단이다. 즉 일상 세계 자체 내에서는 아무런 움직임도 있을 수 없는 것이다.

바로 여기에 같은 시기에 만들어진 모험 만화들의 어설프고 과장된 도식을 거부하는 (그리고 그가 활동했던 역사적 시기의 산물이기도 한) 디즈니의 참신함이 있다. 물론 양자의 이데올로기적 배경은 비슷할지도 모른다. 하지만 억압적인 세력을 공개적으로 드러내지 않기 때문에 디즈니가 훨씬 더 위험하다. 브루스 웨인으로부터 배트맨을 창조해내는 과정은 곧 일상 세계를 구원하기 위해서 상상력을 일상 세계 너머로 투사하는 것이 된다. 반면에 디즈니는 현실과 현실의 문제점을 아이들의 상상력이라는 마취약을 써서 식민지화한다.

사실 '환상의 디즈니 세계'[19]는 순환적이고 억압적인 질서 속에서의

---

19. 영어 원문은 'magic world of Disney'로, 이는 디즈니사 자체에서 종종 쓰는 홍보용 문구이다.

변주들로 이루어져 있다. 따라서 각각의 인물과 그의 생각에 자율적인 인격과 선택의 자유가 존재한다는 인상을 준다. 그러나 만약 이러한 자유가 '하층' 계층에게도 주어지며 이 차원에 아무런 도덕적 숙명도 없다면, 우리는 전혀 다른 사회에 살고 있는 셈이 될 것이다. 만일 그렇다면 지배자와 피지배자를 갈라놓는 벽은 무너졌을 것이고, 억압적인 상부 구조 일체도 파괴되었을 것이며, 이는 결국 혁명으로 이어졌을 것이다. 그러면 지금 디즈니에서 볼 수 있는 것과 같은 폐쇄 회로 안에서 사이비 변증법(즉 앞에서 분석한 바 있는 '착한 사람들' 간의 유동적인 대체 현상) 대신에 그곳에는 '천한' 자들이 반역적이고, 그러면서도 선할 수 있는 기회를 누리는 진정한 변증법이 존재할 것이다. 그러나 이제 이 '순종적인' 사람들이 국가를 떠날 경우 이들에게 열리는 유일한 행로란 바로 혁명, 즉 범죄와 보복으로 가득 찬 언스테디스탄, 다시 말해서 불행으로 이어지는 종류의 변화밖에 없다. 그러니 착하게 사는 게 더 낫다. 또는 운 나쁘게도 아무런 재주가 없다면 그저 자기 자리에 꼭 붙어 있으면 된다. 어쩌면 운명의 수레바퀴가 언젠가 여러분께서 가시는 길에 약간의 명성과 돈을 던져놓아 여러분께서 승승장구 계속 상승하실 수 있도록 도와줄지도 모르는 일이니까.

 이처럼 우연 또는 운이란 바로 권위주의적이고 자애로운 우주의 법칙이 작용하는 메커니즘이다. 물론 이러한 법칙들은 미덕이나 재능과 관련해 일련의 엄격한 범주를 강요하기는 하나, 결국 사전에 이루어지는 구분과 상관없이 깊이를 헤아릴 수 없는 섭리에 따라 포상은 차후에 민주적으로 분배된다. 즉 이것은 행복을 조금씩 나누어주는 파산한 복지 국가인 셈이다. 운이 모든 것을 공평하게 만들어버리는 것이다.

 그래서 독자들은 순진한 꼬마 동물로 남아 있는 동시에 바로 그들 자신의 모든 영락과 소외를 함께 하는 이 캐릭터들을 사랑하는 것이다. 자기의 삶 또는 심지어 주변의 물건들조차 통제할 수 없는 이들 캐릭터는 자기들의 불완전함의 핵심에 다가가게 되면 철저하게 폐쇄된다. 어린 동물들의 자기 중심주의와 우리도 하나의 엄연한 개체라는 주장, 작은 이익을 두고 다투다 겪는 소동 — 이 모든 것은 캐릭터들과 이들의 창조자들, 즉 이들에게 다름 아닌 자신의 세계관을 투사하고 있는 창조자 사이에 거리감이 생기도록 만든다. 동물들의 삶을 소비하는 독자들은 어린 동물들에게 우월감과 동정심을 느낌으로써 이러한 거리감을 재생산한다. 이렇게 해서 바로 소비 행위 자체가 독자에게 동물에 대한 '우월감'을 안겨주며, 이들의 가치를 수용할 수 있는 토대를 제공해준다.

디즈니 캐릭터가 이기적이고 사사로운 문제와 습관에서 벗어나고, 성공을 위한 경쟁이 아닌 다른 종류의 투쟁에 전념하는 일은 거의 찾아볼 수 없다. 그래서 대부분의 캐릭터는 신성한 구원의 힘에 접근할 수 있는 정규 통로를 갖고 있지 못하지만, 이들에게는 바로 미키 마우스라는 전권대사가 있다. 미키 마우스는 아무런 보상도 요구하지 않고 악에 대항하는 싸움에 평생을 바치는 캐릭터이다. 하지만 그는 무슨 무슨 초능력이라고 써붙이고 다니는 캐릭터가 아니라, 사법권이나 여타의 강제력을 갖고 있지 않은 평화의 전도사이다. 그리고 자신을 위한 보상이나 이익은 전혀 요구하지 않으며, 승리할 경우 자신의 미덕이 곧 보상이 된다. 미키에게는 행운이 따르고 또 본인도 이를 개척해나가는데, 이러한 행운을 동료들을 위해서 쓴다. 즉 사심 없는 태도가 그의 성공을 보장하는 것이다. 이러한 점이 미키가 다른 이들과 그들의 쩨쩨함을 넘어서게 만들며, 신성한 힘을 갖게 해준다. 따라서 미키 또한 물적 존재임에도 불구하고 마치 물질적인 현실 세계를 부정하는 것처럼 보인다. 바로 이 점이 과거에 미키가 유럽과 미국에서 거둔 성공을 설명해줄 수 있을지도 모르겠다. 실로 그는 디즈니랜드의 가두 행진을 진두 지휘하는 부족장이며, 하늘이 정해준 지도자이다. 그리고 바로 디즈니 자신을 대변한다. 다른 한편 라틴 아메리카에서 비록 식민 모국으로부터 배급된 각종 TV 프로그램은 미키 시간 또는 미키 클럽이라는 타이틀을 달고 있지만 도널드가 (미국에서보다) 더 인기가 있으며, 잡지들을 선전하기 위한 캐릭터로 선택된다. 우리 라틴 아메리카 사람들은 이 세계의 대장이며 디즈니 개인의 비밀 요원인 미키보다는 운명이나 상부의 권위에 속수 무책이며 불완전한 도널드와 우리 자신을 훨씬 쉽게 동일시하는 경향이 있다.

억압의 힘은 미키라는 인물을 통해서 삶의 일상적인 기정 사실로 녹아들어간다. 그는 곧 법이자 커다란 몽둥이이며, 교회에서 발행하는 복권인 동시에 정보 기관이다. 미키의 기사도적인 관대함과 페어플레이 정신은 흑백을 아주 예리하게 구별한다(그리고 반짝이고 윤기가 흐르는 코끝은 그의 타고난 예지력이 믿음직스러울 만큼 평범한 것이라는 분위기를 풍기고, 그것이 적절하고도 상식적으로 적용될 것임을 보장해준다). 하지만 그는 결코 자기 힘을 남용하는 법이 없다. 다른 인물들이라면 자기가 속한 계급으로부터 밀려나거나 처벌받지 않고서는 도저히 넘어설 수 없을 법적인 경계에 서 있는 미키는 일상적인 삶의 차원에서 구원자적 정신을 촉진한다. 즉 이 정신을 흔하고 일상적인 물건으로 만들어버리는 것이다. 그리하여 미키는 흔하지 않은 것, 일상적이지 않은 것, 그리고 자의적인 외적 힘을 자연적인 질서를 따르는 흔해빠진 현상으로 바꾸어버린다. 미키의 비범하고도 신비로운 힘은 일상적인 것처럼 보이며, 따라서 자연스럽고 영원한 것처럼 보이게 된다.

디즈니의 세계에서 미키는 영원성의 처음이자 마지막 표상이다. 또한 모든 것을 포괄하며 자족적인 법률이다. 하지만 정작 미키의 일상 생활은 거짓 일상 생활인데, 왜냐하면 그것은 비범함에 기반하고 있기 때문이다. 마찬가지로 그의 영원성 역시 거짓 영원성이다. 이것 또한 비범함에 기반하고 있기 때문이다. 그렇다면 어떤 의미에서 미키의 거짓 영원성은 바로 가짜 엄마에 대한 상징이다.

어쩌면 미키의 이러한 측면은 디즈니에서 어머니로서의 여성이 부재하다는 사실을 이해하는 데 도움이 될지도 모른다.

디즈니 호의 갑판에 있는 유일한 여성은 포로이며, 궁극적으로는 경박한 여인으로서, 그녀는 구애와 아첨에 혹한 나머지 이른바 '여성적인 본성'을 일부밖에 갖고 있지 않다. 존재의 이처럼 피상적인 측면에 사로잡혀서 아주 먼 옛날부터 여성을 영원함의 상징으로 만들었던 다른 요소를 버리고 만다. 다름 아니라 실존과 맺는 진정하고 육체적인 관계에 근거한 영원성 말이다. 여성을 우주의 필수 불가결한 부분으로 그리고 삶 자체의 자연적 주기의 일부로 만들었던 바로 그 영원성을 말이다. 따라서 이러한 종류의 진짜 영원성과 어머니상을 디즈니 세계에 편입시키는 것은 마치 항체, 즉 구체적인 일상 생활로 복귀할 수 있는 현실을 주사하는 것과 같을 것이다. 왜냐하면 진짜 엄마의 존재는 가짜 엄마 미키를 요구할 필요가 없도록 만들 것이기 때문이다.

나사가 다시 한번 조여지고 또 다른 원이 닫힌다.

하지만 디즈니가 현대 사회의 각종 폐해를 비판할 때, 그곳에 단락 현상은 없는가? 이처럼 구심적인 운동에 단락은 일어나지 않는가?

디즈니는 관료주의를 비난하지 않는가?

(예를 들어 잉카-블링카와 마토 그로소[20]의) 북아메리카 관광객들을 조롱하지 않는가?

대기 오염과 생태계 파괴를 비난하지 않는가?

20. 브라질 내륙에 있는 주(州), 고원 및 폭포의 이름으로, '대삼림'을 뜻한다.

비인간적인 기술 공학이 자행하는 학살을 고발하지 않는가?

현대 도시인들의 고독을 고발하지 않는가?

쓸모없는 물건을 팔아서 소비자의 약점을 이용해먹는 자들의 무절제한 탐욕을 공격하지 않는가?

부의 지나친 편중을 탄핵하지 않는가?

그리고 스크루지 맥덕이라는 인물은 부자들에 대한 위대한 사회 풍자가 아니었던가? 그리고 ……?

이러한 디즈니의 비전을 오늘날 세상의 악과 그것을 극복할 필요성을 아이들에게 가르치는 최선의 방법이라고 정당화할 수는 없을까?

그렇다면 여기에서 디즈니 식 사회 '비판'의 두 가지 예를 들어보고, 그것이 디즈니 만화의 질식할 것 같은 분위기를 실제로 완화하고 있는지 살펴보기로 하자. 「검은 숲」[21](TR 119, HDL 7/70)에서 "어린이 우드척 대원들에게는 하루하루가 행복한 나날이다." 이곳에서 그들은 자연과 친밀한 조화를 이루고 살며, 심지어 곰과 독수리 같은 극히 난폭한 동물조차 다정다감하다. 하지만 '신선한 공기,' '조용함,' '건강,' '선함'은 얼마 안 있어 진짜 난폭한 짐승, 즉 스크루지 삼촌의 야만적인 과학기술에 질려 사라지고 만다. 일군의 불도저와 트럭, 비행기와 무지막지한 기계가 이 목가적인 공간으로 진군해오기 때문이다. "꺼져, 네 놈들은 진보를 가로막고 있어." 그리하여 숲 대신에 "모범 도시" 그리고 "미래 도시"가 세워질 예정이다. "굴뚝이 달린 벽돌집 만 채 …… 주민 2백만 명 …… 그리고 가게랑 공장, 주차장이랑 정제소 ……"의 건설을 막기 위해 우드척 대원들이 간청하자, 이에 대한 응답으로 분통 터지는 반응이 돌아온다. "사슴, 곰, 새들은 세금을 내거나 냉장고를 사지 않는단 말이다." 이렇게 해서 기술의 발전은 기술과 그것을 이용하는 사람들 사이에 권위주의적인 관계를 만드는 해로운 자연의 힘으로 평가된다. 그렇지만 이야기는 행복한 결말

21. 독일 남서부의 삼림 지대인 흑림(黑林) Schwarzwald의 통상적인 영어 번역어이기도 하다.

을 지어야 한다. 따라서 자연의 힘은 처음에는 소극적으로, 다음에는 조심스러우면서도 호전적으로 반발하다가 결국에는 그 자체의 유용성을 증명함으로써 이 백만장자 개발자를 설득하기에 이른다. 왜냐하면 숲은 스크루지의 감기와 여러 근심거리 그리고 신경증을 치료해주기 때문이다. 덕분에 그는 원기를 회복한다. 즉 삭막한 도시 개발에 집착하고 있는 겉모습 아래에는 사람들로 하여금 날마다 소생할 수 있도록 해주는 자연스러운 도덕 감정과 소박한 선이라는, 잊혀지지 않은 어린이가 있는 것이다. 현대의 삶이라는 저주 앞에서 우리가 할 수 있는 유일한 일이란 달아나고, 내면으로만 향하며, 사회적인 적들을 화해시키고 그러한 재앙을 야기한 자들이 구원받을 수 있는 자연의 세계로 후퇴하는 것뿐이다. 그러면 정복자들 또한 설득되어 자연으로 돌아간다. 이렇듯 대지는 온갖 꽃과 나무를 통해서 사회를 조절하고 구원하며, 모든 사람의 마음 깊은 곳에서 발견된다. 그래서 맥덕이 내다 팔 목적으로 깨끗한 공기를 통조림에 담으려고 하자 바람이 스모그를 몰고 와서 통조림 사업을 망치는 것이다(TR 110). 그러나 이러한 '비판'은 체제를 정당화하기 위해 고안되었으며, 실제로는 아무것도 비판하지 않는다. 이것은 환상 속에서 한 유형의 인간으로부터 실낙원과 더 잘 화합할 만한 또 다른 종류의 인간으로 신비로운 도약을 하는 일이 언제든지 가능하다는 것을 증명할 뿐이다(스크루지가 베어내려고 했던 것은 바로 '검은 숲, 아주 오랜 옛날 광대하게 펼쳐져 있던 숲 가운데 지금까지 남아 있는 유일한 것'이다). 여기에서 디즈니가 독자에게 제시하려는 교훈은 자명하다. 즉 시골에 최후의 도피처가 있는 한, 그리고 고귀한 야만인이라는 이상과 현실이 존속되는 한, 누구든 계속 도시에서 살아갈 수 있다는 것이다. 온순한 부족은 말 그대로 온순하며 결코 사라지지 않을 것이므로 인류는 구원된다. 따라서 기술 혁명은 주기적으로 그 부족에게 돌아가기만 하면, 그리고 그들이 무화과 잎[22]이나 아랫도리 가리개[23]를 걸치

---

22. 『구약 성서』의 『창세기』 3장 7절에 의하면, 뱀으로 변신한 사탄의 꾐에 빠져 선악과를 먹고 죄를 지은 아담과 이브는 자신들이 벌거벗은 것을 깨닫고 부끄러워하면서 바로 이것으로 치부를 가렸다. 이 같은 전통으로 인해 르네상스 이후 서양 회화에서는 인물의 나신 중 치부에 종종 무화과 잎을 그려 넣었다.

23. loincloth, 이는 '옷도 제대로 입고 지낼 줄 모르는 미개인'이라는 함의를 지닌다.

고 있는 한 원동력을 얻고 촉진된다. 이는 물론 최악의 문화적 퇴행이다. 자연의 오래된 자연적인 힘들은 고작해야 과학이라는 거짓 자연의 힘에 대항해 싸워서 이기는 것이다.

디즈니 식의 비판은 순진무구한 어린이, 즉 기술 공학의 무절제함의 원인들을 모르는 제3세계인이나 고귀한 야만인의 시각에서 출발한다. 하지만 이것을 체제 자체에 대한 공격이라고 할 수는 없다. 기술 공학의 무절제함을 낳는 원인들을 다루지 않기 때문이다.

그리하여 과학은 다시 한번 역사적인 요소로 고립되는데, 그 정도가 너무나 지나쳐 자이로 기어루스는 언제나 조롱당한다(그가 악의 세력과 대적할 수 있는 경우는 예외인데, 이때는 즉각 성공한다). "요즘 세상은 날 제대로 알아줄 준비가 안 돼 있어. 하지만 난 여기서 살아야 하고 적응하려고 애써야 해"(D 439). 하지만 아무런 생산력도 없는 불쌍한 '미치광이 과학자'[24] 자이로는 많은 경우에 원시적인 수작업 방식으로 일을 해야 하는데, 이는 그가 쓸모없다는 것을 증명할 뿐이다. 즉 이들 만화에서는 심지어 과학적인 합리주의조차도 전복적일 수 없다.

디즈니는 체제의 강점들뿐만 아니라 약점들까지 수용함으로써 자기의 만화 잡지들이 불편 부당한 모습을 갖기를 바란다. 따라서 모티프와 기준에서는 다원주의를, 표현에서는 자유를 그리고 ─ 한편으로는 판매를 촉진하면서 ─ 작가와 만화가에게는 창조적인 자유를 표방한다. 그렇지만 체제에 대한 디즈니의 문제 제기는 물론 상투적이며 사회적으로 수용 가능한 것이다. 그리고 쉽게 알 수 있는 대로 이는 부자와 가난한 자, 똑똑한 사람과 무식한 사람, 어른과 아이 등 모든 사람이 공유하고 있는 관습으로 구성되어 있다. 따라서 이는 길거리의 가벼운 대화나 저녁 식사 후의 담소 같은 흔해빠진 이야기를 반복할 뿐이다. 즉 (언제나 심하게 고통받는 것은 바로 가난한 사람들이라는 점은 잊은 채) 물가 상승을, (다름 아닌 부르

24. mad scientist, 이는 서양 대중 문화에 널리 퍼져 있는 이미지로, 지식 추구 자체에 치중한 나머지 자신의 연구 결과가 미칠 도덕적·사회적 영향은 전혀 고려하지 않은 채 헝클어진 머리로 연구실에 파묻혀 있는 과학자를 가리킨다. 가장 좋은 예는 프랑켄슈타인으로, 바로 이 인물이 이 같은 편견의 기원일 수도 있다.

주아 계급에 의해 강요된) 사회적 기준의 타락을, (공적인 통제가 불가능할 정도로 비합리적인 체제에 의해 양산된) 대기 오염을, 그리고 (진정한 원인에 대해서는 함구하면서) 약물 남용을 한탄하는 것이다. 바로 이것이 소위 민주적인 논쟁의 허울로서, 겉으로는 부르주아 계급이 '사회적으로 타당하다'고 규정한 여러 문제를 폭로하는 것처럼 보이지만, 실제로는 이들이 강요하는 교묘한 검열을 감추는 것이다. 이 '민주적인 논쟁'은 '자유로운' 사고와 표현이라는 허구의 가면을 벗겨내지 못하도록 만든다(베트남 전쟁과 쿠바 침공,[25] 사회주의 공화국들의 여러 성취, 평화 운동과 여성 해방 등을 대중 매체가 어떻게 다루는지 생각해보라).

한편 디즈니도 매스 미디어를 비판한다. 그러나 TV에 대한 극히 상투적이고 틀에 박힌 비판에 열중할 따름이다. TV야말로 새로운 가장이라거나, 가정의 화목에 대한 위협이며 거짓말과 어리석음을 퍼뜨린다는 것이다. TV는 심지어 도널드의 조카들마저 망쳐놓는데, 어느 이야기에서(D 437, CS3/61) 이들은 도널드에 대한 애정과 존경심을 잃기까지 한다. 왜냐하면 조카들이 보기에 도널드는 자기 자랑만 늘어놓는 개더바웃 기장[26]이라는 TV 주인공에 미치지 못하기 때문이다. 이 순간에 도널드는 다름 아닌 만화와 디즈니랜드 그리고 대중 문화 전반을 자기 권위에 대한 경쟁자로 맞닥뜨리는 전형적인 가장의 입장에 선다.

개더바웃 기장은 그랜드캐니언의 어느 깊고 신비로운 지역에 선사 시대의 야만인들이 살고 있다고 주장한다. 이에 도널드는 "시시껄렁한 사기꾼! 사악한 거짓말쟁이! 엉터리 수작의 제왕! 헛소리나 좇아다니는 놈!"이라고 비난하면서 그의 이야기를 믿지 않고, 그가 자기 조카들을 세뇌시

25. 1959년에 피델 카스트로의 주도 아래 혁명이 일어나 쿠바가 공산화되고 소련과 가까워지자, 위협을 느낀 미국은 1961년에 쿠바로부터의 사탕수수 수입량을 대폭 줄이고 급기야 국교를 단절하였다. 더 나아가 같은 해에 미국 기업들의 지원 아래 미 중앙 정보국의 훈련을 받은 쿠바 출신·난민들을 동원해 쿠바 남서부 소재 피그 만을 침공하였으나 패했다. 이는 3년 뒤에 쿠바 미사일 위기로 이어졌다.

26. Gadabout은 나다니는 사람, 즉 나대는 사람을 뜻한다.

키고 있다고 비난한다. 결국 도널드는 (진실을 밝히기 위해서가 아니라 분노와 질투심 때문에) 그랜드캐니언을 향해 떠나는데, (과거에 도널드가 존재를 의심했던 히말라야 설인이 실제로 있었던 것과 마찬가지로) 그곳에 선사시대의 야만인들이 실제로 살고 있음을 발견한다. 게다가 도널드는 문제의 야만인들에게 사로잡혀 옷을 뺏기고, 낙오된 상태에서(그가 타고 온 비행기는 그 사이에 야만인들이 타고 날아가버린다) 설상가상으로 그곳을 찾아온 개더바웃 기장에게 구조된다. 말하자면 도널드는 미디어에 의해 구원받는다. 하지만 동시에 미디어에 의해 처벌되기도 한다. 개더바웃은 도널드의 구조 과정을 필름에 담는데, 그리하여 다름 아니라 '도널드와 그의 친구들('개명한 오리들!')은 기장의 모험 이야기 연작에서 야만인(한편 진짜 야만인들은 그 사이에 즉각 문명화되었다)의 역할을 맡거나 아니면 그랜드캐니언에 버려지는 양자 택일의 상황에 놓이는 것이다. 그 뒤 수치스러운 이야기를 만천하에 방영하는 TV 프로그램을 보면서 '도널드와 그의 친구들'은 후회 막급한 심정이 되어 생각한다. "이 무슨 조화야! 사기꾼임에 틀림없는 저 개더바웃 기장을 폭로하지도 못하고 이렇게 가만히 앉아서 바로 우리가 사기꾼이라고 하는 얘길 듣고 있어야만 하다니!"

　　TV는 곧 현대 생활의 성서이다. 그래서 조카들은 그것이 마치 탯줄이라도 되는 듯이 그랜드캐니언까지 챙겨 간다. 거기서 TV는 문제의 야만인들에게 (오리) 요리법, 운동하는 법 그리고 심지어는 비행기 조종법까지 가르치는 등 초단기 문명화 강좌를 제공하는 데 쓰인다. 흥분해서 거의 제정신이 아닌 오리들이 지켜보는 가운데, 이 야만인들은 TV 교양 강좌의 가르침에 따라 문명을 향해 떠난다. "쟤들이 협곡 가장자리 쪽으로 날아올라가고 있어!" "바로 우리가 가고 싶어했던 문명 세계를 향해서 말이야!" "쟤네가 해내고 말았어!" "아무도 안 다치고 저 위에 안전하게 착륙했어. 우리가 가져온 휴대용 TV 덕분에 말이야!" 다름 아닌 매스컴이라는 매체만이 그 사막으로부터, 그 원시적인(뒤처지고 미개발된) 고원으로부터, 그 몽매한 유년기로부터 사람들과 어린이들을 데려올 수 있는 것이다.

실제로 이 오리들의 세상 전체는 하나의 TV 놀이로, 좋든 싫든 여기서 벗어날 도리가 없다. 즉 우리 모두 거대한 디즈니 만화 안에서 살고 있는 것이다. 우리는 이 환상을 용감하게 받아들여야 하며, 현실로의 긴급한 귀환이라는 수사에 넘어가지 말아야 한다. 비록 우리가 그것이 허구라는 점을 암암리에 알게 되더라도 이 환상은 일단 받아들이는 편이 낫다. 왜냐하면 이 환상은 엄청난 양의 정보와 건전한 오락, 그리고 구원을 제공하는 것으로 여겨지기 때문이다.

그러니 방관자의 역할로 만족하시라. 그렇지 않으면 독자 여러분께서는 삶이라는 거대한 영화 안에서 고통받는 조연 배우로 생을 마감할 것이기 때문이다. 사이비 비판가인 도널드는 미디어에 의해 악의적으로 폭로된다. 그리하여 그는 화면에 얼굴이 나오며, 그 역시 '쇼'의 일부가 되고 만다. 도널드의 반역은 극히 지독한 굴욕으로 이어지며, 직접 대본을 쓰려고 했다는 이유로 스스로를 더욱더 우스꽝스럽게 만든다. 즉 매스 미디어는 바로 자신이 구세주이고 천하 무적이며 최종적인 힘이라는 것을 다시 한번 보여주는 것이다.

결국 디즈니 만화에서 비판이란 다원주의와 계몽이라는 겉치레를 제공하기 위해 삽입되었을 뿐이다. 체제 내 모순들 역시 어떤 움직임을 가장하기 위해 이용되지만 어떤 의미 있는 결과도 가져오지 않으며 어떤 미래를 암시하기 위해 이용되지만 그 미래는 결코 도래하지 않는다.

이로써 마지막 원이 닫히면서 우리나 다른 사람들의 비판적 분석을 질식시킨다. 그리하여 디즈니 세계를 다루는 역사극의 막이 열릴 때 무대 위에 있을 유일한 주인공은 오로지 시멘트 장막[27]뿐이다.

27. 냉전 시대에 사용되던 철의 장막(Iron Curtain)이나 죽(竹)의 장막(Bamboo Curtain)과 같은 용어를 차용한 말놀이다.

결론: 도널드 덕에게 권력을?

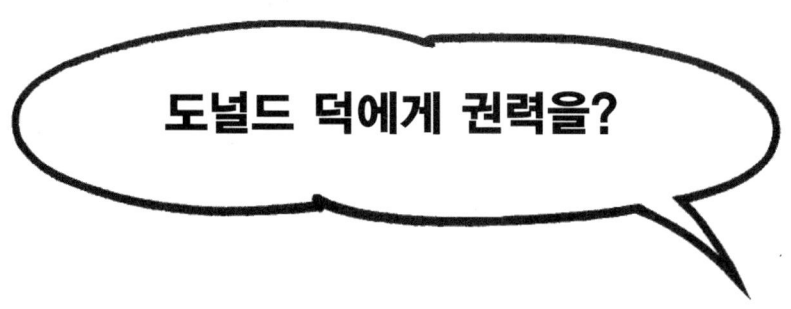

조카들 : "이제 우린 **살았어요**. 도널드 삼촌! 포함이 사격을 멈췄어요!"

도널드 : "내가 모든 도화선을 밟아 뭉개버렸거든."

(D 364, CS 4/64)

디즈니를 공격하는 것은 전혀 새로운 일이 아니다. 그는 과거에도 종종 상상력의 외판원, '미국식 생활 양식(American Way of Life)'의 선전꾼, '비현실'의 대변인이라는 것이 폭로된 바 있다. 비록 사실이기는 하나 그러한 비판은 디즈니가 동물 캐릭터들을 만들어내는 과정의 이면에 도사리고 있는 진짜 저의, 그리고 이들이 칠레와 같은 종속국에 가하는 진정한 위험을 놓치고 있다. 그의 캐릭터들이 위협적인 것은 이들이 '미국식 생활 양식' 자체라기보다는 오히려 '미국식 삶의 꿈(American Dream of Life)'을 구현하는 데서 생겨난다. 왜냐하면 그것은 바로 미국이 꿈꾸고 스스로를 구원하며 그런 다음에는 다름 아닌 자신의 구원을 위해 다른 사람들에게 이 꿈을 강요하는 방식이기 때문이다. 따라서 당연히 이것은 종속국에게 위험천만하다. 우리 라틴 아메리카 사람들로 하여금, 저들이 우리를 보는 대로 우리 자신을 보도록 만드니 말이다.

    어떠한 사회 현실도 물적 토대와, 인간의 정신 속에서 그것을 반영하고 예견토록 하는 상부 구조 사이의 끊임없는 변증법적 상호 작용으로 규정될 수 있다. 그리하여 모든 가치, 관념, 세계관 그리고 이에 수반되는 ― 아주 경미한 동작에 이르기까지 ― 일상의 태도와 행동은 사람들이 자연에 대한 지배를 확립하고 그것을 생산적으로 만들기 위해 발전시키는 구체적인 여러 사회 형식 속에 표현되기 마련이다. 사회가 살아남고 발전하기 위해서는 이러한 물적 토대와 그것이 일으키는 정서적·지적 반응에 대해 통일적이고도 유연한 정신적 태도를 가져야 한다. 어떠한 사회 체제에 속해 있다는 것을 발견하는 바로 그 순간부터, 말하자면 잉태되고 태어나는 순간부터 사람들의 의식은 구체적이고 물질적인 여러 조건에 기반하지 않고는 발전할 수 없다. 그런데 특정 계급이 경제적인 생산 수단을 장악하고 있는 사회에서는 바로 이 계급이 정신적인 생산 수단, 즉 관념과 감정, 직관, 간단히 말해서 삶의 의미 자체마저 장악하게 된다. 실제로 부르주아 계급은 물적 토대와 상부 구조의 진정한 관계를 뒤바꾸려고 애써 왔다. 그들은 자신들이 아는 유일하게 오염되지 않은 수단, 즉 두뇌를 이용한 아이디어가 부를 생산한다고 생각하는데, 따라서 인류의 역사는 아이디어의 역사가 된다.

    디즈니의 진정한 메시지를 포착하기 위해서는, 그가 정확히 어떠한 방식으로 현실을 표현하며 그의 공상이 어떻게 구체적인 사회적 존재, 다시 말해서 당면한 역사적 조건과 관련되는지를 이해하기 위해서는 그의 상상 세계를 이루는 두 구성 요소를 살펴보아야만 한다. 디즈니가 토대와 상부 구조 사이의 관계를 바라보는 방식은 부르주아 계급이 (자기 나라뿐만 아니라) 종속국들의 현실 생활에서 이 관계를 생각하는 방식에 비견할 만하다. 일단 양자의 구조적인 차이점과 유사점을 분석하고 나면 우리는 디즈니 식의 잡지들이 저개발이라는 조건에 미치는 영향을 좀더 정확하게 판단할 수 있을 것이다.

　이쯤이면 디즈니의 세계란 모든 물적 토대가 추방된 세계라는 사실은 충분히 증명되었을 것이다. 이 세계에서 (물질적인, 성적인, 그리고 역사적인) 모든 형태의 생산은 제거되며, 여러 가지 갈등은 결코 사회적 기반을 갖지 못하고 도리어 선 대 악, 행운 대 불행, 총명함 대 어리석음의 관계라는 관점에서 제시된다. 따라서 디즈니 캐릭터들은 구체적인 일상 세계에서는 모든 행위의 중심이 되기 마련인 물적 토대가 없어도 살 수 있다. 하지만 이들이 외계를 날아다니는 영묘한 천사들이 아님은 분명하다. 우리는 이들의 삶이 얼마나 의도적으로 일상 세계에 대한 디즈니의 관점을 반영하는지 거듭해서 살펴보았다. 디즈니가 그의 세계로부터 2차 경제 활동 부문, 즉 현대 사회의 근원이며 부르주아 계급과 제국주의에 힘을 실어준 제조업을 추방했기 때문에 오직 하나의 하부 구조만이 남아서 그의 환상을 구체화하고 그의 아이디어에 내용을 제공한다. 그리고 이 유일한 하부 구조는 자동적으로 디즈니 만화 캐릭터들의 경제 생활 부문, 즉 3차 경제 활동 부문을 대변하는데, 산업에 봉사하기 위해 발생해서 계속 그것에 의존하는 서비스 산업이 바로 그것이다.

　이미 살펴보았듯이 디즈니 세계에서 모든 관계는 강박적으로 소비 지향적이며, 물질과 관념의 시장에 내놓은 상품과 다르지 않다. 그리고 만화 잡지는 바로 이러한 상황의 일부분이다. 사실 디즈니 산업 제국 자체가 오락을 요구하는 사회에 봉사하기 위해 생겨났으며, 또한 기존의 여가에 환상으로 가장한 더 많은 여가를 공급하는 일이 주임무인 오락 산업망의 일부분이기도 하다. 즉 문화 산업이란, 사회의 산업적인 여러 갈등으로부터 내용을 없애버리고 남은 단 하나의 기계이며, 따라서 이 방법이 아니었다면 현실에 완전히 가로막혔을 미래로 도피하기 위한 유일한 수단이다.

이곳은 모든 어린이가(그리고 어른이) 들어올 수는 있으나 극소수만이 빠져나갈 수 있는 놀이터이다.

따라서 디즈니 세계에서 상부 구조와 하부 구조 사이의 갈등이란 있을 수 없으며, 유일하게 남아 있는 물적 토대, 즉 3차 산업 또는 서비스 산업 부문은 동시에 상부 구조로도 규정된다. 그리하여 캐릭터들은 인간들이 더이상 물질적인 고려 사항으로 고민하지 않는 여가의 영역 안에서 움직인다. 그들의 생각이란 처음부터 끝까지 남는 시간을 때우는 일, 다시 말해서 오락을 찾는 일에 집중된다. 이러한 오락으로부터 하나의 자율적인 세계가 생겨나는데, 이는 너무도 경직되고 제한된 세계여서 여가 이전에 존재하는 생산적인 하부 구조는 흔적도 남기지 않고 없애버린다. 이로써 모든 물질적인 활동은 제거되는데, 왜냐하면 미미하게나마 이것이 남아 있을 경우에는 오락 세계와 현실 세계를 혼합하고 삶과 공상을 결합시키는 디즈니의 수법이 위선적이라는 사실을 폭로할지도 모르기 때문이다. 결국 물질은 정신이 되고, 역사는 오락이 되며, 노동은 모험이 되고, 일상생활은 선정적인 기사거리가 된다.

이렇듯 디즈니의 아이디어란 일정한 물질적 발전 단계에 도달한 사회의 진정으로 물질적인 생산물인 것이다. 이들 아이디어는 선진 자본주의 사회의 자아상을 구성해주며, 정신적 트라우마로 점철된 이 사회의 과거를 순진무구하게 소비하는 것을 촉진하는 가치, 관념 그리고 기준들로 구성되는 상부 구조를 대변한다. 산업 부르주아 계급은 자신들의 관점을 국내외 다른 사회 영역의 태도와 열망에 강요한다. 3차 산업 부문의 유토피아적인 이데올로기는 하나의 정서적인 투사로 이용되며, 유일하게 가능한 미래로 제시된다. 특정 계급으로서 그들이 누려온 역사상의 패권은 바로 디즈니 세계 안에 확립되어 있는 위계 질서 — 그것이 디즈니 만화를 파는 산업 제국의 작용 속에 있든 만화 속에서 창조된 캐릭터들 사이의 관계에 있든 — 에 이식되고 반영된다.

어른, 도시민, 부르주아 계급 등 중심부 사람들이 어린이, 고귀한 야만인들과, 노동자로 이뤄진 주변부 사람들과 맺고자 하는 유일한 관계란 관광 여행 같은 것이거나 선정적인 것일 뿐이다. 따라서 원자재 부문, 즉 제3세계는 황금 또는 지루함을 달래는 재미있는 경험 등 노리개의 원천이 된다. 그런데 오리 나라 사람들의 관광 여행을 통한 자기 구원, 그들이 상상하는 '야성적인' 특성 그리고 그들의 유치한 원기 회복을 보장하는 것은, 다름 아니라 주변부의 순진무구함이다. 그리하여 제3세계 국가들이 제공하는 원시적인 하부 구조(그리고 그들이 생물학적으로 또 사회적으로 대변하는 것)는 바로 잃어버린 '원시성,' 그리고 서비스 산업 중심의 세계가 좋아하는, 그림 엽서 신세로 전락한 '순수'(그리고 원자재)의 세계에 대한 향수 어린 반향이 되고 만다. 디즈니의 캐릭터들이 오락을 위해서, 그리고 '낙원'에서의 모험을 통해 자신의 부를 정당화하기 위해서 타락한 도시의 일상으로부터 탈출하듯, 독자들 역시 바로 그렇게 '도널드와 그의 친구들' 소유인 '순수한' 에덴 동산의 오락을 찾아 역사적인 여러 갈등으로부터 탈출한다. 이처럼 주변국 민족들을 사로잡아 이들을 잃어버린 '순수'로 변형시키는 것은 선진 자본주의 사회에서 생기는 여러 가지 역사적인 모순과 별개로 보아서는 이해할 수 없는데, 왜냐하면 이는 곧 그러한 사회의 경제·문화적 체제를 이데올로기적으로 나타내기 때문이다. 그리고 이들 민족은 실제로 종속국들 안에 그리고 바로 미국 자체 안에 (아무리 퍼서 써도 바닥이 드러나지 않는 '자연' 저장고인) 소수 인종 집단으로

존재하고 있기 때문이다.

선진 자본주의 사회는 바로 디즈니를 통해서 부르주아 계급이 오랫동안 품어왔던 '자연으로 돌아가자'는 꿈을 실현하고 있다. 이 꿈은 부르주아 계급의 진화 과정에서

철학과 문학, 예술과 사회 풍속 등의 분야를 통해 역사적으로 다양한 변형을 겪으면서 표출된 바 있다. 그런데 최근에는, 즉 20세기 중반 이래 낙원을 회복하고 죄에 물들지 않은 생산을 이루고자 애쓰는 지배 계급의 노력을 다름 아닌 매스 미디어가 지원해왔다. 노동이 야기하기 마련인 갈등은 없고 여가만 있는 하나의 부족 마을(현재는 지구촌이 되어 있다), 그리고 공해가 없는 지구촌 ― 이 모두가 산업화로부터 생겨난 소비재에 의존하고 있다. 어린이들의 상상 세계는 디즈니의 우주 전체를 '순수'의 물로 씻어낸다. 그리고 이러한 '순수함'은 일단 오락용 방송 매체에 의해 가공되기 시작하면 특정 계급의 정치적 유토피아의 발전을 촉진한다. 하지만 선진 자본주의 사회의 발전에도 불구하고 이처럼 정화된 세계 안에서 '순수함'의 중심으로 지목되는 것은 바로 주변부 민족들의 역사적 경험이다.

부르주아 계급의 오락 개념, 그리고 이것이 디즈니 세계에서 펼쳐지는 구체적인 양상은 선진 자본주의의 역사적 토대에서 발생하는 삐걱거림과 여러 긴장이 상부 구조에 반영된 것이다. 오락 속에서 이 개념은 자동적으로 이 체제에 순기능적인 몇 가지 신화를 만들어낸다. 요컨대 시대적 갈등을 제국주의 체제의 관점에서 경험하는 독자들이 일상의 삶과 투사된 미래를 디즈니 체제 안에 반영되어 있는 식대로 보는 일은 극히 정상이라

는 것이다.

　　유행의 첨단을 걷는 칠레의 부르주아 계급이 극도로 세련된 모델들에게 미니스커트와 맥시스커트, 핫팬츠를 입히고 번들거리는 부츠를 신겨서는 (콜차과 주나 칠로에 섬[1] 같은) 가난한 농촌 지역의 '자연이 잘 보존되어 있는 풍경,' 아니면(여기가 한계선이다. 파괴자들이여, 도대체 왜 이들을 가만히 내버려두지 않는가) 전원적인 풍경 속의 알라칼루페 인디오 부족[2] 사이에 세워놓고 잡지 사진을 찍듯이, 미국에서 제작된 만화들은 도시 문명에 의해 파괴된 사회 조직 형태로 되돌아가고자 하는 강박 관념을 반영하기 마련이다.[1)] 디즈니는 자신의 과거와 미래의 정복을 정당화함으로써 끊임없이 자기를 정화하는 정복자이다.

　　하지만 대도시의 이해를 대변하는 한편, 그러한 만큼 이 도시의 생산력 발전에 내재하는 여러 모순의 산물이기도 한 지배 계급의 문화적 상부 구조가 어떻게 저개발 국가들에서 영향력을 행사하고 또 그와 같은 인기를 획득하는 것일까? 도대체 디즈니가 왜 그토록 위협적일까?

　　첫번째 이유는 거대한 산업 자본주의 제국에 의해 요구되며 촉진되는 그의 제품들이 그 밖의 많은 소비 상품과 함께 종속국으로 수출되는 데서 찾을 수 있다. 주변국은 경제적·정신적으로 완전히 낯선(즉 이질적인) 중심국의 조건에서 만들어진 상품들에 의존한다는 바로 그 이유 때문에 종속적이다. 다시 말해 우리네 나라들은 원자재 수출국인 동시에 상부 구조적인 상품과 문화 상품의 수입국인 것이다. 따라서 우리의 '단일 상품' 경제에 편익을 제공하고 도시 설비에 필수품을 조달하기 위해서 우리는 구리를 내보내고, 그들은 구리를 캐기 위한 기계, 그리고 말할 것도 없이 코카콜라를 들여보낸다. 물론 이때 코카콜라 뒤에는 '모범적인' 행동 모델과 기대치에 대한 모든 구성 체계가 따라오며, 그와 더불어 특정한 종류의 현재와 미래 사회 그리고 과거에 대한 해석이 붙어 있기 마련이다. 그

---

1. la Isla Grande de Chilo, 칠레 남부에 소재하며 극심한 강우량과 울창한 삼림으로 인해 본격적으로 개발되지는 못하고 농업, 목축업, 임업이 성하다. 콜차과는 칠레 중부 협곡 지대에 위치한 주(州)로, 지역에 따라서 역시 농업과 목축업이 성하다.
2. 칠레 남부에 거주하는 부족으로, 전통적으로는 수렵과 어로에 종사했으나 현재는 멸족 위기에 놓여 있다.

리하여 우리는 해외에서 착안되고 포장되고 상표가 붙여져서 외국의 부자 삼촌[3]의 이익을 위해 판매되는 제품들을 수입하는 동시에 그처럼 전혀 이질적인 사회의 문화 형식을 — 제품들이 기반하는 선진 자본주의 국가의 사회적 조건이라는 맥락은 쏙 빼버린 채 — 수입하는 것이다. 종속국들이 경제적 독립에 이를 수 있는 모든 발전을 제한하는 지속적인 국제 분업에 의해 계속 종속 상태를 벗어날 수 없었다는 점은 이미 역사적으로 증명된 바 있다.

바로 독자들 각각의 삶의 사회·경제적 기반, 그리고 이러한 기반과 관련된 집단적 관점의 성격의 불일치가 문제다. 이러한 불일치는 종속국들을 파고드는 데 있어서 디즈니에게 효과적인 힘을 제공하는데, 왜냐하면 디즈니는 집단적인 필요를 희생하는 대가로 개인적인 목표를 제시하기 때문이다. 게다가 이처럼 종속되어 있었기 때문에 비전을 제시하고, 우리가 침윤되어 있는 — 그리고 다양한 역사적 단계의 중첩으로 점철되어 있는 — 현실을 (왜곡되기는 했으나 많은 경우에 의미심장하고 정확한 방식으로) 표현하기 위해서 우리 지식인들은 처음부터 아예 이질적인 형식을 이용할 수밖에 없었다. 이것이 현실을 용케 드러내는 동시에 은폐하는(라틴 아메리카 문화에서 '바로크주의'라고 불리는) 아주 기괴한 종류의 모호성이다. 그러나 라틴 아메리카 국민 대부분은 일상 생활에서 이 같은 불일치를 수동적으로 받아들일 수밖에 없다. 그리하여 빈민가의 가정 주부들은 최신형 냉장고나 세탁기를 사도록 부추겨지며, 가난한 산업 노동자는 '피아트 125'의 광고 이미지의 폭격을 받으며 살아간다. 또한 트랙터조차 없는 영세 차지농은 현대식 공항 근처에 있는 땅을 갈며, 무주택 서민은 부르주아 계급이 자신들을 가둬놓기 위해 만든 아파트 단지에서 방 한 칸이라도 차지할 기회에 현혹된다. 즉 엄청난 경제적 저개발과 세세한 부분까지 미치는 정신적 과잉 개발이 동시에 이루어지는 것이다.

3. 물론 스크루지 삼촌과 샘 삼촌, 즉 미국 모두를 가리킨다.

단지 1차 산업 부문(원자재)과 3차 산업 부문(서비스)만을 남겨둔 채 2차 산업 부문(생산)을 제거한 까닭에 디즈니 식 유토피아는 저개발국 국민들에 대한 패러디를 만들어낸다. 앞서 살펴보았듯이 이 세계는 정신과 물질, 도시와 시골, 도시민과 '고귀한 야만인'들, 정신적인 힘을 독점하는 자들과 육체적 고통을 전담하는 자들, 도덕적으로 유연한 자들과 경직된 자들, 아버지와 아들, 권위와 복종, 그리고 '합당한' 풍요와 마찬가지로 '합당한' 빈곤 사이를 갈라놓는다. 그리하여 저개발국 국민은 감정적이긴 하지만 디즈니 만화를 자신들이 살아가고, 외국에 있는 권력 중심부와 관계를 맺는 방식에 대한 지침으로 받아들이게 된다. 그러나 이는 전혀 이상한 일이 아니다. 왜냐하면 제국주의는 디즈니가 자기 만화에서 생산적이고 역사적인 힘을 내쫓아버리는 것과 똑같은 방식으로 저개발 국가에서 실질적 생산과 역사적 진화를 억제하기 때문이다. 즉 디즈니의 꿈이란 자본주의 체제가 실제 세계를 위해서 만들어낸 것과 똑같은 틀에서 만들어진 것이다.

'도널드 덕에게 권력을!'이란 곧 저개발의 촉진을 뜻한다. 따라서 제3세계 국민들이 날마다 겪는 고통은, 부르주아 계급의 자유로운 유토피아에서 영원히 향락을 누리기 위한 구경거리로 제공된다. 즉 이러한 연중 무휴의 오락과 구원의 뷔페는 저개발이라는 몸에 좋은 온갖 이국적인 음식을, 즉 불균형한 세계로 이루어진 균형 잡힌 식단을 제공하는 것이다. 그리하여 제3세계의 곤궁은 바로 그것을 생산하고 소비하는 주인들을 해방시켜주기 위해 포장되고 통조림이 된다. 그러고는 다시 가난한 자들에게 ─ 그들이 아는 유일한 음식으로서 ─ 던져진다. 즉 디즈니를 읽는 일이란 바로 자신이 착취당하는 현실에 꿀을 발라 목구멍 깊숙이 그것을 억지로 쑤셔 넣는 짓과 같다.

마르크스는 문명의 초창기에 고대 그리스 예술을 낳았던 여러 사회

조건은 결코 되살릴 수 없다는 점을 지적하면서, "인간은 아이가 되지 않고서는 유년기로 돌아갈 수 없다"고 쓴 바 있다. 그러나 디즈니는 이와 정반대로 생각한다. 디즈니는 또한 마르크스가 유감스러워 하면서도 인정한 사실을 자신의 환상 세계의 중추적인 원칙으로 제도화한다. 따라서 그는 어린이의 천진무구함을 기뻐하거나 축하하지 않으며, '더 높은' 수준에서 어린이의 본성을 충실하게 반영하려는 노력을 경주하지도 않는다. 즉 자기가 만들어낸 피조물들의 군주로서 디즈니가 고취하려는 역사상의 유년기로의 회귀와 어린이다운 순수함은 곧 진화에 대한 도전인 것이다. 그리하여 디즈니는 '순수'라는 실낙원을 향해 엉금엉금 기어가면서 속임수와 올가미로 가득 찬 보따리를 움켜쥐고 있는 지저분하고 유치한 늙은이와 다름없다.

독자 여러분께서는 반문하실지도 모른다. 그렇다면 왜 우리는 사회 계층, 이데올로기, 국적과 상관 없이 그리고 좋든 나쁘든 우리 모두의 어린 시절을 수많은 인물로 채워주었던 이 꾀죄죄한 노인네에게 욕을 해대고 있는가라고 말이다. 여기서 디즈니의 세계란 단순히 이따금 즐기는 오락이라는 영역에 있는 도피처가 아니라 바로 우리가 날마다 마주치는 사회적 억압의 실체라는 점을 다시 한번 상기하자. 따라서 이 오리에 대해 연구하는 일은 곧 부르주아 계급 사람들의 — 그들 사이의, 그들과 다른 사람들 사이의, 그들과 자연 사이의 — 관계에 속속들이 배어 있는 다양한 형태의 권위주의적이고 가부장적인 문화에 의문을 제기하는 것이다. 그리고 역사의 발전 과정에서 개인과 그들이 속한 계급의 역할, 그리고 대중의 등허리 위에 세워진 대중 문화의 구성에 대해 다시 한번 생각해보자는 것이기도 하다. 좀더 친밀한 관계라는 측면에서 이는 또한 아버지가 자식과 맺는 사회적인 여러 관계를 검토해보는 것이기도 하다. 단순한 생물학적 결정 인자를 넘어서는 역할을 하길 바라는 아버지라면 그가 자신의

반영물, 즉 아들에게 행하는 은밀한 억압과 조종을 한층 잘 이해하고 삼가게 될 것이다. 물론 이것은 어머니와 딸에게도 똑같이 해당되는 일이다.

이 책은 상아탑에 갇힌 정신 나간 사람들의 손에 만들어진 것이 아니라 계급의 적을 그와 우리 양자에게 공통적인 영역에서 물리치기 위한 투쟁 과정에서 생겨났다. 우리의 비판에는 어떠한 무정부주의적인 요소도 없으며, 또한 휴이, 듀이, 루이가 애써 주장하듯 공포탄에 그치는 비판도 아니다. 이는 단지 철저하게 문화를 변혁시킬 필요성을 인정함으로써 칠레와 라틴 아메리카에 잠재된 혁명 과정을 더 진전시키기 위한 또 다른 수단일 뿐이다. 우리 모두 도널드 덕이 칠레 사회의 모든 차원에 얼마나 깊숙이 자리잡고 있는지를 생각해보자. 도널드 덕이 웃는 얼굴로 그리도 천진하게 칠레의 거리를 거니는 한, 그가 권력이자 우리의 집단적인 대표자인 한, 부르주아 계급과 제국주의는 발뻗고 편히 잘 수 있다. 물론 그의 환상적인 웃음과 메아리는 언젠가는 찌푸린 인상만을 남겨둔 채 사라질 것이다. 그러나 이는 오직 우리의 적들이 우리에게 강요하고 있는 일상 생활의 공식이 힘을 잃고, 현재 우리의 사회적 실천을 형성하고 있는 문화 매체가 재형성될 때에야 비로소 가능할 것이다.

이 글이 패배한 디즈니를 대신할 수 있는 다른 대안을 제시하는 데는 실패한 그저 파괴적인 연구일 뿐이라는 비난을 접하면서 우리는 다만 이 문제들에 대해서는 어느 누구도 개별적인 해결책을 '제시'할 수 없다고밖에 대답할 수 없다. 문화 개혁이란 전문가로 구성된 엘리트가 수행할 수 있는 일이 아니다. 디즈니 이후에 무슨 일이 일어날지는 바로 해방을 추구하는 민중의 사회적 실천에 의해서 결정될 것이다. 이러한 경험을 그러모아서 그것이 온전하게 인간적으로 표현되도록 하는 일은 각 정당 안에 조직된 전위의 몫이다.

부록: 도널드 덕 대 칠레 사회주의
——'공정 사용'과 관련한 대결

도널드 덕 대(對) 칠레 사회주의
— '공정 사용'*과 관련한 대결

* 이 글은 존 셸튼 로렌스와 버나드 팀버그가 편찬한 『공정 사용과 자유로운 탐구—저작권법과 뉴 미디어 *Fair Use and Free Inquiry: Copyright Law and the New Media*』(Norwood, New Jersey: Ablex, 1980)에 처음 실렸다. 이 책에 싣기 위해서 내용이 약간 수정되었으며, 원저자의 허락을 받아 여기에 재수록한다.

매스컴이라는 뉴 미디어는 종종 국제적인 공동체, 즉 다양한 문화적 창조물들을 교환하고 그것을 통해 생겨나는 다양성을 통해 공동체 의식을 풍요롭게 만들어줄 수 있는 국제 공동체에 대한 전망들을 자극해왔다. '전지구적 전자 마을' 이라는 맥루한의 표현이 바로 이러한 낙관론을 표방하며, TV의 미래에 관한 토머스 허친슨의 1938년 예언도 마찬가지이다.

> TV는 이 세상을 여러분과 그리고 전세계 모든 민족들의 가정에 들여놓는 것을 의미합니다. 이것은 인간 정신이 지금까지 개발한 것 가운데 가장 위대한 의사소통 수단입니다. 이것은 우호적인 이웃을 만들며 지구상에 상호 이해와 평화를 가져오는 데 있어 오늘날 세계에 존재하는 어떠한 단일한 물질적 힘보다 더 많이 기여할 것입니다.[1]

이렇게 생각하는 사람들에게 예술은 보편적 언어라는 개념은 이미지들을 전세계에 배급할 수 있도록 해주는 기술의 도래와 함께 정점에 달하게 된다.

대중적인 상업 예술과 오락이 인류의 대의를 진전시키리라는 이러한 믿음을 유창하게 옹호한 사람은 다름 아닌 월트 디즈니인데, 그의 도덕주의와 문화적 사명감은 이미 널리 알려진 바 있다. 디즈니가 죽은 지 10년이 더 지난 후에도 그가 세운 회사는 상업적인 오락이 전세계 모든 사람들에게 건전한 효과를 미치도록 하겠다는 그의 야심을 구현하려고 애쓰고 있다. 예를 들어 플로리다 주에 에프콧(Experimental Prototype Community of Tomorrow의 약자)을 건설하겠다고 발표하면서 디즈니 주식 회사 회장인 카드 워커는 이렇게 쓰고 있다.

> 인류 역사상 다양한 사람들과 함께 이들의 필요를 충족시켜주기 위해 발전하고 있는 새로운 시스템들 그리고 우리가 대면하고 있는 여러 대안……에 대한 정보 소통의 필요성이 지금처럼 크게 대두된 적은 없었습니다.
> 우리는 에프콧 센터와 이 센터의 두 가지 주제, 즉 '미래 세계'와 '세계 진열장'을 통해서 국제적인 상호 이해와 전세계 사람들이 직면하고 있는 갖가지 문제에 대해 해결책을 제시하는 데…… 헌신할 것입니다.
> 이 같은 헌신은…… 영화와 TV, 교육 자료, 그리고 심지어는 아이디어와 제품의 인가 등을 포함해 디즈니의 정보 소통 역량이 다다를 수 있는 데까지 확대될 것입니다.[2]

디즈니 사의 『1977년 연례 보고서』 역시 에프콧의 잠재적 역량에 대해 위와 똑같은 견해를 담고 있다.

> 이는 세계인의 상호 이해라는 대의를 진작시키기 위한 "세계의 의사 전달 매체"…… "영구적이고 국제적인 인적 교류"…… 절실히 요구되는 희망과 낙관의 상징물이 될 것입니다.[3]

즉 계몽과 향유,‧ 미국의 국익과 외국의 이익, 기업의 이익과 인류에 대한 봉사 사이의 여러 갈등은 월트 디즈니가 죽기 전에 마지막으로 착안한 이 위대한 놀이 공원에서 해소되며, 또 마땅히 그래야만 한다는 것이다.

그런데 일단 '공유,' '소통,' '상호 이해,' '평화' 라는 솔깃한 수사로부터 눈을 돌려 전세계 매스 미디어들간의 실질적인 교환 양상을 검토해 보면 국가간에 커다란 불평등이 존재하는 것을 발견할 수 있다. 디즈니 프로덕션이 가장 많은 성공을 거둔 분야인 영화와 TV에서 미국의 우위는 금세 분명해진다. 비록 미디어 제작물의 상당량이 전지구적으로 배급되기는 하지만, 상호 교환은 상대적으로 적다. 예를 들어 몇몇 주요 국가는 자국에서 상영되거나 시청되는 외국 영화 중 무려 69퍼센트를 미국으로부터 수입한다.[4] 일라이휴 캐츠와 조지 웨딜은 각국의 TV 프로그램 편성에 관한 조사 보고서에서 이렇게 지적하고 있다.

1975년 7월 15일 월요일 아침 8시 30분에 방콕의 시청자들은 미국산 연속극 세 편 중에서 하나를 고를 수 있다. <맨헌트 Manhunt>, <FBI>, 그리고 <크리스티에게 사랑을! Get Christie Love!>이 바로 그것이다. 테헤란의 시청자들은 토요일 밤에 한 채널에서는 <가족 이야기 A Family Affair>와 <우리 생애의 나날 Days of Our Lives>, 그리고 또 다른 채널에서는 <대담한 자들 The Bold Ones>와 <코자크 Kojak>를 볼 수 있다. 물론 이러한 예들은 정선된 것이다. 왜냐하면 이들은 타이에서처럼 일요일 아침에 레슬링 시합(현지 제작물)과 디즈니 영화 한 편 또는 <하와이 파이브 오 Hawaii Five-O> 중에서 고를 수 있기 때문이다.[5]

심지어 몇몇 국가는 자국 방영 프로그램의 백퍼센트를 수입물로 편성함으로써 위에서 언급한 것 같은 방송물을 선택하게 만든다. 반면에 미국은 자국 내에서 상영되는 상업 TV 방송물 중 단지 1퍼센트만 수입하며, 공영 TV 방송물 중에서는 고작 2퍼센트만을 수입한다.[6]

어린이 만화책 분야에서도 미국이 이와 유사한 형태로 수출을 독점하고 있는데, 이 또한 디즈니가 주도하고 있다. 디즈니의 각종 발행물은 아랍어, 플랑드르어, 세르비아-크로아티아어, 타이어를 포함 무려 18개의 다른 언어로 번역된다.[7] 마블 코믹스 사[1]와 DC 코믹스 사[2]가 자체적으로 파는 수백만 편은 말할 필요도 없거니와, 수백만 편의 디즈니 만화가 다달이 배급되고 있다. 하지만 정작 미국의 사업가들이 자국민에게 보여줄 목적으로 외국에서 수입하는 것은 거의 아무것도 없다.[8] 그렇다면 '지구촌'에서의 소통이란 결국 일방 통행인 셈이다. 즉 미국은 문화적인 메시지를 내보내기는 하지만, 이것의 대상이 되는 사람에게서 오는 메시지는 거의 수신하지 않는다.[9]

1. Marvel Comics, 미국의 주요 만화 회사로, 이 기업 발행물의 주인공으로는 헐크(Incredible Hulk)와 스파이더맨(Spiderman) 등이 있다.
2. DC Comics, 역시 미국의 주요 만화 회사로, 이 기업의 발행물의 주인공으로는 슈퍼맨, 배트맨, 원더우먼 등이 있다.

도널드 덕과 칠레 혁명

그러나 세계의 문화 교류에서 볼 수 있는 이러한 지배와 종속 관계는, 미국 매스 미디어의 제작물을 수입하고 수용하는 당사자인 다른 국가 관찰자들의 시선을 피해나갈 수는 없었다. 그리고 수입된 미국 문화, 특히 디즈니 세계의 영향과 가치를 분석하려는 한층 강력한 시도 가운데 하나가 바로 살바도르 아옌데(1970~1973)의 주도로 성립되었으나, 곧 붕괴될 수밖에 없었던 사회주의 정부 하의 칠레에서 이루어졌다. 아리엘 도르프만과 아르망 마텔라르가 이 저서를 집필했고,[10] 이것은 칠레와 라틴 아메리카 그리고 종국에는 미국을 제외한 다른 몇몇 나라에서 폭넓은 독자층을 확보했다. 그런데 이 책의 영역(英譯) 및 반입과 관련된 자세한 이야기는, 계속 변하고 있는 저작권법과 '공정 사용'의 전통에서는 자세히 이야기되지 않는 일화 중의 하나이기도 하다. 그것은 — 이미지를 생산해내는 회사가 주장하는 대로 — 이미지는 독특한 지위를 갖는다는 추정과, 그러한 이미지를 '공정 사용'의 전통에서 보는 일에 대해 출판업자들이 보여준 소심함에 항변하는 이야기이다.

사회주의 혁명 당시 칠레의 커뮤니케이션 산업은 제3세계의 전형적인 형태를 보여주고 있었다. 50퍼센트 이상의 TV 방송물이 외국으로부터 수입한 것이었는데, 그 중 <보난자Bonanza>, <미션 임파서블>, <FBI>, <디즈니랜드> 등 미국으로부터 들여온 프로그램이 압도적으로 많았다.[11] 왜냐하면 일본이나 서독에서는 편당 무려 3천 달러에서 5천 달러가 들었을 반 시간짜리 연속물을 단 65~70달러에 구입할 수 있었기 때문이다. 또한 일본이나 서독의 경우에는 2만4천~6만 달러까지 가격이 매겨진 장편 길이의 미국 영화들을 칠레에서는 고작 3백5십~4백 달러에 구할 수 있었다. 제레미 턴스톨은 이를 이렇게 설명하고 있다.

> 모든 대중 매체 영역에서 처음에는 가격 경쟁을 통해 타사보다 가격을 낮게 책정해서 판매하는 것이 미국의 표준적인 관행이다. 미국에는 수많은 출판물과 지역 방송국이 있기 때문에 이러한 일이 가능해지는 것이다. 통신사의 잉여 '복사본' 또는 장편 영화나 TV 연속물의 사용에 대해 분명하거나 '합리적인' 가격이 없는 까닭에 보통 수준 이상의 폭으로 가격 인하와 변경이 가능하게 된다.[12]

이러한 가격 정책이 수출 대상국의 시장 경제 내에서 자체 방영물의 생산을 낮추리라는 것은 분명하다. 왜냐하면 심지어 스튜디오에 조명을 설치하거나 영화 장비를 마련하는 것보다 훨씬 낮은 비용으로 한 프로그램이나 영화의 복사본을 구입할 수 있기 때문이다. 따라서 영화와 방송 프로그램을 '현지 가격'에 — 실제로는 거의 공짜로 — 배급하는 것은 수입 당사국 자체의 매체 생산 시설을 발전시키지 않아도 향후 성장할 가능성이 있는 경제 체제에 대한 훌륭한 초기 투자가 된다. 게다가 미국의 방송 프로그램은 외국의 시청자들에게 대단히 인기가 있으며, 일단 외국의 방송사들이 TV를 국가적 차원의 오락 형태로 이용하기로 결정하고 나면 방송 시간을 채우는 데 큰 도움이 된다.

칠레의 만화 시장 역시 디즈니 만화뿐 아니라 『슈퍼맨』과 『론 레인저』 등 미국산 제품을 수입하는 실정이었다.[13]

이러한 상황에 대해 민중 연합은 연정에 참여한 그룹들의 동의 아래 1969년 12월에 매스컴에 대한 계획을 작성했다.

> (라디오, 신문, 출판, TV, 영화와 같은) 통신 매체는 새로운 문화와 새로운 인간을 형성하는 데 있어서 근본적인 조력자이다. 따라서 이것은 교육적인 메시지를 담고 있어야 하며, 상업적인 성격으로부터 자유로워야 한다. 사회 조직들이 각종 매체를 이용할 수 있도록 하며, 독과점의 잔재를 없애기 위한 조치가 취해져야만 한다.[14]

1970년에 권력을 쟁취하자 민중 연합당은 비록 상업적인 TV 방송사를 대개 그대로 두었지만 칠레 민중을 위한 문화를 다시 만들고자 노력을 기울였다. 그리하여 국가는 칠레 최대의 출판사인 시그사그를 인수해서 키만투 정부 출판사를 발족시켰고, 수백만 부의 책을 대중에게 널리 보급하기 위해 저렴한 가격으로 출판하기에 이르렀다.[15]

디즈니 만화에 대한 반격이 시작된 것도 바로 키만투(문자 그대로 '지식의 빛'을 뜻한다)를 통해서였다. 그러나 키만투 출판사는 디즈니 만화를 더이상 출판하지 못하게 하는 대신 대안적이고 진보적이며 혁명적인 만화 『카브로 치코Cabro Chico』를 창조했다. 이 출판사의 아동물 및 교육 출판물 분과에서 일하던 아리엘 도르프만과 매스 미디어 조사 및 평가 부장이던 아르망 마텔라르가 손잡고 『카브로 치코』를 만들어냈다. 또한 그들은 민중적이며, 월트 디즈니의 만화들 속에 들어 있는 가치관과 세계관을 철저하게 폭로하고 있는 『도널드 덕, 어떻게 읽을 것인가』(1971)를 공동 저술하게 된다.

『도널드 덕, 어떻게 읽을 것인가』는 디즈니의 '웃기는 동물들'의 특이한 성적·가족적 가치관에서부터 도널드와 그의 조카들, 그리고 엄청난 부자이면서도 자린고비인 스크루지 맥덕이 만들어내는 이야기의 이면에 감추어진 정치·사회적 가치관까지 망라하는 몇 개의 주제를 다룬다. 이 책은 노동, 소유, 여가에 대한 태도, 그리고 오리 나라에서 일어나는 여러 가지 지속적인 갈등의 주제들을 분석하고 있다.

이들의 고찰 가운데 많은 것은 제임스 에이지[3], 리처드 시컬 그리고 그 밖의 디즈니 만화 비평가들이 천명한 견해와 한 궤를 이룬다.

그러나 도르프만과 마텔라르의 비판에서 핵심적으로 다루는 것은 바로 디즈니의 정치·경제적 가치관으로, 특히 이러한 가치관이 미국의 영향권 — 이는 디즈니의 환상에서 오리들이 종종 전세계를 무대로 삼는 여행자들로 그려지는 데서 상징적으로 나타난다 — 안에 놓여 있는 저개발 국가들의 국민과 관계 맺는 방식이 초점이 되고 있다.

두 사람의 연구에서 다루어지는 디즈니 만화의 표본 가운데 대략 절반은 오리 나라 출신의 주인공들이 다른 대륙이나 다른 나라 사람들과 대면하는 모습을 보여준다. 이야기의 줄거리와 이것을 전달하기 위해 이용되는 삽화들 — 키만투가 디즈니 사의 허가 없이 실은 삽화들이기도 하다 — 을 보면, 디즈니가 이들 나라 사람들이 한편으로는 순진무구하고[4] 고

---

3. James Agee, 미국의 시인, 소설가, 영화 평론가 및 대본 작가. 그의 영화 평론은 1930~1940년대에 영향력이 있었으며, 대표작인 소설 『가족 중의 사망A Death in the Family』(1957)은 퓰리처 상을 수상하기도 했다.

4. childlike, 이는 상기했듯 긍정적인 함의를 갖는다.

귀한 야만인들과 다른 한편으로는 정치 혁명 분자들로 구성되어 있는 것으로 생각한다는 것을 알 수 있다. 전자는 탐욕스러운 오리들에게 부를 쉽게 사취당한다. 왜냐하면 이들은 자신들이 소유하고 있는 자산의 가치를 알지 못하며, 또 끊임없이 온갖 문제들로부터 구원받아야 하지만 이들이 가진 재원[5]만으로는 도저히 해결할 길이 없기 때문이다. 한편 정치 혁명 분자들은 일단 초인적인 총명함[6]을 지닌 오리들에게 발각되면 쉽게 패배함에도 불구하고, 언스테디스탄과 같은 상상의 나라에 사는 원주민을 공포에 떨게 한다. 만화를 만들 때 소재의 현지 개발을 어느 정도 허용하는 디즈니 만화들은 종종 드러내놓고 반혁명적인 정치 선전에 관여한다. 실제로 '위원회'의 권력 장악 이후에 나온 어느 이야기는 아옌데 정부를 지미니 귀뚜라미가 보고 있는 상황에서 힘없는 새끼 고양이들을 공격하는 마르크스와 헤겔이라는 대머리수리로 그리고 있다. 결국 그들은 엽총을 가진 농부에게 쫓겨난다. "꼴 좋다! 저 피에 굶주린 놈들한테는 총이 약이라니까!" 말할 것도 없이 (디즈니 판 대머리수리 형상을 한) 마르크스와 헤겔은 "양심의 목소리에는 도통 귀기울이지 않는다."[17]

5. 이는 재원(財源)과 재원(才源) 모두를 가리킨다.

칠레와 같은 나라에서 디즈니가 다루는 소재들이 갖는 함의에 대한 일반론을 펼치면서 도르프만과 마텔라르는 다음과 같이 말한다.

> 그의 캐릭터들이 위협적인 것은 이들이 '미국식 생활 양식' 자체라기보다는 오히려 '미국식 삶의 꿈(American Dream of Life)'을 구현하는 데서 생겨난다. 왜냐하면 그것은 바로 미국이 꿈꾸고 스스로를 구원하며 그런 다음에는 다름 아니라 자신의 구원을 위해 다른 사람들에게 이 꿈을 강요하는 방식이기 때문이다. 따라서 당연히 이것은 종속국에게 위험천만하다. 우리 라틴 아메리카 사람들로 하여금 저들이 우리를 보는 대로 우리 자신을 보도록 만드니 말이다.…… 디즈니의 세계란 단순히 이따금 즐기는 오락이

라는 영역에 있는 도피처가 아니라 바로 우리가 날마다 마주치는 사회적 억압의 실체라는 점을 다시 한번 상기하자.[18]

도널드 덕에 대한 이들의 사회주의적 비판은 칠레에서 비교적 폭넓은 호응을 얻었으며, 이들의 저서는 인민 연합 정부가 군부 쿠데타로 인해 1973년에 무너지기 전까지 12쇄가 나왔다. 그러나 그 후 이 책은 사회주의 시기에 나온 다른 많은 문화적 산물과 마찬가지로 불살라지기에 이르렀으며, 저자들은 외국으로 피신해야만 했다. 『뉴욕 타임스』의 한 기사는 "쿠데타 후에 어떤 지역의 반상회장은 방이 두 개 있는 나무 오두막에 걸려 있던 사회주의 시절의 달력과 구호를 찢어내고, 그 자리에 미키와 도널드의 포스터를 붙였다."[19] 즉 이 책에서 시도된 사회주의적 비판의 결과로 디즈니 캐릭터들은 반혁명의 상징이 되어버렸던 것이다.

하지만 이 책은 칠레에서의 분서와 판금 조치에도 불구하고 살아남을 운명이었으며, 망명한 저자들도 군사 위원회가 자행한 대규모 숙청에서 살아남았다. 라틴 아메리카 판이 1972년에 아르헨티나에서 출판되었으며, 이탈리아의 펠트리넬리(Feltrinellih) 사가 같은 해에 이 책의 번역판 『도널드 덕, 어떻게 읽을 것인가』를 출판했다. 1975년에는 포르투갈어판 『도널드 덕을 읽기 위하여』가 나왔고, 뒤이어 그리스어판, 핀란드어판, 일본어판과 함께 프랑스어판 『사기꾼 도널드, 또는 어린이들에게 들려주는 제국주의』(1976), 스웨덴어판 『도널드 덕을 읽는 기술』(1977), 독일어판 『월트 디즈니의 제3세계』(1977), 덴마크어판 『제3세계에서의 도널드 덕』(1978), 네덜란드어판 『나는 도널드 덕을 어떻게 읽는가』(1978)가 출판되었다. 영어판의 경우, 현재 2만 부 이상의 판매 부수를 기록하고 있다. 그리하여 판본을 불문하고 전세계적인 판매 부수는 약 50만 부에 이른다.[20] 엄청난 숫자는 아니지만 이 수치는 디즈니의 자사 배급망을 통한 전지구적인 배급 부수와 맞먹는 것이다.

따라서 이 책을 미국 내에서도 손쉽게 구입할 수 있으리라고 기대됐으나, 여기에 저작권 문제가 끼어들었다. 만화의 사회사에 대한 중요한 책을 저술했으며 혁명기 칠레의 예술을 연구한 바 있는 미술사가 데이비드 컨즐은 미국의 출판업자들과 협상을 시도하는 한편, 이 책의 번역과 소개문을 준비했다. 펠트리넬리 사를 통해 옵션을 갖고 있던 랜덤 하우스 사, 그리고 겁도 없이 그래블(Gravel) 판 『미 국방성 기밀 문서』를 낸 바 있는 비컨 출판사가 출간을 고려했다. 그러나 컨즐에 의하면 두 출판사 모두 종국에는 디즈니 사의 소송 제기가 두려워 이를 단념하고 말았다.[21] 디즈니 만화책의 삽화는 주요 주제와 전형을 다룬 두 사람의 주장에 대한 시각적 증거를 제공해준다. 디즈니측은 명성을 유지하기 위해 결코 자사의 만화 삽화들이 이러한 방식으로 이용되는 일을 허용하지 않을 것이며, 따라서 만약 누군가 삽화들을 허가 없이 출판한다면 값비싼 소송 비용을 물게 될 것이었다. 결국 마르크스주의 관련 출판물을 전문으로 내는 뉴욕 시 소재 인터내셔널 제너럴 에디션스 사가 책의 출판을 결정하고 이를 영국에서 찍었다. 1975년 5월 드디어 3,950부가 영국을 떠나 6월에 뉴욕 시 부두에 도착했다. 그러자 디즈니 사라는 기업 형태를 띤 도널드 덕이 더이상 존재하지 않는 '언스테디스탄'의 도둑질이나 일삼는 혁명 분자들과 맞서 싸우기 시작했다.

책의 압류와 발매 인가

미 재무성 산하 관세청 수입품 규정 준수국(Imports Compliance Branch)은 수입품이 '해적판' 성격을 갖고 있는지의 여부를 검토하는 권한을 갖고 있다. 이 책이 미국에 도착하자 수입품 규정 준수국은 이 출판물이 디즈니의 저작권을 침해할 수도 있다는 예비 판결을 내렸다. 그리하여 수입품 규정 준수국장이던 엘리너 서스키는 1975년 7월 10일자 서신에서 최종 결정이 날 때까지 이 책이 압류 보관되리라는 사실을 인터내셔널 제너럴 에디션스 사에 통고했으며, 월트 디즈니 프로덕션 역시 8월 12일자 서신에서 이와 비슷한 내용을 통고받았다. 그리고 양측 모두 소송 사건 적요서를 제출하라는 통고를 받았는데, 이러한 경우 재무성이 증거와 논거를 고려할 권한이 있기 때문이다.

이에 인터내셔널 제너럴 에디션스 사는 합헌 권리 찾기 센터(Center for Constitutional Rights, CCR)에 법률 자문을 구했는데, 이 센터는 '공정 사용'과 미 헌법 수정 제1조항[6]에 근거하여 책의 발매를 인가하라는 논리를 폈다. 그 답변은 상세하고도 힘찬 것이었다.[22]

그러자 월트 디즈니 프로덕션은 통고문을 접수한 자사의 동부 담당 법률 고문 프랭클린 월드하임을 소송 대리인으로 내세웠는데, 그는 이 책이 디즈니 캐릭터에 대한 저작권 침해라고 주장했다.[23] 피고가 '공정 사용'에 근거해서 변론을 펴리라고 예상한 그는 삽화가 두 저자가 증명하고자 하는 내용을 증거하는 데 전혀 필요하지 않다고 주장했다. 왜냐하면 단지 줄거리를 묘사하고 만화의 문장을 인용하는 것만으로도 충분하며, 그렇게만 했더라면 디즈니 사에서 굳이 소송을 제기하지도 않았으리라는 것이다. 또한 월드하임은 디즈니의 이미지들을 사용한 저자들의 저의란 바로 그렇게 함으로써 디즈니 사에 손해를 끼쳐가면서 자신들의 저서를 아름답게 꾸미는 것이라고 주장했다. 그리고 그는 책 표지에 디즈니 사의 캐릭터와 비슷한 스크루지 맥덕의 이미지를 사용한 것은 순진한 부모들로 하여금 다름 아닌 디즈니 만화 가운데 하나를 산다고 믿게 하며, 그리하여 합법적으로 디즈니 사에 가야 할 수입을 빼앗아간다는 주장도 폈다.[24]

그러나 월드하임이 보낸 여러 서신의 핵심 논점은 바로 만화에 들어

6. 1791년에 재가된 것으로, 이는 표현, 신문, 집회, 신앙 및 정부에 대한 탄원의 자유를 보장하며 국교(國敎)의 제정을 금한다.

있는 문장의 단어들과는 달리 삽화들은 '공정 사용'의 대상이 될 수 없다는 주장에 있었다. 즉 모든 경우에 — 예술작품 자체의 성격이 논의되는 경우를 제외하고는 — 해당 만화를 말로 풀어서 설명하고 묘사하는 일만으로 충분하다는 것이었다. 인터내셔널 제너럴 에디션스 사와 저자들의 소송 대리인들이 당국에 제출한 소송 사건 적요서와 반론에서 따진 사항도 바로 이 점이었다.

합헌 권리 찾기 센터는 뉴욕 시에 있는 비영리 법률 상담 단체로, 미 헌법 및 권리 장전[7]과 관련되는 소송에 대한 자문을 제공한다. 이 센터의 변호사들인 피터 와이스, 론다 코펠런 그리고 윌리엄 샵은 저작권 침해라는 피소에 맞서서 '공정 사용'이라는 개념과 미 헌법 수정 제1조항 양자에 호소하면서 『도널드 덕, 어떻게 읽을 것인가』를 변호했다. 이들은 미 세관의 수입품 규정 준수국에 보낸 1975년 8월 8일자 서신에서 이미 널리 알려진 '공정 사용'에 대한 여러 질의[25)]에 비추어볼 때 이 책은 전통적인 '시험'을 통과할 수 있다고 주장했다. 일례로 이들은 1970년에 제기된 바 있는 마빈 워스 프로덕트(Marvin Worth Products) 사 대 슈피리어 필름 사(Superior Films Corp.) 소송 사건에서 래스커 판사가 한 말을 인용했다.

7. Bill of Rights, 1791년에 미 헌법에 부가된 최초의 9개 수정 조항을 가리키는 말로, 이는 상기한 수정 제1조항도 포함하며 개인의 자유 보장에 중점을 둔다.

비록 여러 가지로 규정이 중복되기도 하나, '공정 사용'이라는 가변적인 개념을 규정하는 숱한 판례와 논평은 이 원칙의 적용 여부를 결정함에 있어서 최소한 네 가지의 합당한 시험이 있다는 점에는 동의하는 것으로 보인다. ① 질적으로 또는 양적으로 문제가 될 만큼 상당히 많이 사용했는가? ② 만약 그만큼 사용했다면 그 같은 사용이 저작권이 있는 원래의 저작물에 대한 수요를 현저하게 감소시켰는가? ③ …… 해당 자료의 배포가 정보의 자유로운 유포라는 공익에 기여하는가? 그리고 ④ 해당 자료를 준비함에 있어서 반드시 동일한 제재를 다루는 기존의 자료를 이용해야만 하는

가?

합헌 권리 찾기 센터의 변호사들은 래스커 판사의 판결을 출발점으로 삼아서 그의 질문들에 다음과 같은 답변을 제시했다.

① 아닙니다 — 결코 많이 사용하지 않았습니다. 이 책에 전재된 만화는 전체 책에서 극히 미미한 분량을 차지하며, 각각의 삽화는 대체로 특정 만화 또는 만화책 전체에서 발췌한 한두 개의 삽화만으로 이루어져 있습니다.
② 전혀 아닙니다 — 이 같은 사용은 그 자체로는 저작권이 있는 원 저작물의 수요를 감소시키지 않습니다. 왜냐하면 어느 누구도 저작권이 있는 원래의 저작물 대신 이 책을 구매하지는 않을 것이기 때문입니다.
③ 분명히 그렇습니다 — 정보의 자유로운 유포라는 공익은 — 이 경우에는 학자이기도 한 저자들이 도널드 덕 만화에서 간파되는 가치관과 태도에 대해서 갖는 관점이 되겠으나 — 오직 두 사람의 저서를 이들의 분석과 비판의 소재였던 만화들에서 발췌한 대표적인 삽화를 빠짐없이 수록한 상태로 출판함으로써만 가능합니다.
④ 절대적으로 그렇습니다 — 동봉한 문서에서[이는 저자들과 출판사가 제출한 것이었다] 상당한 길이로 논의되듯, 삽화 중 몇 개를 전재한 일은 이 책을 의미 있고 읽을 만한 형태로 출판하기 위해서는 무조건 충족해야만 하는 전제 조건이었습니다.

소송 사건 적요서에서 일단 이렇게 '공정 사용'이라는 반론을 체계적으로 정립한 합헌 권리 센터의 변호사들은, 이제 미 헌법 수정 제1조항이라는 문제로 관심을 집중시켜 다음과 같이 논리를 전개했다.

…… 우리는 헌법에 보장된 다양한 권리 중에서도 헌법 수정 제1조항에 우선권을 부여하는 원칙이 저작권법에도 마찬가지로 인정되어야만 한다고 주장하는 바입니다. 문제가 되고 있는 책은 진지한 학술 연구서인 동시에 다수의 독자에게 흥미롭거나 흥미를 유발해야만 하는 명백히 정치적인 선언문이기도 합니다. 이 같은 점에 비추어볼 때, 정부 기관은 이 책을 평가할 때 재산권이 발언 및 정치적 표현의 자유라는 권리에 우선하지 않도록 발언을 극도로 자제해야만 할 것입니다. 달리 말하자면, 오직 극히 심각하고 가장 확실한 저작권 침해 — 명백하게도 이 책에는 해당되지 않습니다만 — 만이 저작권 보호라는 미명 아래 발언의 자유를 공격하는 일을 정당화할 수 있을 것입니다. 다른 한편으로 순전히 저작권법만의 관점에서 볼 경우에는 현재 상황이 대단히 미묘한 균형을 이루고 있음을 감안할 때, 언제나 헌법 수정 제1조항이 출판(또는 이 경우에는 반입) 주체에 힘을 실어주어야 할 것입니다.

합헌 권리 찾기 센터의 변호사들은 『타임Time』 대 버나드 가이스 소송 사건에서 와이어트 판사가 내린 위의 판결문을 인용하는 것으로 미 헌법 수정 제1조항에 근거하고 있는 변론의 논지를 끝맺었다. 그 소송에서 와이어트 판사는 케네디 대통령의 암살에 관한 중요한 정보의 공유를 허락할지의 여부와 관련해 공익에 호소했던 것이다.

수입품 규정 준수국의 통고를 받자마자 작성하여 합헌 권리 찾기 센터의 진술서에 첨부한 서신에서 이 책의 저자들과 편집자는 문제의 삽화들이 비판적인 분석에 필요한가라는 질문에 주로 응답하고 있다. 편지의 주요 내용은 아래와 같다

〈만화 발췌가 없으면 책이 안 되는 여섯 가지 이유〉

① 이 책은 디즈니 만화에 대한 비판이지, 디즈니의 문학적 가치에 대한 비판이 아닙니다. 만화란 문자와 시각적인 재료의 떼려야 뗄 수 없는 결합체로서 독특한 대중 매체입니다. 만약 이 책이 글만으로도 디즈니의 진수를 파악하는 일이 가능하다면, 저희는 묻고 싶습니다. 왜 디즈니는 그냥 소설을 쓰지 않았느냐고 말입니다. 말할 것도 없이, 그는 그렇게 하지 않았습니다.

② 여기서 문제가 되는 것은 사용되는 언어뿐만이 아닙니다. 이보다 더욱 중요한 문제는 바로 디즈니의 언어와 시각적 재료, 즉 삽화간의 관계입니다. 이 점은 디즈니 삽화의 본질 그 자체이기도 한 엄청난 인종적·민족적·직업적·정치적 비방 및 전형의 사용에서 특히 문제가 됩니다. 턱수염을 기른 선장(132쪽)을 예로 들 수 있는데, 이는 비록 글로 명시한 것은 아니지만 명백히 피델 카스트로에 대한 비방입니다. 디즈니의 만화가 얼마나 상투적인 유형을, 특히 외국인들(130쪽의 베트남인들, 113쪽의 아프리카인들, 115쪽의 아랍인들 등)에 대해 상투적인 유형을 사용하고 있는지를 보십시오.

또한 '악당'들은 시종일관 덩치가 크고 까무잡잡하며 추하고 어리석게 묘사되는데, 모두 너무나 상투형에 맞추어 그려져 있어 삽화 자체를 이용하지 않고 말만으로는 도저히 묘사할 수가 없습니다.

그리고 만화의 대사와 설명에서는 성적인 뉘앙스를 찾아볼 수 없고 모두들 얌전을 빼고 있지만 삽화에서는 성(sexuality)과 거짓 수줍음이 노골적으로 나타나는 것 또한 그렇습니다.

요약하자면, 이 책에서 글로 쓴 본문은 논제이고 전재 만화의 삽화들은 증거이자 증명입니다.

디즈니의 진수가 말과 삽화 양자 모두인 것과 마찬가지로 디즈니 비판의 진수 또한 말과 삽화 양자를 함께 이용할 수밖에 없습니다.

③ 이 책의 저작권과 출판처가 외국에 있다는 점, 잘 알려져 있듯이 미국 정부와 미국 대중 매체가 칠레의 인민 연합 정부에 공개적으로 반대한다는 점, 그리고 그만큼이나 잘 조율된 선전을 통해 디즈니의 이미지가 '순수함,' '천진함' 등으로 광고된다는 점을 감안하면 미국의 환경은 이처럼 잘 홍보된 각종 캠페인에 철저하게 중독되어 있기 때문에 시각적 증거를 사용하지 않고 디즈니를 비판할 경우 미국에서 이 비판의 충격과 신뢰성이 크게 감소될 것입니다.

게다가 저희가 전재한 만화 중 다수는 미국에서는 결코 출판된 바 없으며, 따라서 시각적 자료를 전재하지 않은 채 글로 된 본문만을 싣는다면 이는 저희가 수행한 분석의 신뢰성을 한층 더 감소시킬 것입니다. 왜냐하면 미국의 독자들은 디즈니의 이러한 면모, 특히 디즈니가 정치적인 성격을 갖고 있다는 것을 알아차리지 못할 것이기 때문입니다. 그런데 바로 이 점이 이 책의 논제의 핵심을 이루고 있는 것입니다.

④ 스페인어판으로 번역하는 과정에서 생기는 언어상의 변화는 몇 안 되는 영어판 원작 만화의 경우 중요한 함의를 갖습니다. 많은 경우 영어판 원작 만화들은 조악하게 번역되며, 라틴 아메리카의 정치적 여건을 감안해서 기능이 고의적으로 바뀌기도 합니다. 이 또한 미국의 독자 대중은 모르는 측면입니다.

⑤ 디즈니 만화들은 미국에서 1940년대와 1950년대에만 하나의 현상이었고, 대부분의 경우 이제는 구할 수조차 없거나 '수집가 — 실은 '투기꾼'으로 써야 할 것입니다만 — 용 품목'이 되어버렸습니다. 따라서 시각 자료를 동원하지 않고 글로만 묘사하는 경우 평균적인 독자는 그 같은 주장의 진위를 가려줄 원작 만화를 구할 공적인 수단이 없습니다. 그리하여 독자는 자신의 기억에 의존할 수밖에 없게 되는데, 위의 ③을 감안하면 이는 이 책의 신뢰성을 한층 더 감소시킬 것입니다.

⑥ 마지막 — 그렇다고 해서 가장 하찮다는 뜻은 분명 아닙니다 — 사항입니다. 이 책은 **교육적인 목적**을 갖습니다. 이 책은 다른 누구보다도 칠레의 어린 학생들을 위해 집필되었으며, 디즈니 만화 자체가 그렇듯 간명하고 재미있으면서 쉽게 읽히도록 쓰였습니다. 만약 삽화들을 반드시 말로만 묘사해야 한다면 철저하게 재미있으면서 대중적이어야 하는 이 책의 본질은 변하고 말 것입니다. 그렇다면 이는 지금과 같이 짧고 대중적인 책이 아니라, 천 페이지가 넘으며 따분하고(?) 내성적인 학자 유형의 제한된 몇몇 사람만 손에 넣고 읽을 수 있는 두툼한 책이 되고 말았을 것입니다.

다시 반복하자면, 만약 말만으로도 디즈니의 진수를 파악할 수 있다면 왜 저들이 삽화를 그리느라 애를 썼겠습니까?

답을 하자면, 디즈니 만화에서 언어 자료와 시각 자료는 사실상 불가분한 — 그리고 비위에 거슬릴 정도로 밉살스러운 — 것이기 때문입니다.[26]

미 관세청의 수입품 규정 준수국에 접수된 소송 당사자들의 여러 서신은 디즈니 프로덕션과 합헌 인권 찾기 센터 양측이 이에 답변할 수 있도록 복사되어 양쪽에 전달되었다. 양측은 다양한 방식으로 각자의 입장을 반복했으며, 디즈니의 이미지들을 전재할 필요가 있는지에 대해 한층 상세한 논쟁을 벌였다. 그런데 디즈니의 소송 대리인 프랭클린 월드하임은 이 책의 저자들과 편집자가 보낸 비망록의 여섯번째 항목이야말로 디즈니가 해당 소송에서 핵심적인 쟁점으로 삼고 있던 저작권 침해 의도 혐의를 확인시켜주는 것이라고 주장했다.[27] 그의 주장인즉 이 항목은 다름 아니라 문제된 책이 오락적 가치를 높일 의도로 삽화를 도용했다는 고소 내용을 시인하고 있다는 것이다. 그러나 좀더 포괄적인 맥락에서 볼 때 이러한 도용의 궁극적인 목적이란 바로 앞으로 모든 사람이 영원히 디즈니 상품을 사지 않도록 설득하는 데 있다는 것이다. 이 같은 디즈니 측의 주장은 최소한 아래와 같은 세 갈래의 뚜렷한 논지를 담고 있었다.

① 불법적인 전재 행위는 단지 예시적일 뿐이라는 주장.
② 인터내셔널 제너럴 에디션스 사와 이 책의 저자들이 미래의 만화 구매자들로 하여금 진짜 디즈니 사 제품을 사고 있다고 믿도록 기만할 목적으로 불법 전재했다는 주장.
③ 이러한 도용과 기만의 궁극적인 목적이란 바로 디즈니 사로부터 정당한 시장을 빼앗기 위한 것이라는 주장.

이 책의 저자들과 출판사가 솔직하게 해적질을 하고 있다고 검은 깃발을 내거는 대신 '공정 사용'이라는 망토 안에 만화 도용의 목적을 감추고 있다는 디즈니 사의 이 같은 주장에 대응해서, 합헌 권리 찾기 센터는 관세청에 다음과 같이 답변했다.

이 책이 예술 양식에 대한 비판서가 아니므로 만화책의 삽화들을 복사해서 삽입하는 일은 불필요하다는 디즈니의 진술에 대해서, 저희는 디즈니 만화들이 대화나 정황만이 아니라 우선적으로 삽화를 통해서 메시지를 전달한다는 말씀을 드리고 싶습니다. 예를 들어 이 책의 58쪽에서 저자들은 도널드가 혁명군에 연루되는 상황을 그린 만화를 논합니다. 디즈니가 혁명군 지도자의 행동을 부정적으로 묘사하고 있음을 증명하고 이 인물이 피델 카스트로와 대단히 흡사하다는 점을 보여주기 위해서는 선택된 삽화들을 싣는 일이 반드시 필요합니다. 이처럼 미묘한 진술은 단순히 말로는 표현할 수 없으며, 해당 삽화들이 주는 충격을 알아듣기 쉽게 논의하기 위해서는 이를 눈으로 보게 해야만 합니다. 『타임』 대 버나드 가이스 소송 사건에서와 마찬가지로 저자의 이론을 이해시키기 위해서는 저작권법의 보호를 받는 작품으로부터 발췌하는 일은 불가피합니다."[28]

이처럼 분쟁의 당사자 양측이 모두 디즈니의 시각 자료가 특별한 지위를 갖고 있다고 생각하고 있다는 것이 분명해진다. 그런데 이 책의 저자들은 이미지 정보를 복사하거나 실어서 전달해야만 비로소 논의에 이용될 수 있다고 주장했다. 반면에 디즈니 주식 회사는 예술 평론이라는 맥락을 제외하고는 저작권법의 보호를 받는 시각 자료는 언어를 통해서도 온전히 전달될 수 있다는 논리를 폈다. 즉 삽화란 언어와 달리 순전히 메시지 분석만을 위해서 복사되거나 실려서는 안 되는 법적 지위를 갖는다는 것이다.

이 점에 대한 명확한 법조문이나 판례를 제시하지 못한 점이 관세청으로 하여금 『도널드 덕, 어떻게 읽을 것인가』를 반입하는 쪽으로 결정하게 만들었다. 1976년 6월 9일에 엘리너 서스키는 "저작권법 제106절의 법의에 비추어 판단하건대, 이 책들은 본 세관에 기록되어 있는 월트 디즈니의 저작권 중 어느 조항도 침해하지 않았다"는 의견을 개진했다.[29] 그러자 디즈니는 뉴욕 시 소재 도너번, 리저, 뉴튼 앤드 어바인(Donavan, Leisure, Newton, and Irvine) 법률 회사를 새 소송 대리인으로 지정하고 이 판결에 항소했다. 이 법률 회사는 1976년 10월 6일자 서신[30]에서 저작권의 불법적인 침해에 대한 디즈니의 여러 주장을 재진술했고, 이에 (관세청의 행정상 상급 기관인) 재무성은 세관·규정·재정(裁定) 보좌 감독관 레너드 레먼의 서신을 통해서 그러한 결정을 내린 이유를 더욱 소상하게 밝혔다. "관세청에 기록되어 있는 어떠한 특정 저작권 조항도 월트 디즈니 프로덕션이 요구하는 배타적인 집행의 근거로 인용된 바가 없습니다."[31] 그러나 실은 라틴 아메리카 판 디즈니 만화책의 이미지들이 과연 만화책이 출판된 나라들에서 저작권을 보호받았느냐는 의혹이 제기된 바 있었다. 합헌 권리 찾기 센터는 이 점을 지적했으나, 디즈니의 소송 대리인은 이를 단 한 차례도 언급하지 않았다. 하지만 '공정 사용'을 둘러싼 논쟁의 관점에서 더욱더 중요한 일은 바로 재무성이 '공정 사용'과 헌법 수정 제1조항이라는 논거를 받아들였다는 점이다.

문제의 책 전체를 통해서 만화 '도판'들을 하나나 둘, 또는 세 개씩 간헐적으로 사용한 것은, 안스틴 대 포터 소송 사건에서의 저작권 침해 평가만큼이나 저작권법으로 보호받는 특정 저작물의 주요 부분을 상당량 전유(專有)한 것으로 보이지는 않는다. 게다가 총 68개의 도판은 모두 112페이지에 달하는 이 책의 상당 부분을 구성하는 것도 아니다. 마지막으로 우리는 3달러 25센트로 가격이 책정되었으며 압도적일 정도로 장황한 본문으로 이루어진 문제의 책이 디즈니 만화책과 혼동될 수 있으리라고는 믿지 않는다. …… 내용 대부분이 구체적이거나 일반적인 맥락에서 이 저서의 정치학적·경제학적인 '메시지'와 관련되어 있다. 우리는 이 경우에 아래의 인용문이 매우 합당하다고 믿는 바이다.

헌법 수정 제1조항의 정신은 저작권법에도 적용된다. 그런데 어떤 자가 전혀 다른 성격의 이해를 보호할 의도로 제정된 저작권법을 이용하고자 할 때, 법원은 적어도 일반 대중이 공익과 관련된 모든 사안을 알 권리를 침해할 수 있는 어떠한 시도도 용인해서는 안 된다. 로즈먼트 엔터프라이즈 사 대 랜덤 하우스 사 소송 사건.

물론 이 최종 판결은 합헌 권리 찾기 센터가 개진한 변론 요지와 상당 부분 일치한다. 비록 도너번 등이 발간한 최종 비망록에 의하면 그들이 재무성이 '공정 사용'에 대한 결정을 내릴 재판권이 있다는 것조차 인정하지 않았다는 점이 분명하지만, 월트 디즈니 프로덕션은 당시에는 이 문제에 대해 더이상 항의하지 않기로 했다.

그러나 합헌 권리 찾기 센터와 인터내셔널 제너럴 에디션스 사의 변론 요지에 대한 공감에도 불구하고 관세청의 최종 판결에는 아주 중대한 암초가 있었다. 1976년 6월 9일자 서신에서 서스키는 저작권법의 제조 관련 조항상 선적물 중 1,500부는 반입이 가능하지만 3,950부 일체의 반입은 받아들일 수 없다고 지적했다.

> 이번 선적분 가운데 남은 2,450부는 미합중국 헌법 제16절 제17조에 의거, 반입 금지 상태로 남아 있으며, 귀하께서 아무리 몰수를 면제해달라고 탄원하고 세관의 감독 아래 이 상품을 수출하도록 동의해 달라고 요구한다 해도 압류되고 몰수당할 수밖에 없습니다.[32]

다소 역설적이게도, 저작권법의 제조 및 반입 관련 조항은 바로 역사상 미국의 도서, 신문 및 잡지 출판사들이 미국과 영국의 모든 작가에게 심각한 불이익을 주면서 외국 저자들의 작품을 자유롭게 불법 복제하던 시기의 흔적이다. 1836년부터 1891년까지 국제 저작권에 맞선 싸움에서 해적 출판사들은 결국 외국에서 만들어진 책들을 최소한도 이상으로 반입하는 것을 방지하는 저작권법 규정을 첨가함으로써 아주 값비싼 대가를 치르고 말았다.[33] 결국 초창기 해적 출판업자들의 요구 사항은 미국 내에서는 전적으로 '미국적인' 출판사를 찾지 못하는 저자들의 무력함과 결합하여 디즈니 식 세계 인식을 창조하고 유지시켰던 바로 그 나라에서 그들의 비판이 광범위하게 통용되지 못하게 하기에 이르렀다.

결론

　이처럼 이 책의 발간에 얽힌 이야기는 많은 중요한 측면에서 시각 분야의 연구와 출판의 역사에서 독특한 모습을 보여준다. 필자가 아는 한 이 책은 거대 미디어 기업에 속하는 상당량의 이미지가 정치적인 논증을 위해 그대로 전재되었을 뿐 아니라, 그것이 공적인 의사 결정 기관에 의해서 추후에 옹호된 유일한 사례이다. 물론 엄청나게 많은 양의 복사나 전재가 허가도 없이 또 저작권 소유자의 항의도 없이 은밀하게 이루어져온 것은 사실이다. 그러나 도널드 덕 소송 사건은 과연 이미지가 가진 풍부한 정보가 정확한 분석에 불가결한 전제 조건인가 하는 철학적 질문에 정면으로 도전하는 것이었다. 비록 디즈니의 정치학에 관한 도르프만과 마텔라르의 마르크스주의적 관점이 평균적인 미국 국민에게 그럴듯하게 들릴 리는 거의 없었지만 이들의 그러한 주장은 설득력이 있는 것으로 드러났다.

　하지만 법률적인 선례로 도널드 덕 소송 사건의 중요성을 과장하는 것은 오류이다. 설령 미 재무성이 '공정 사용'과 관련해 결정을 내릴 재판권을 지녔다고 인정하더라도 — 그리고 디즈니는 변호인단을 통해 바로 이 점에 의문을 제기했던 것이다[34] — 이 소송은 미국의 법률 체제 내에서는 미미한 의미만을 가질 뿐이다. 또한 비판적인 탐구를 수행할 권리에 대한 인정으로 볼 경우에도 이 사건은 향후에도 있을 '공정 사용' 관련 결정에 대해 어쩔 수 없이 보편적이기보다는 임시 방편적인 함의를 지닐 뿐이다.

　오히려 도널드 덕 소송의 한층 더 중요한 가치는 바로 이 사건이 창작자들에 대한 동기 부여와 수입을 강조하는 통상적인 판결과는 달리 저작권의 잔여 권한 및 용도를 조명한 데 있다. 여기에서 우리는 사전에 제약하는 형태로 검열이 이루어지고 있는 것을 볼 수 있는데, 통상 이것은 많은 폐해를 가져온다. 미국 내에서 출판된 『도널드 덕, 어떻게 읽을 것인가』가 없으며 이 책이 최소 분량만 반입된 — 고작 1천5백 부만 반입된 책은 사실상 수집가용 품목이 될 가능성이 많았다 — 점은 미국의 독자 대중으로 하여금 디즈니의 삽화와 이야기들에 대한 논평을 듣지 못하게 하며, 그리하여 이 책의 '메시지'에 대해서 그들 나름대로 판단을 내리지 못하게 한다. 게다가 이러한 제약은 아주 자의적인 방식으로 행사된다. 이 책은 다름 아니라 디즈니 사가 지사를 운영하고 있는 나라들에서도 출현하여 12개의 주요 언어로 출판되기에 이르렀다.[35] 즉 유독 미국 한 나라만이 책이 행정적·법률적 조치를 통해 배제되는 지역으로 선택된 것이다.

바로 디즈니 주식 회사가 주창하고 있는 세계 공동체에 대한 전망은 우리가 세계의 여러 민족들이 문화적 충격에 대해 내리고 있는 평가를 더 많이 들을 수 있게 되어야 실현 가능성이 좀더 높아질 것이다. 미국 저작권법이 그러한 목소리를 듣지 못하게 하고 있는 만큼, 이 법의 기능과 특권은 재평가될 필요가 있다.[36]

주

영어판 서론(1991)

1) 『소사이어티Society』지 1972년 3월호 pp. 35~39와 p. 61에 실린 허버트 실러(Herbert Schiller)와 댈러스 스미스(Dallas Smythe)의 「칠레―문화 식민주의의 종식 Chile: An End to Cultural Colonialism」과 헨리 밀런(Henry Milon) 및 린다 노클린(Linda Nochlin)이 편집한 『정치에 복무하는 예술과 건축Art and Architecture in the Service of Politics』(Cambridge: Cambridge University Press, 1978)에 실린 「새로운 칠레의 예술―'혁명 과정'에서의 벽화와 포스터, 그리고 만화Art of the New Chile: Mural, Poster and Comic Book in a 'Revolutionary Process'」를 참고할 것.

2) 1971년 8월 13일 칠레 산티아고에서 발행된 『엘 메르쿠리오』의 기사. 아래 글은 칠레 판 『도널드 덕, 어떻게 읽을 것인가』의 pp. 80~81에 실린 내용을 약간 줄인 것이다.

"민중 연합 정부가 추진하고 있는 일련의 목표에는 자라나는 세대에게 새로운 정서를 함양하는 일도 포함되어 있는 듯하다. 모든 마르크스주의 사회가 그러하듯, 이 목표를 이루기 위해서 당국은 교육과 광고 매체에 간섭하며 다양한 편법에 의존하고 있다.

정부 당국자들은 교육이 이러한 목적을 달성하기 위한 수단 가운데 하나가 되어야 한다고 주장한다. 따라서 교수법과 교과서, 그리고 선전 도구가 되기를 거부하는 이 나라의 상당수 교사의 태도를 대상으로 이 차원에서 혹독한 비판이 제기되고 있다.

아직 미성숙하기 때문에 피해를 입으면서도 교묘한 이념적인 밀수품을 찾아내지 못하는 어린 학생들의 정신을 개조할 것을 강조한다고 해서 우리가 놀라는 것은 아니다.

그러나 청소년의 정신에 침투하기 위해 현재 만들어지고 있는 또 다른 통로가 있는데,

정부 출판사가 어느 누구 할 것 없이 전투적인 마르크스주의자로 밝혀진 칠레와 외국 출신의 문학적 선도자의 지도하에 이제 막 출간한 잡지 및 출판물들이 주목된다.

세계 문학 작품의 주인공들의 신성한 인기를 깎아내리는 동시에 이들을 민중 연합의 선전 전문가들이 꾸며낸 새로운 모형으로 대체하려는 이 과정에서 심지어 청소년의 오락과 놀이를 위한 수단조차도 예외가 아니라는 점이 강조되어야 할 것이다.

얼마 전부터 이들 사이비 사회학자는 그들 특유의 왜곡된 전문 용어를 사용해가면서 세계적으로 유통되고 있는 일련의 만화가 그것에 노출된 사람들을 지적으로 신민화하기 위한 도구이기 때문에 매우 유해하다는 억지 주장을 펴고 있다. …… 그러나 (이처럼) 조악한 선전 양태는 학부모와 후견인에게 받아들여지지 않을 것이기 때문에 훗날 마르크스주의 노선으로 유도할 요량으로 어린이들에게는 세심하게 조제된 분량의 선전이 어릴 때부터 계획적으로 이루어지고 있다.

학부모들 역시 이념을 주입시킬 목적으로 성인용 특별 부록을 끼워 넣는 식으로 아동 문학을 이용하고 있다. 이처럼 국영 기업체가 외국 요원들의 협력 아래 이 같은 사업을 지원하는 것은 마르크스주의자들의 상투적인 수법이다.

민중 연합의 강령은 각종 통신 매체가 그 정신에 있어 교육적일 것을 요구한다. 이제 우리는 이 '교육'이 곧 가장 어린 시절부터 매우 주도면밀하고 기만적인 형식으로 강요되어, 많은 사람이 이러한 출판물이 추구하는 진정한 목적에 대해서는 아무것도 모른 채 의식 전향을 위한 수단 이상이 아니게 된다는 점을 발견하게 되었다."

그러나 이제는 심지어 미국에서조차도 『엘 메르쿠리오』가 미 중앙 정보국의 자금을 지원받는다는 것이 공공연하게 알려져 있다. "대략 미 중앙 정보국 기금의 절반에 해당하는 1백만 달러가 야당 언론사, 특히 이 나라의 선도적인 일간지인 『엘 메르쿠리오』로 흘러들었다"(1974년 9월 30일자 『타임』, p. 29).

3) 1973년 가을 유네스코(UNESCO)는 32 대 2의 표 차로 칠레에서의 분서 사태를 규탄하기로 의결했다. 반대 의사 2표는 미국과 대만이 칠레 군사 혁명을 주도한 <공급 및 가격 위원회 la Junta de Abastecimientos y Precios>와 함께 던진 것이었다.

4) 우리가 이 책에서 월트 디즈니가 죽은 뒤에도 디즈니 프로덕션을 계속해서 '디즈니' 또는 '그'라고 지칭하는 것은 그의 정신, 즉 미국의 기업 자본주의가 그 조직을 여전히 지배하고 있기 때문이다.

5) 이 회사의 1973년 『연례 보고서』에는 단행본 형태의 만화도, 신문 연재 형태의 만화도 언급되고 있지 않다. 그렇다면 이는 통상 디즈니 프로덕션의 '부수 활동' 항목의 17퍼센트를 차지하는 '출판물' 분야에 포함되리라고 짐작할 수 있다. 캐릭터와 음반 사업이 주요 구성 요소(각각 27퍼센트)인 이 항목은 이 기간 동안 벌인 활동에서 놀랄 만

한 증가세(전년 대비 28퍼센트, 최근 4년 대비 228퍼센트를 상회하며, 출판물의 기여도 역시 이에 비례한다)를 보여, 385만 달러인 회사 총수입의 10퍼센트 이상의 비율을 차지할 정도가 되었다.

그러나 우리가 만화 수입과 관련해서 디즈니 프로덕션에 서면으로 요청한 자료 열람은 거부되었다. 따라서 다음 자료는 언론 보도에서 수집한 것이다.

전세계적으로 디즈니 만화의 월 단위 총 유통 규모는 1962년에 5천만 부에 이르렀는데, 이는 50개국 15개국어에 걸쳐 있었다(1962년 12월 31일『뉴스위크 Newsweek』, pp. 48~51). 그런데 그 후 언어는 아랍어, 중국어, 덴마크어, 영어, 핀란드어, 플랑드르어, 프랑스어, 독일어, 네덜란드어, 히브리어, 이탈리아어, 일본어, 노르웨이어, 포르투갈어, 세르비아―크로아티아어, 스페인어, 스웨덴어, 타이어의 18종으로 늘었다. 그리고 '단행본'(『월트 디즈니의 만화와 이야기들 Walt Disney's Comics and Stories』)이 매달 26개국에서 3천만 권이 구입되고 있다(12월 27일자『타임』, p. 42)는 1954년에 공시된 수치로 판단하건대 공급 국가의 수는 1950년대 후반에 급격하게 증가했음이 틀림없다.

미국의 경우, 유통되고 있는 영화들에 맞추어 발간되는 '1회 한도'의 비정기 잡지들을 제외하고 다음에 열거되는 14편의 만화 —『아리스토키튼스 Aristokittens』(영어 단어 '귀족 aristocrat'에 대한 말장난이자 디즈니 만화인『아리스토캐츠 Aristocats』, 즉 '귀족 고양이들'에서 따온 이름이다 — 옮긴이),『비글 형제들 Beagle Boys』,『칩과 데일 Chip and Dale』(발음상 '치펜데일[Chippendale]', 즉 영국의 유명한 가구 설계자 및 그가 만든 가구의 이름과 동일한 말놀이이다. 이는 디즈니측에서 사용하는 이 인물들의 통상적 표기인 'Chip 'n' Dale'에서 잘 드러난다 — 옮긴이),『데이지와 도널드 Daisy and Donald』,『도널드 덕 Donald Duck』,『어린이 우드척 대원 휴이, 듀이, 루이 Junior Woodchucks Huey, Dewey and Louie』,『미키 마우스 Mickey Mouse』,『모비 딕 Moby Duck』(미국 소설가 허먼 멜빌의 작품인『모비 딕 Moby Dick』에서 따온 말놀이이다 — 옮긴이),『스캠프 Scamp』('건달'을 뜻하는데, 디즈니의 수캐 캐릭터의 이름이다 — 옮긴이),『슈퍼 구프 Super Goof』(디즈니 캐릭터인 구피가 슈퍼맨처럼 '영웅'으로 변신했을 때의 이름이다. 영어에서는 'super'가 '초(超)'를 뜻하는 접두어로도 사용되므로 'Super Goof'는 '초얼간이'가 된다 — 옮긴이)『스크루지 삼촌 Uncle $crooge』(디즈니측에서 공식적으로 사용하는 이 자린고비 이름의 철자는 '$crooge'이다. 그러나 도르프만과 마텔라르를 비롯한 평자들의 저서 및 기고문에서는 통상 'Scrooge'가 사용된다. 그리고 이 인물의 성인 '맥덕 McDuck'은 통상 스코틀랜드계 성에 붙는 '맥~'이라는 접두어를 사용함으로써 스코틀랜드인은 인색하다는 편견을 상기시키는 동시에 이용한다 — 옮긴이),『월트 디즈니 쇼케이스 Walt Disney Showcase』,『월트 디즈니의 만화와 이야기들』,『월트 디즈니의 만화 다이제스트 Walt Disney's Comics Digest』— 가 1973

년에 디즈니의 이름을 달고 출판되었다. 그러나 이처럼 디즈니의 출판물은 늘어가는 반면, 각각의 분량은 아마 유통량이 그랬던 것처럼 상당히 줄어들었다는 것이 부각되어야 한다.

디즈니 만화 독점 판매사인 웨스턴 퍼블리싱 사는 1980년쯤에 버뱅크에 있는 제작본부들이 그러한 것처럼 디즈니 만화 출판을 중단했다. 1984년에 저작권이 (애리조나 주 피닉스에 있는 어너더 레인보우 출판사의) 글래드스턴(Gladstone)에게 넘어가기까지 몇 년 동안 디즈니 만화책은 단 한 편도 출판되지 않았다. 글래드스턴은 8종의 상이한 책을 출판했는데, 책 1종당 유통량은 5,6만 권 정도였으며 그 가운데는 칼 바크스의 재간본 7종이 포함되어 있었고 절반 이상의 소재는 해외, 특히 코펜하겐에 있는 구텐버그(Gutenburghus) 출판사에서 들여왔다. 돈 냄새를 맡은 디즈니는 시장 지배권을 잃을까 봐 두려워 글래드스턴과의 재계약을 거부했고, 1989년부터는 자신의 창작 만화를 생산하여 TV 연재물에 끼워 팔고 있다. 우리의 관점에서 본다면, 이러한 TV 연재물 가운데 가장 중요한 작품은 칼 바크스의 원작으로 이제는 "황금 심장을 가진 구두쇠"로(영어 원문은 'Heart of Gold'로, 이는 '후덕한 마음'을 뜻해 상당히 반어적인 느낌을 준다 ― 옮긴이) '위생 처리'한 판으로 영화화되어 제공되는 〈스크루지 삼촌〉이다.

엄청난 잠재력이 있는 러시아 시장에 진출하기 위해 아주 최근에 만들어진 시험 배포용 판본을 포함할 경우, (미국 내수용 출판본이 없는 상황에서도 성업중이던) 기타 외국어판 만화의 숫자는 이제 대략 25종이다. 글래드스턴에 의해 도입되었고 디즈니가 미국판에도 존속시키고 있는 중요한 혁신은 작가와 미술가의 개인 신상이 각 권의 표지 안쪽에 인쇄된다는 점이다.

6) 몇 가지 통계가 라틴 아메리카에 대한 디즈니의 세력 확장뿐 아니라 디즈니 만화에 대한 외국 참여의 성격과 정도를 밝혀줄 것이다. 이웃 나라 페루와 파라과이, 아르헨티나에도 공급되는 칠레 판은 1972년쯤에 월 단위로 도합 80만 부가 팔린 디즈니의 만화 4종(하나는 주간지이고 나머지 셋은 격주간지였다)에 4천4백 페이지를 이용했다. 그 내용 가운데 3분의 1 이상의 분량은 미국 본토에 있는 디즈니 프로덕션에서, 3분의 1이 약간 못 되는 분량은 디즈니의 미국 내 독점 판매사인 웨스턴 퍼블리싱 사에서, 4분의 1이 약간 못 되는 분량은 이탈리아에서, 그리고 미미한 나머지 분량은 브라질과 덴마크에서 들여왔다. (칠레 판본에 비해 단지 절반 분량의 면만을 쓰는) 멕시코 판은 거의 독점적으로 미국에서 가져왔다. 한편 월 단위로 도합 2백만 부 이상이 팔리는 디즈니 만화 5종을 내는 브라질은 상당량(5천 페이지 중 1천 페이지)을 이탈리아에 의존하며, 자체의 소재들로는 1천1백 페이지를 만들어낸다. 그리고 또 하나의 라틴 아메리카 판은 콜롬비아 판이다. 반면에 자체적으로 연 5천6백 페이지 가운데 절반 이상을 만들어내는 이탈리아는 가장 자급적인 국가 중 하나일 것이다. 주당 34만 부 가량 팔리는 프랑스의 『르 주르

날 드 미키*Le Journal de Mickey*』는 절반 가량은 디즈니의 소재로, 나머지 절반은 디즈니 이외의 소재로 구성되어 있다.

한편 식민 모국으로의 흐름은 정반대이다. 1971년부터 시작된 만화『디즈니랜드 *Disneyland*』는 어린이 독자를 대상으로 하며 더 멋진 그림을 수록하는데, 전량 영국에서 만들어지며 미국에 있는 포시트(Fawcett) 사를 통해 배급된다. 이와 함께 미국 이외의 영어권 국가들에 공급되는 또 하나의 주요 디즈니 만화인『도널드와 미키』는 영국에서 주당 20만 부 가량이 판매된다.

7) 그러한 편집 과정에서 가해지는 변화들을 한데 모아보면 문화적인 선호에 대한 더욱 섬세하며 어쩌면 더욱 놀라운 몇 가지 뉘앙스가 드러날 것이다. 예를 들어 스웨덴 사람들의 사회적 정서는 어린 오리 주인공들이 가난한 사람들을 위해 선물을 사려고 하는 등 가난을 묘사하는 몇 개의 사실적인 장면(1952년에 출판된『오막살이촌의 성탄절 *Christmas in Shacktown*』수록)이 포함되어 있는 것을 못마땅하게 여겼다. 따라서 편집자들은 이 같은 장면들을 잘라냄으로써 이야기를 거의 알아볼 수 없게 만들어놓았다.

한편 대만과 같이 전혀 다른 문화 전통을 가진 나라는 디즈니 만화를 원래 형태대로 이용할 수 없으며, 따라서 인기 있는 주인공들의 본성 자체를 바꾸어버린다. 이렇게 해서 도널드는 꼬마 조카들에게서 존경과 복종을 받는 책임감 있고 모범적인 아버지가 된다.

8) 이것의 정당성은 명백한 것처럼 보이지만 이 책을 평한 몇 사람은 이를 비판했다. 이 점만 아니라면 가장 호의적이며 1990년 10월에 출간된『코믹스 저널, 코믹스 라이브러리*Comics Journal, Comics Library*』138호 p. 54에 실린 로버트 보이드(Robert Boyd)의 서평「제국주의자 스크루지 삼촌Uncle Scrooge, Imperialist」을 참고할 것.

9) 이 문구의 모순은 스칸디나비아의 디즈니 출판사들이 배포한 '세부 규칙'에 적나라하게 드러나 있다. "…… 어떠한 사회적 격차(가난한 아이들, 거드름 피우는 경영자, 고분고분한 하인)도 없(어야 한)다…… 스크루지 삼촌과 관련하여 도널드 덕은…… 박봉에 시달리며…… 지저분한 일을 하면서 극심하게 착취당한다."

10)『칼 바크스의 월트 디즈니 만화 문고*Carl Barks Library of Walt Disney Comics*』3권『스크루지 삼촌』2편의 pp. 517~524에 실린 토머스 안드레이(Thomas Andrae)의「바크스 작품 삭제판The Expurgated Barks」을 참고할 것. 웨스턴 퍼블리싱 사의 배포사인 델 코믹스 사가 1954년에 발간한 세부 규칙이 p. 52에 수록되어 있다.

11) 1974년 7월 4일자 사신(私信). 바크스에 대한 왜그너의 글은 1973년에 발간된『래디컬 아메리카*Radical America*』VII권 1호 pp. 1~19에 실린「도널드 덕: 대담 Donald Duck: An Interview」을 참고할 것.

12) 1982년 12월 28일에 발행된『빌리지 보이스*Village Voice*』의「젊은이여, 부자가

되라, 혹은 거울 나라의 스크루지 삼촌 Get Rich, Young Man, or Uncle Scrooge Through the Looking Glass』(이 기사의 제목은 『이상한 나라의 앨리스』의 속편인 『거울 나라의 앨리스Through the Looking-Glass』에 대한 인유이다 — 옮긴이)과 1989년 『샐머건디Salmagundi』(봄·여름호, 82~83호)에 실린 도르프만과의 면담도 참고할 것. 바크스의 저작에 대한 발행 허가 과정에서 주목할 만한 이야기는 『칼 바크스의 월트 디즈니 만화 문고』에 수록된 로빈 존슨의 서평과 1986년 6월 26일자 『뉴욕 리뷰 오브 북스New York Review of Books』에 있는 칼 바크스에 대한 배리어의 서평에서도 찾아볼 수 있다.

13) New York: Lilien, 1986, 85.

14) 독일 프랑크푸르트 소재 피셔 타셴부흐 페어라크(Fischer Taschenbuch Verlag)사가 1990년에 출판한 데이비드 컨즐의 『칼 바크스-다고베르트와 도널드 덕: 오리의 관점을 통한 세계 지배Carl Barks-Dagobert und Donald Duck: Welteroberung aus Entenperspektive』이다.

15) 마이크 배리어의 『칼 바크스와 만화의 기술』, p. 61.

16) 1980~1990년에 애리조나 주 피닉스 소재 어너더 레인보우 출판사가 출간한 『칼 바크스의 월트 디즈니 만화 문고』를 가리킨다.

17) 『칼 바크스의 월트 디즈니 만화 문고』 5권의 『스크루지 삼촌』 3권 중 p. 577, 591 및 592을 참고할 것.

18) 1942년 1월 5일자 『뉴 리퍼블릭New Republic』지 pp. 16~18에 실린 데이비드 로우(David Low)의 「레오나르도 다 디즈니 Leonardo da Disney」. 이 글은 1954년 11월 22일자 같은 잡지에 다시 게재되었다.

19) 1956년 12월에 캘리포니아 주 비벌리힐스에서 출판된 『위스덤Wisdom』 XXXII호의 편집진이 펴낸 『월트 디즈니Walt Disney』에서 재인용한 것이다.

20) 배리어의 『칼 바크스Carl Barks』, p. 85.

21) 시컬의 저서 p. 297을 참고할 것.

22) 1964년 11월 7일자 『새터데이 이브닝 포스트Saturday Evening Post』의 pp. 67~74에 게재된 빌 데이빗슨(Bill Davidson)의 「환상적인 월트 디즈니 The Fantastic Walt Disney」를 참고할 것.

23) 1956년에 뉴욕에서 출간된 다이앤 데이지 밀러(Diane Daisy Miller, 이는 디즈니의 딸이 결혼한 뒤에 사용한 이름이다 — 옮긴이)의 『월트 디즈니 이야기The Story of Walt Disney』, p. 139 이하.

24) 1970년 2월에 산타 바바라 소재 캘리포니아 대학의 화랑에서 개최된 전시회를 위해 데이비드 컨즐이 작성한 전시물 도록인 『저항의 포스터들Posters of Protest』의 도판

116번에 재수록되어 있다. 심지어는 이 도록 일부의 번역문과 포스터의 복제품을 게재한 일본의 어느 잡지도 무소불위의 디즈니에게 위협받은 바 있다. 그런데 역설적이게도 이 포스터의 싸구려 해적판은 넘쳐났으며, 이 서문의 필자 또한 멕시코 시티에 있는 어느 서점에서 한 부 구입했다. 더 나아가 라틴 아메리카에서 이 포스터의 인기는 그것이 (1972년 9월에) 칠레 산티아고 소재 미술관(Palace of Fine Arts)에 '미국의 저항의 포스터들' 전시회의 일부로 전시되었을 때 불러일으킨 즐거움으로 증명된다. — 영역자

25) 1989년 7월 31일자 『내셔널 로 저널*National Law Journal*』 11권 47호 pp. 25~27에 게재된 게일 다이앤 콕스(Gail Diane Cox)의 「생쥐를 함부로 건드리지 말 것 Don't Mess with the Mouse」을 참고할 것.

26) 다시 말해 '사방이 가로막힌(walt in 또는 walled in)'이라는 뜻. 이 말장난은 디즈니 작업장에서 일하는 사람이 한 말로, 1954년 12월 27일자 『타임』 42면의 「거위 아저씨Father Goose」라는 글에 실렸다(이 기사 제목은 서양 전래 민담 및 동요의 인물인 '거위 아주머니Mother Goose'에 대한 인유 및 패러디이다 — 옮긴이).

27) 시컬의 저서 p. 132에 인용되어 있다.

28) 시컬의 저서 p. 233.

29) 1954년 12월 27일자 『타임』, p. 42.

30) 프레드릭 워섬(Frederic Wertham)의 『천진함의 농락*Seduction of the Innocence*』(1954)을 참고할 것.

31) 시컬의 저서, p. 298.

32) 시컬의 저서 p. 35에 인용되어 있다.

33) 단 어린 디즈니가 보수를 전혀 받지 못한 것은 아니며, 그가 신문 배달로 벌어온 돈 전액은 아버지가 살림에 보태 썼다. 신문 배달은 오늘날까지도 남아 있는 법적으로 보장된 몇 안 되는 어린이 노동 형태 가운데 하나이다. (추정컨대) 오늘날 대다수 부모는 자녀들이 스스로 번 돈을 갖도록 허락하며, 이 일을 조기 정신 훈육의 실용적 형태 — 즉 아이가 가치와 함께 백만장자 신문 발행인을 부자로 만드는 노동을 통해서 적게나마 '이익'을 만들 수 있는 필연성을 배우는 것 — 로 생각할 것이다.

34) 리처드 시컬에 의하면 <덤보>는 "거의 모든 디즈니 장편 영화에 암묵적으로 담겨 있는 어머니의 부재라는 주제를 가장 분명하게 보여주는" 영화이다(p. 225).

35) 시컬의 저서 p. 48. 또한 『플레이보이*Playboy*』지 1973년 12월호 p. 328에 실린 D. 키이스 모노(D. Keith Mono)의 「진짜 미키 마우스 작전A Real Mickey Mouse Operation」중 다음 인용문을 참고할 것. "디즈니 사의 고위 경영직 명단에 유대인은 거의 없고, 구교도는 아주 드물며, 흑인도 여성도 없다."

36) (밀러의 같은 저서 p. 98에서) 그의 딸이 한 말은 여기에서 반복할 가치가 있다. "아버지께서는 느긋한 판매 기술을 지녔으며 온건하고 설득력 있는 시골 멋장이셨다. 아버지께서는 내게 이렇게 당신의 모습을 묘사하시곤 했다. …… (아버지께서는) 거리낌없는 감상주의자이셨다. …… (그러나) 아버지께서 어머니와 결혼하시게 된 이야기를 듣노라면, 마치 당신께서 노리고 계셨던 것은 이모의 닭튀김을 평생 잡수실 수 있게 되는 것이었다는 인상을 받게 된다." 디즈니도 이런 말로 구혼한다. "자가용과 반지 중 어떤 것에 먼저 돈을 내야 할 것 같소?" 결국 예비 부부는 반지를 먼저 — 그것도 헐값에 — 구입했는데, 아마도 이 반지가 "따끈따끈"했기〔장물〕 때문이었을 것이다. 1955년 7월 15일자 『룩Look』, p. 29에 의하면 "(훗날 디즈니의 아내가 된) 릴리언 바운즈(Lilian Bounds)는 급료가 너무 적은 나머지 때에 따라서는 지불 수표를 현금으로 바꾸지조차 않았다. 그녀는 이 점으로 인해 로이에게 많은 귀여움을 받게 되었는데…… 그는 (동생) 월트에게 그가 가진 매력을 이용해 이 숙녀가 비록 더 적은 액수의 지불 수표라 할지라도 현금으로 바꾸도록 설득하라고 재촉했다."

37) 1954년 12월 27일자 『타임』, p. 42.

38) 1962년 12월 31일자 『뉴스위크』, pp. 48~51.

39) 1972년 6월 피터 블레이크(Peter Blake)가 『아키텍처럴 포럼Architectural Forum』에 발표한 논문으로부터 재인용한 것이다. 강조는 저자.

서론: 디즈니랜드 클럽에서 장군이 되기 위한 지침

1) 이 책에서 사용되고 있는 약식 표기는 다음과 같다. 'D'는 『디즈니란디아』, 'F'는 『판타시아스Fantasias』(스페인어로 '환상들'을 뜻한다 — 옮긴이), 'TR'는 『티오 리코 Tio Rico』(스페인어로 '부자 삼촌'을 뜻한다 — 옮긴이) 혹은 『스크루지 맥덕$crooge McDuck』, 그리고 'TB'는 『트리빌린Tribilin』(경우에 따라서는 언어 또는 국가마다 디즈니 인물의 이름이 다르다. 가령 '구피'의 경우 스페인어권에서는 '트리빌린'으로 부르나 포르투갈어권에서는 '파테타 Pateta'라고 부른다 — 옮긴이) 혹은 『구피』. 이 잡지들은 (현재는 핀셀 출판사인) 칠레의 시그사그 출판사에서 호마다 평균 2~4편의 장편 및 중편 만화를 게재하여 발행했다. 과월호는 가능한 한 전부 구했으며 1971년 3월 이후에 발행된 호들 또한 구입하였다. 따라서 우리가 뽑은 표본들은 어쩔 수 없이 다소 무작위적이다.

『디즈니란디아』: 185, 192, 210, 281, 292, 294, 297, 303, 329, 342, 347, 357, 364, 367, 370, 376, 377, 379, 381, 382, 383, 393, 400, 401, 421, 422, 423, 424, 431, 432, 433, 434, 436, 437, 439, 440, 441, 443, 444, 445, 446, 447, 448, 449, 451, 452, 453, 454, 455, 457. 『티오 리코』: 40, 48, 53, 57, 61, 96, 99, 106, 108, 109, 110, 111, 113, 115,

116, 117, 119, 120, 128. 『판타시아스』: 57, 60, 68, 82, 140, 155, 160, 165, 168, 169, 170, 173, 174, 175, 176, 177, 178. 『트리빌린』: 62, 65, 78, 87, 92, 93, 96, 99, 100, 101, 103, 104, 106, 107.

미국 원본들을 구할 수 있었던 이야기들은 각각 다음과 같이 약기(略記)한다. 'CS'는 『월트 디즈니의 만화와 이야기』, 'DA'는 『덕 앨범』, 'DD'는 『도널드 덕』, 'GG'는 『자이로 기어루스』('Gearloose'는 '톱니바퀴 또는 기어'가 '느슨한,' 즉 우리말의 '나사가 풀린'과 통한다 — 옮긴이), 'HDL'은 『어린이 우드척 대원 휴이, 듀이, 루이』, 그리고 'US'는 『스크루지 삼촌』이다. 각 미국판 바로 다음에 나오는 숫자는 원본의 출판 일자이다. 따라서 7/67은 1967년 7월을 의미한다. 그러나 간혹 날짜가 없을 경우에는 호수(號數)가 햇수 다음에 나온다. — 영역자

2) "그(디즈니)가 죽자(1966) 작은 규모이지만 비공식적이지만 세계적인 단체가 디즈니 사 홍보부의 은밀한 지원에 힘입어 그의 노벨 평화상 후보 지명을 추진했다"(1968년 뉴욕시에서 출판된 리처드 시켈의 『디즈니의 각색본』, p. 303에서 인용). 산베르나르도는 노동자 계급이 거주하는 산티아고의 교외 지역이며 산안토니오는 중부 지역에 있는 항구이다. — 영역자

3) 1971년 7월 20일 산티아고에서 발행된 『라 세군다 La Segunda』의 3면. 이 일간지는 칠레의 주요 언론과 산업을 독점한 어거스틴 에드워즈의 통제를 받는 메르쿠리오 그룹에 속한다. 인용된 기사를 작성한 사람은 미국의 구리 회사인 브레이든 코퍼 사와 케네콧 코퍼 사(전자는 후자의 자회사였다 — 옮긴이)에서 홍보 담당관으로 근무했다(1970년 3월 산티아고에 있는 칠레 사회 연구소가 '대중 언론 매체 — 칠레 자유주의 언론의 이념Los Medios de Comunicación de Masas: La Ideología de la Prensa Liberal en Chile'라는 제목으로 펴낸 『콰데르노스 델 라 레알리다드 나시오날 Cuadernos de la Realidad Nacional』 3호에 아르망 마텔라르가 기고한 「정보의 권력과 종속의 구조 Estructura del poder informativo y dependencia」를 참고할 것).

4) 'Autom Gicamente,' 즉 '자동으로(Autom Ticamente),' 그리고 '마술처럼(M gicamente)' 세척한다는 어느 세탁기 광고 문구에서 힌트를 얻은 저자들의 말장난이다. — 영역자

5) 아기 늑대의 실제 발언이다(D 210).

1장 "삼촌, 피임약 좀 사주세요……"

1) 원문은 'mercurial'로, 이 단어는 도도한 도덕주의로 유명한 『엘 메르쿠리오』와 비슷하다. — 영역자

2) 1971년 9월 28일자 『엘 메르쿠리오』(산티아고)의 사설.

2장 '아이'에서 '고귀한 야만인'으로

1) 디즈니는 어린이들의 무의식적인 승인 아래 동물의 삶을 군대처럼 만들고 획일화하기 위해서 이러한 생물학적 우위 관계를 이용하는 데 주저하지 않는다(그의 모든 만화, 예를 들어 TR 119를 보면 보이스카우트 이념을 동물들에게 전이하는 것을 참고할 것).

2) ('덕버그'의 예에서 보이듯, 디즈니 만화에는 실존 지명과 가상 지명이 혼재한다. 후자의 경우, 대개 동음이의어나 압운 등을 이용한 말장난, 실제 지명의 합성어 또는 문학 작품 및 신화에 대한 인유이다. 보충 설명이 가능한 경우에는 개별 항목에 덧붙이기로 한다 — 옮긴이).

남미 대륙에서 시작해보자. 페루(TB 104에 나오는 잉카-블링카(Inca-Blinca, 이 가상 지명은 '잉카'와 '눈을 깜빡이다'를 뜻하는 영어 단어 blink를 이용한 말장난이다 — 옮긴이)와 D 457에 나오는 안데스 산맥), 에콰도르(D 434), 멕시코(D 432, D 455, TB 107에 각각 나오는 아즈텍랜드(Aztecland, 영어에 기반하는 이 가상 지명과 발음상 일치를 위해서 우리말에서는 통상 '아스텍' 또는 '아스테카'로 표기되는 해당 부족을 앞으로는 '아즈텍'으로 부르기로 한다 — 옮긴이)), 아사틀란(Azatlán, 멕시코 북부에 소재하는 것으로 간주되며 '흰 땅'을 뜻하는 이 지역은 아즈텍 민족의 신화적 발원지이다 — 옮긴이), 남부 익스티키(Southern Ixtiki), 칠레와 볼리비아의 고원 지대(TB 106에 안토파가스타[Antofagasta, 칠레 서북부의 주요 도시로, 칠레에서 나는 각종 광물의 적출항이다 — 옮긴이)가 언급되어 있다) 그리고 카리브해 지역(TB 87)이 나온다.

북미 대륙에서는 미국에 살고 있는 인디언들(D 430과 TB 62), 그랜드캐니언의 야만인들(D 437), 캐나다 인디언들(D 379와 TR 117), 북극의 에스키모 부족(TR 110), 구(舊)캘리포니아(이 광활한 지역은 원래 멕시코의 영토로, 현재는 미국 서부에 있는 동명(同名)의 주 캘리포니아도 포함하고 있었다. 현재도 멕시코의 일부인 남부 지역은 'Lower California'를 뜻하는 '바하 칼리포르니아(Baja California)'로 불린다. 지명 자체도 스페인어에서 유래한 것으로, '뜨거운 아궁이'를 뜻한다 — 옮긴이)에 살고 있는 인디언들(D 357)이 나온다.

아프리카와 근동에서는 이집트(D 422와 TR 109에 나오는 스핑크소니아(Sphinxonia, 단어 '스핑크스'로부터 만들어낸 가상의 지명이다 — 옮긴이)), 검은 대륙의 몇몇 변두리 지역(D 431, D 382, D 364, F 170, F 106), 아랍 국가들(아리디아(Aridia, '메마른'을 뜻하는 영어 단어 'arid'로부터 만들어낸 가상의 지명이다 — 옮긴이)), 프리지-프리지(Frigi-Frigi, 이 가상 지명은 '추운'을 뜻하는 영어 단어 'frigid'를 연상시킨다 — 옮긴이) 군도, 그리고 이름 없는 다른 세 곳(TR 111과 123, D 453과 F 155에 나오는 두 편의 이야기)이 나온다.

아시아에서는 파로피스탄(Faroffistan, 이 가상 지명은 'far off,' 즉 '멀리 있는'을 뜻한다 — 옮긴이)(D 455에 나오는데 홍콩인가?), 프라니스탄(Franistan, 아프가니스탄과 티벳을 묘하게 섞어놓았다. 물론 이는 가상 지명이다 — 옮긴이) 외(外)콩골리아(Outer Congolia, 이 가상 지명은 '콩고'와 현재의 '몽골 공화국'인 '외(外)몽고(Outer Mongolia)'의 합성어이다 — 옮긴이)(D 433에 나오는데 몽고인가?), 언스테디스탄(Unsteadystan, 이 가상 지명의 'unsteady'는 '불안정한' 뿐만 아니라 '심지가 곧지 못한' 및 '단정하지 못한' 또한 뜻한다 — 옮긴이)(TR 99에 나오는 베트남)이 나온다.

오세아니아에서는 야만인이 사는 섬들(D 376, F 68, TR 106, D 377), 사람이 살지 않는 섬(D 439, D 210, TB 99, TR 119)이 나온다. 여기에 미키와 구피가 방문한 수많은 섬을 추가할 수 있지만, 별반 흥미롭지 않아서 이 목록에서는 생략했다.

마이크 배리어가 작성한 바크스의 작품 총목록에서 뽑아낸 다음 목록은 제3세계 사람들(미국 내에 살고 있는 인디언들은 포함하지 않았다)에 대한 오리 주인공들의 심취를 한층 잘 설명해준다. 단 이 목록이 단 한 사람의 작가가 집필한 오리 이야기들만을 취급하고 있으며, 역시 많은 경우에 외국을 배경으로 일어나는 미키 마우스의 모험은 모두 제외한 것임에 주목할 것. 칠레에서 발간되는 판본들의 목록과 중복되는 것이 몇 개 있다. — 영역자

캐나다와 알래스카: 알래스카(DD 1/45에 나오는 포인트 매로우[Point Marrow, 'marrow'는 '골수,' '알짜,' '자양분이 풍부한 음식,' '원기'를 모두 뜻한다 — 옮긴이], DD 12/49와 US 9~11/58, US 9/65에 나오는 광산 지대), 캐나다(DD 2/50에 나오는 북서부 지방의 킥미퀵 인디언 부족[Kickmiquick Indians, 이 가상 부족은 'kick me quick,' 즉 '나를 어서 발로 차줘'라는 이상한 뜻을 갖는다 — 옮긴이], CS 8/63에 나오는 에스키모 부족, DD 7~8/52에 나오는 래브라도[Labrador, 북미에 실재하는 반도이자 여기에서 생산되는 개의 이름이다 — 옮긴이], US 6~8/57에 나오는 퍼위가 피그미 인디언 부족[Peeweegah Pygmy Indians, 이 가상 부족의 이름에서 'peewee'는 '작은, 시시한'을 뜻하며 '피그미'는 키가 작기로 유명한 아프리카의 실제 부족 이름이니, '작다'는 뜻이 중복된다 — 옮긴이], US 9~11/61에 나오는 금광 지대).

중미: CS5/61, DD 9/65에 나오는 아즈텍랜드, 유카탄(Yucatán, 멕시코 남동부 소재의 반도로, 그 남단은 벨리즈 및 과테말라의 영토이다 — 옮긴이)(US 8/63에 나오는 마야 유적; DD 3~4/56에 나오는 온도리카(Hondorica, 이 가상 지명은 온두라스와 코스타리카의 합성어이다 — 옮긴이], DD 7/47에 나오는 서인도 제도, CS 4/60에 나오는 카리브해 연안의 섬들, 4/64에 나오는 쿠바.

남미: US 3~5/59에 나오는 전쟁, US 9~11/60에 나오는 에메랄드(Emerald, 이 역시 가상 지명이다 — 옮긴이), DD 9~10/52와 US 12~2/61에 각각 나오는 아마존 유역의

밀림 지대, DD 9~10/52에 나오는 영국령(領) 기아나(British Guiana, 가이아나 공화국의 영국 식민지 시절 명칭이다 — 옮긴이), 안데스 산맥(DD 4/49에 나오는 잉카 유적들, US 6~8/59에 나오는 잉카 지역의 광산 지대), DD 1/51에 나오는 칠리버게리아(Chilliburgeria, 이 가상 지명은 '칠리 버거'의 나라인 셈이다 — 옮긴이), 쿠라 데 코코 인디오 부족(Cura de Coco Indians, 이 가상 부족의 이름은 약간 복잡한데, 원래 스페인어에서 유래하며 영어 단어 'cure'와 기본적으로 의미가 같은 영어 속어 '큐라 cura'는 '치료' 뿐 아니라 '습관성 마약 끊기'와 '2회분의 헤로인'도 뜻한다. 그리고 'coco'는 '코코 야자 또는 그 열매인 코코넛'과 '머리' 모두를 뜻하며 영어에서는 '코코아[cocoa]'와 발음이 같다. 그렇다면 'Cura de Coco'는 '머리 치료제'를 뜻하는 셈인데, 이것이 '코코아'와 '헤로인'중 어느 것을 가리키는지는 분명하지 않다 — 옮긴이)(US 9~11/62에 나오는 '가정 교사 군단 Tutor Corps'), 볼케이노비아(Volcanovia, 단어 '화산〔volcano〕'으로부터 만들어낸 가상의 지명이다 — 옮긴이)(DD 5/47에서 도널드는 전투기를 판매한다), US 3~5/57에 나오는 브루토피아(Brutopia, 이 가상 지명은 디즈니 인물 '브루터스〔Brutus〕'와 '유토피아'의 합성어인 동시에 'brute,' 즉 '짐승'또한 연상시킨다 — 옮긴이)(CS 11/63에는 턱수염을 기르고 있는 공산주의자들이〔이 책 3장의 아홉번째 삽화를 참고할 것 — 옮긴이〕, US 5/65에는 스파이들이 나온다).

아프리카: CS 4/62, US 1/66에 나오는 금광, DD 9/43과 US 3~5/59에 각각 나오는 이집트, US 6~8/61에 나오는 피그미 아랍인들(Pygmy Arabs), 홍해 연안의 마을들(US 9~11/57에 나오는 솔로몬 왕의 광산 지대), US 9~11/60에 나오는 반투(Bantu) 지역, 콩고(US 3~5/64에 나오는 카충가〔Kachoonga〕), DD 9/50에 나오는 놀사 오아시스(Oasis of Nolssa), 쿠코 코코(Kooko Coco), US 9/64에 나오는 위그 부족(Wigs, '가발'또한 뜻한다 — 옮긴이), DD 8/49에 나오는 풀라 줄라(Foola Zoola), US 9~11/56과 US 3~5/59에 각각 나오는 남아프리카 공화국.

아시아: US 2/65에 나오는 아라비아, 페르시아(DD 5/50에 나오는 이스타 페이카(Ista Faka, 이 가상 지명은 발음상 'fake,' 즉 '가짜의'를 연상시킨다 — 옮긴이)의 고대 도시, US 3~5/62에 나오는 석유, US 7/64에 나오는 사그바드(Sagbad, 물론 '바그다드'에서 만들어낸 가상의 지명으로, '축 처지다〔sag〕' 뿐 아니라 '나쁜〔bad〕'도 연상시킨다 — 옮긴이) US 10/67에 나오는 팻캣스탄(Fatcatstan, 'fat cat,' 즉 '살찐 고양이'에서 만들어낸 가상의 지명이다. 'Fat Cat'은 디즈니 인물의 이름이기도 하다 — 옮긴이)의 수도, 인도(US 12/64의 점보스탄〔Jumbostan〕, CS 4/49에 나오는 백도어〔Backdore, 발음상 'back door,' 즉 '뒷문'이다 — 옮긴이〕의 마하라자〔Maharajah, 인도 토후국 국왕의 칭호이다 — 옮긴이〕, US 3~5/55에 나오는 스윙잉도어〔Swingingdore, 발음상 'swinging door,' 즉 '회전문'이다 — 옮긴이〕의 마하라자, CS 3/52에 나오는 풋소어

[Footsore, 'foot sore,' 즉 '발병이 난'이다. 물론 이들 가상 지명과는 어원상 연관이 없으나, 인도에는 '마이소르 Mysore' 등 실제로 '~ore'로 끝나는 지명이 적지 않다 — 옮긴이]의 라자[Rajah, 인도 토후국 수장(首長) 또는 귀족의 칭호이다 — 옮긴이]와 하우두유스탄[Howduyustan, 이 가상 지명은 발음상 인사말 'How do you do?'를 연상시킨다 — 옮긴이]의 마하라자, 히말라야 지역(DD 2/50에 나오는 유니콘, US 6~8/54에 나오는 트랄랄라[Tralla La, 노래에 자주 나오며 기쁨을 나타내는 감탄사이다 — 옮긴이])의 화폐 없는 천국, US 6~8/56에 나오는 힌두 쿠시(Hindu Kush) 산악 지방의 히말라야 설인.

동남아시아: 파르바키시안(Farbakishian, 이 가상 지명은 'far back,' 즉 '저 멀리 뒤에 있는'을 연상시킨다. 위의 'Faroffistan'을 참고할 것 — 옮긴이)(GG 11~2/62에 나오는 '참모 군단[Brain Corps]'), 샴보디아(Siambodia, 현재의 '타이[Thailand]'인 '샴[Siam]'과 '캄보디아[Cambodia]'의 합성어이다 — 옮긴이)(CS 6/65에 나오는 내전, 경호강(Gung Ho River, 이 가상 지명은 '함께 일하다'를 뜻하는 중국어 '꿍 후워工和'에서 유래하며 현재는 영어에서 '열성적인'의 뜻으로 쓰이는 속어 'gung ho'에 대한 말장난이다 — 옮긴이)(US 12~2/58에 나오는 탕코르 와트(Tankor Wat, 이 가상 지명은 캄보디아의 힌두교 석조 유적인 '앙코르 와트'에 대한 말장난이다. 그런데 't'를 덧붙임으로써 발음상 첫 음절이 '탱크'가 되므로 어감은 별로 좋지 않다 — 옮긴이)의 고대 도시, 언스테디스탄(US 7/66에 나오는 내전), US 7/67에 나오는 남(南)미저리스탄(South Miserystan, 'misery,' 즉 '괴로움'으로 가득 찬 가상의 나라이다 — 옮긴이).

기타 지역들: DD 5/47, CS 9~11/55, US 3/66에 각각 나오는 호주 원주민들, US 3/63, CS 12/64, CS 9/66에 나오는 남양 군도, US 3/64에 나오는 얼굴 없는 부족의 밀림(Jungle of Faceless People), GG 3~6/60에 나오는 아이올리스 산악 지역(Aeolian Mountains, 현재는 터키의 일부이며 고대 그리스 식민지이던 '아이올리스[Aeolis]'를 가리킨다 — 옮긴이).

3) 이 같은 유형은 아역 배우가 등장하는(예를 들어 영국 출신 여배우 헤일리 밀스[Hayley Mills]가 주연하는) 디즈니 영화에서도 반복된다.

4) 블라디미르 프로프(Vladimir Propp)의 구조주의적 해석의 형식주의(『이야기의 형태론Morphologie du conte』, Seuil, Paris, 1970)에 영향을 받지 않은 해석을 보려면, 무엇보다도 마르크 소리아노(Marc Soriano)의『페로의 이야기들—고급 문화와 민중 전통 *Les contes de Perrault: culture savante et traditions populaires*』(Gallimard, Paris, 1968) 및 『아날Annales』지(Paris, 1970년 5, 6월호)에 게재된 『페로의 이야기 속의 원탁 *Table Ronde sur les contes de Perrault*』의 통찰력 있는 연구 성과를 참고할 것.

5) 모노스(Monos)는 스페인어로 '원숭이들' 혹은 '만화 주인공들'을 뜻한다. — 영역

자

3장 고귀한 야만인에서 제3세계로

1) 성적 위협이라는 함의를 가진 육체적 과잉 발육이라는 주제에 대해서는 엘드리지 클리버(Eldridge Cleaver)가 1968년에 저술한 『얼음판 위의 영혼 Soul on Ice』을 참고할 것.

2) 스페인어 원어는 'Garrote y Caritas'로, 'Caritas'는 북미와 유럽 가톨릭 교회 일부의 후원을 받는 국제 기구이다. — 영역자

4장 위대한 낙하산병

1). 칼 마르크스, 『신성 가족』(1845). 1968년 파리에서 발간된 『신비평 La Nouvelle Critique』 특집호에 실린 마르슬랭 플레네(Marcelin Pleynet)의 「마르크스의 『신성 가족』에 나타난 『파리의 비밀』에 대한 한 가지 분석에 대하여 A propos d'une analyse des Mystères de Paris, par Marx dans La sainte famille」를 참고할 것.

5장 아이디어 제조기

1) 예를 들어 세르반테스가 집필한 『페르실레스와 세히스문다의 역경 Trabajos de Persiles y Segismunda』을 들 수 있다.

2) 움베르토 에코의 『묵시론자와 순응론자 Apocalittici e Integrati』(Milan: Bompiani, 1964), 『대중 문화; 묵시론자와 순응론자 Apocalpticos y Integrados ante la cultura de masas』(Barcelona: Editorial Lumen, 1968)을 참고할 것.

3) 밴스 패커드의 『숨은 설득자들 The Hidden Persuaders』(New York, 1957)에서 인용한다. 이 주제에 대한 1974년식 변형을 보려면 아래 제너럴 모터스 사의 광고를 참고할 것.

오늘 시보레, 폰티액, 올즈모빌, 뷰익, 또는 캐딜락 판매점을 찾으십시오.

4) 전후 20년 동안 만들어진 이야기들의 재판이 나오는 데서 드러나듯, 이는 실제로 일어나고 있다. — 영역자

6장 케케묵은 동상들의 시대

1) 영어판 만화 원문에는 '사교적인'을 뜻하는 'sociable'로 되어 있다. — 영역자

> ### 자동차, 일자리 그리고 성장
>
> 경제 성장은 바퀴와도 같습니다. 바퀴란 속도가 떨어지면 건들거리고, 멈추면 넘어지기 마련입니다. '쿵!' 하고 말입니다.
>
> 우리 경제가 계속 굴러가도록 하려면 미국 국민은 자신이 원하고 필요한 것을 사는 일을 두려워해서는 안 됩니다. 수요는 생산을 뜻하고, 더 많은 생산은 더 많은 일자리와 튼튼한 기업, 그리고 우리의 마을과 도시, 주와 국가에는 더 많은 세수(稅收)를 뜻합니다. 이것은 번영을 낳고 모든 사람들에게 혜택을 선사합니다.
>
> 자동차는 미국 경제의 기반입니다. 또한 국민 총생산의 6분의 1을 차지하고 있습니다. 1천3백만 개의 일자리 ── 즉 여섯 명 가운데 한 명 ── 와 제철 회사에서 동네 주유소에 이르는 80만 개의 사업체가 자동차 산업에 의존하고 있습니다.
>
> 지금이야말로 새 차를 구입하실 적기입니다. 중고차 가격도 높습니다. 저희 회사의 1975년산 승용차는 운용비를 감소시켰으며, 정기적으로 보수하는 수고도 줄였습니다. 새 차를 구입하신다면 잘하시는 일입니다. 구매는 성장의 바퀴를 계속 굴러가게 합니다.
>
> 제너럴 모터스 사
> 회장 R. C. 거스턴버그 배상

2) 칠레 가톨릭 대학 소유이며, 1971년에 ── 끔찍이도 민주적으로 ── 모든 정적을 축출한 바 있는 기독교 민주당의 통제를 받는 TV 채널. 일요일 오후의 디즈니 쇼는 87퍼센트의 시청률을 보인다.

결론: 도널드에게 권력을?

1) Michèle Mattelart, 「근대적인 것에 대한 단상―잡지를 읽는 한 가지 방법 Apuntes sobre lo moderno: Una manera de leer el magazine」, 『콰데르노스 델 라 레알리다드 나시오날 Cuadernos de la Realidad Nacional』, No. 9, Santiago, 1971. 9.

부록: 도널드 덕 대 칠레 사회주의― '공정 사용'과 관련한 대결

1) Horace Newcomb, 『TV―가장 대중적인 예술 TV: The Most Popular Art』, New York: Doubleday, 1974, p. 2.

2) 월트 디즈니 프로덕션, 『1977년 연례 보고서 Annual Report for 1977』, p. 1.

3) 같은 책, p. 8.

4) 제레미 턴스톨(Jeremy Tunstall)이 저술한 『대중 매체는 미국의 것이다 The Media are American: Anglo-American Media in the World』(New York: Columbia University Press, 1977)의 pp. 282~283에 있는 표3을 참고할 것. 이 저서에 의하면 미국으로부터의 수입이 69퍼센트에 이르는 나라는 바로 인도이다.

5) 일라이휴 캐츠와 조지 웨딜 공저, 『제3세계에서의 방송―약속과 실행 Broadcasting in the Third World: Promise and Performance』(Cambridge, Massachusetts: Harvard University Press, 1977)의 p. 161과 pp. 158~160에 있는 표5.4도 참고할 것.

6) 턴스톨의 저서 pp. 278~279 사이에 있는 표 1을 참고할 것.

7) 『도널드 덕, 어떻게 읽을 것인가』(New York: International General Editions, Inc., 1975)에 실려 있는 데이비드 컨즐의 소개문을 참고할 것.

8) 미국의 만화책들 및 이들의 해외 시장 지배에 대한 연구의 하나로 다그마르 폰 되틴헴(Dagmar von Doetinchem)과 클라우스 하르퉁(Klaus Hartung)이 공동 저술한 『슈퍼 영웅 만화 속의 폭력 주제에 대하여 Zum Thema Gewalt in Superhelden Comics』(Berlin: Basis Verlag, 1974)에서 특히 p. 144 이후의 내용을 참고할 것.

9) 허버트 실러는 몇 가지 연구 결과를 발표한 바 있는데, 이는 다음과 같다. 『대중 언론 매체와 미 제국 Mass Communication and American Empire』(Boston: Beacon Press, 1971) 및 『통신 매체와 문화적 지배 Communication and Cultural Domination』(White Plains, New York: International Art and Science Press, 1976). 후자의 경우 pp. 98~109에는 「후기(後記)―칠레: 개혁과 반혁명의 통신 매체 정책 Afterword, Chile: Communications Policies of Reform and Counterrevolution」이라는 논문이 실려 있다.

10) 주 7)을 참고할 것. 당시 아리엘 도르프만은 암스테르담 대학의 스페인어 교수였으며, 아르망 마텔라르는 파리 대학의 시청각학과에서 교수이자 연구자로 재직중이었다.

11) 턴스톨의 책 pp. 278~279에 실린 표 1을 참고할 것. 칠레의 TV 방영물 수입률은 55퍼센트로 기록되어 있다.

12) 같은 책 p. 43과 pp. 301~303의 표 17을 참고할 것.

13) 컨즐의 서론 p. 18를 참고할 것.

14) 살바도르 아옌데가 집필하고 후안 가르세스(Juan E. Garces)가 편집한 『사회주의를 향한 칠레의 노정 Chile's Road to Socialism』(Harmondsworth, England: Penguin, 1973)의 p. 48을 참고할 것.

15) 필립 오브라이언(Philip O'Brien)이 편집한 『아옌데의 칠레 Allende's Chile』(New

York: Praeger, 1976)에 수록된 마이크 곤잘레스(Mike Gonzalez)의 글「민중 연합 치하의 이념과 문화 Ideology and Culture under Popular Unity」p. 117를 참고할 것.

16) 이 책의 주제들에 대한 훌륭한 총괄적인 서평은 호버먼(J. A. Hoberman)이『빌리지 보이스』(1976년 7월 26일자)에 발표한「도널드 덕 보고서 The Donald Duck Report」에서 볼 수 있다.

17) 컨즐의 서론 p.20에 실린 만화를 참고할 것.

18) 도르프만과 마텔라르의 공저에서 결론을 참고할 것.

19) 호버먼의 글에서 재인용.

20)『도널드 덕, 어떻게 읽을 것인가』의 표지와 인터내셔널 제너럴 에디션스 사의 세스 지이걸러웁에게서 받은 1978년 12월 10일자 서신을 통해서 확인한 정보이다.

21) 필자가 컨즐과의 대화에서 들은 이야기이다.

22) 이 정보와 인용문의 출처인 이 문건(서신)은 합헌 권리 찾기 센터의 피터 와이스와 엘런 시어먼이 제공했다.

23) 1975년 9월 10일에 월드하임이 서스키에게 한 말이다.

24) 월드하임이 수입품 규정 준수국장에게 보낸 1975년 9월 25일자 문건의 내용이다.

25) 합헌 권리 찾기 센터의 와이스와 코펠런 그리고 샵이 서스키에게 보낸 1975년 8월 8일자 문건이다.

26) (여기에서는 출판상의 이유로 약간 편집을 거친 상태이나)「만화 발췌가 없으면 책이 안 되는 여섯 가지 이유」를 진술한 서신은 1975년 8월 12일에 쓰였다. 이 서신은 이 책의 두 저자와 세스 지이걸러웁이 작성하였다.

27) 월드하임이 워싱턴 시 소재 미국 세관의 통관 절차 및 행형 분과 대리 국장이던 대럴 캐스트에게 보낸 서신이다.

28) 합헌 권리 찾기 센터의 시어먼과 와이스가 대럴 캐스트에게 보낸 1976년 1월 12일자 문건이다.

29) 서스키가 와이스에게 보낸 1976년 7월 9일자 문건이다.

30) 1976년 10월 6일 도너번, 리저, 뉴튼 앤드 어바인측이 워싱턴 시에 있던 세관·규정·재정 보좌 감독관 레너드 레먼에게 보낸 문건이다.

31) 워싱턴 시 소재 세관·조정·재정 보좌 감독관 레먼이 도너번, 리저, 뉴튼 앤드 어바인 법률 회사에 보낸 1977년 7월 7일자 문건이다.

32) 와이스에게 보낸 1976년 6월 9일자 서신이다.

33) 오버트 클라크(Aubert J. Clark)가 저술한『19세기의 저작권 운동 The Movement for Copyright in the Nineteenth Century』(Washington, D. C.: Catholic University Press, 1960), 그 중에서도 특히 제2장을 참고할 것.

34) 도너번, 리저 등은 레먼에게 보낸 1976년 10월 6일자 서신에서 이 문제를 제기하고 있다.

35) 디즈니는 호주, 벨기에, 캐나다, 덴마크, 영국, 프랑스, 독일, 이탈리아, 일본, 스페인, 그리고 스웨덴에 주요 마케팅 담당 부서를 둔 자회사를 설립한 바 있다.『1977년 연례 보고서』, p. 40.

36) 1976년의 저작권법은 제조와 수입 제한이 1982년에 소멸되도록 규정하고 있다(제601절 참고). 그러나 등록청(Register)으로 하여금 제한을 계속하지 않을 경우 있을 수 있는 결과에 대해서 1981년에 의회에 보고하고, 그때 사안을 재검토하기로 했다.

참고 문헌

아래의 참고 문헌 목록은 독자가 이 책에서 다루고 있는 두 가지 주요 주제, 즉 문화 제국주의와 마르크스주의적 만화 연구를 검색하는 데 도움이 되도록 작성되었다.

몇 가지 중요한 예외를 제외하고는 아래의 참고 문헌 목록에 수록된 자료 중 문화 제국주의에 대한 것은 라틴 아메리카, 특히 쿠바에서 발간되었다. 우리가 아는 한 '아메리칸 드림' 및 이와 관련되는 문화 상품의 유포가 세계의 기타 국민들에게 일으키는 반동적인 영향에 대한 마르크스주의적 연구로서 미국에서 수행된 것은 상대적으로 적다. 그러나 이 같은 상황은 이들 국민의 투쟁으로 인해 바뀌고 있으며, 이러한 변화가 문화 제국주의라는 영역과 관련해 앞으로 미국에서 수행될 마르크스주의적 분석의 질과 양에 반영될 것을 희망해본다. 우리가 이 책을 통해 작게나마 수행한 역할과 관련해, 아래의 목록에 우리가 미처 고려하지 못했거나 아직 발간되지 않은 자료가 추가되기를 바라 마지않는다.

우리는 이 책에서 '문화' 라는 단어를 정치적이면서도 가장 광범위한 의미로 이해했다. 즉 이 단어는 제한적이고 자본주의적이며 '예술적인' 의미에서의 '문화' 를 지탱하고 형성하는 모든 사회·경제적 가치의 (대중적) 보도 및 전달을 가리킨다.

아래의 목록에서 개별 항목은 표준적인 서지 사항 표기 방식을 따르며, 저자명에 따라 가나다 순으로 열거된다. 단 특정 저서, 잡지, 또는 학술 대회 발표문 모음에 이 책의 주제와 연관되는 논문이 두 편 이상 수록된 경우는 예외로 하였다. 이 같은 논문들은 해당 원전 아래에 역시 가나다 순으로 열거된다. 또한 특정 논문이 여러 문헌에 거듭 수록된 경우, 이를 매번 열거하되 이에 대한 서지 사항은 한 번만 기록하였다.

각종 약어 또한 표준적인 서지 사항 표기 방식을 따른다. 그러나 'U.S.' 가 '스크루지

저자들이 밝히고 있듯이, 이 책의 영어판에 수록된 참고 문헌 목록은 그 자체로 이미 선별적인 것이다. 그러나 여기서는 우리나라 독자들을 위해 이를 전재하기로 한다. 단 초두의 설명은 모두 국역하되, 참고 문헌 목록 자체는 편의상 영어 원문 그대로 남겨둔다. 또한 영어판 전체에는 오자와 탈자, 그리고 낙자(落字)가 적지 않은데, 영어판의 참고 문헌 목록을 옮기면서 명백한 오류는 정정했음을 밝혀둔다. —옮긴이

삼촌'이 아닌 '미국'을 뜻한다는 점은 유의해야 할 것이다. 그 외에 사용된 여러 약어—CIA(미국 중앙정보국), USIA(미국 해외공보처), USIS(미국 공보원), USAID(미국 국제개발처), ITT, AP, UPI, ABC, CBS, NBC, 그리고 RCA(미국 전기·전자 제품 회사)—의 약명은 별도의 설명을 필요로 하지 않는다. 역사의 이 시점에서 이들 약어가 무엇을 대변하는지는 이미 잘 알려져 있기 때문이다.

아래의 목록에서 개별 항목은 이 책을 발간한 인터내셔널 제너럴 에디션스 사의 언론 매체 연구 분과인 국제 대중 매체 연구소에서 편찬한 바 있으며 현재에도 작업이 진행 중인 참고 문헌 목록 『마르크스주의와 대중 매체—기초적인 참고 문헌 목록을 위하여 Marxism and the Mass Media: Towards a Basic Bibliography』에서 발췌했다.

ABEL CASTANO, Ramón, *La Publicidad: Un Freno al Desarrollo*. Bogotá: Ediciones Tercer Mundo, 1971. 이 책은 광고의 조작적 본성을 포괄적으로 분석하고 묘사하고 있다. 자본주의적 독점 생산의 맥락에서 광고가 어떻게 발전하고 어떤 장소에서 어떤 기교를 동원하는지를 밝히고 있다. 그리고 광고가 인간의 발달을 지체시키는 데 어떤 역할을 하는지도 함께 논하고 있다. 부록에는 광고업계의 대가들이 밝힌 광고의 기능에 대한 다양한 견해들이 묶여 있다.

"Appareils Idéologiques d'Etat et Luttes de Classes: Chili 1970~1973." *Cahiers du Cinéma* 254-255 (Paris, December 1974~January 1975): pp. 5~32. 칠레의 민중 연합 정부가 집권하던 시기(1970~1973)에 세르주 다네와 세르주 투비아나가 아래와 같은 주제로 아르망 마텔라르와 가진 인터뷰이다. 1. 언론, 라디오, TV, 영화 그리고 교육 등의 이데올로기적 장치. 2. 칠레의 우파와 미 제국주의가 문화 장치들을 파쇼적으로 활용하는 '대중' 전략. 3. 이데올로기에 대한 분석 그리고 문화 장치들을 대중에게 개방하고 적에게 대응하는 정치적 실천에서 나타나는 좌파의 모순들이 그것이다.

ASSMANN, Hugo. *Evaluación de Algunos Estudios Latinoamericanos sobre Comunicación Masiva, con Especial Referencia a los Escritos de Armand Mattelart*. San José, Costa Rica: XI Congreso Latinoamericano de Sociología, June 1974, p. 43. 라틴 아메리카의 매스컴을 2부로 나누어서 분석한 연구서. 1부에서는 1960년대 초 이후부터 라틴 아메리카에서 등장한 매스컴 연구를 둘러싼 다양한 학파들과 함께 매스컴 연구가 유럽과 미국의 제국주의적 가치(특히 과학적 신념)들의 지배를 받게 되는 과정을 개괄하고 평가하고 있다. 이어 2부에서는 (1967~1973년

동안) 칠레에서 진행된 아르망 마텔라르와 미셸 마텔라르의 작업을 평가하면서 매스 미디어 연구와 관련된 가치들을 정치화할 것을 촉구하는 일련의 정식들을 제출하고 있다.

AUTORENKOLLEKTIV. *Wir machen unsere Comics selber: Erfahrung mit Comics in Unterrichts*. Ed. Gulner DUVE. Berlin: Basis Verlag, 1974. 어떻게 하면 만화를 보는 아이들이 대중 문화 산업의 제품에 의존하지 않을 수 있도록 만화를 만들 수 있을까를 집중적으로 논의한 교사 및 학생용 교과서. 이 책은 2부로 되어 있다. 1부에서는 현재의 만화책 산업과 함께 만화책의 소비, 이데올로기, 그리고 만화가 자본주의 사회에서 담당하는 위무(慰撫) 기능을 분석하고 있다. 2부에서는 아이들이 자신들의 만화를 만들 수 있도록 가르칠 수 있는 교과목의 구성에 대해 다루고 있다. 많은 삽화가 함께 들어 있다.

BARRAUD, Hervé; S. De SEDE. "La Mythologie d'Astérix" *La Nouvelle Critique* 26 (Paris, September 1969): pp. 35~40. 프랑스 만화인 『아스테릭스』의 이데올로기를 다루고 있다. 만화는 19세기 연재 소설의 확대로서 계속 인기를 누리고 있으며 『아스테릭스』는 신화적 역사와 함께 프랑스 부르주아의 영원한 도덕과 법률과 질서라는 가치를 표현한다는 분석을 내놓고 있다.

BEGLOW, Spartak. *Millionäre machen Meinung von Millionen*. Frankfurt am Main: Verlag Marxistische Blätter, 1971. 전세계의 자본주의 언론과 라디오, TV 시스템 그리고 이들간의 상호 연계를 묘사하고 분석하고 있다. 국제적인 자본주의 네트워크를 구성하고 있는 277개의 트러스트와 통신사 그리고 출판사들의 명단이 실려 있다(17장은 영어로 번역되어 있다: ____, "The Press and Society," *The Democratic Journalist* (Prague, 1971): pp. 12~16).

BUHLE, Paul. "The New Comics and American Culture" in: *Literature and Revolution*. Ed. C. Newman and G. A. White. New York: Holt, Rinehart and Winston, 1973, pp. 367~411. 예술과 미국 만화의 역사와 함께 미국 문화의 산물이자 반영물로서 새로운 언더그라운드 만화를 다루고 있다.

CALVET, Louis-Jean. *Linguistique et Colonialisme: Petit Traité de Glottophagie*. Paris: Payot, 1974. 제국주의적 팽창 과정에서 언어와 언어에 대한 연구가 어떤 역할을 했

고 어떻게 사용되었는지 살펴보고 있다. 이와 함께 언어 제국주의, 그리고 억압받는 민족들에 대한 이데올로기적 지배 장치로서의 위치, 식민지 언어의 '우월성', '이국적' 민족들에 대한 폄하와 주변부화 그리고 제거 과정도 함께 살펴보고 있다. 목차는 다음과 같다. 16세기부터 19세기까지의 언어 이론과 식민주의. 식민화 과정에서의 방언들. 식민주의의 언어적 궤적들. 언어에 대한 식민지적 담론. 언어와 민족 해방. 개별적인 연구 주제와 서지 사항이 부록으로 붙어 있다.

CARABBA, Claudio. *Il Fascismo a Fumetti.* Florence: Guaraldi, 1973. 1930년대부터 1944년까지 이탈리아에서 제작된 파쇼적 만화책들, 그리고 1960년대와 1970년대에 제작된 몇몇 반공 만화에 대한 연구서로 자세한 서지 사항이 들어 있다. 파시즘은 역사와 영웅들, 식민지 정복, 반볼셰비즘을 어떻게 해석하는가를 보여주고 있는데, 부록으로 아래의 세 가지 이야기를 재수록하고 있다. "I Ragazzi di Portoria", "I Tre di Marcelle", "Di un Altra Razza". 삽화와 함께 파쇼적 만화책 제목과 캐릭터들의 목록이 들어 있다.

CARMO, Alberto. "Doing Business with Latin American Brains." *The Democratic Journalist* 6 (Prague, 1974): pp. 15~18. 제국주의 국가들, 특히 미국이 과학자와 기술자, 전문가들을 제3세계로부터 어떻게 수입하는지를 다루고 있다.

The Chilean Road to Socialism. Ed. Dale L. JOHNSON. Garden City, New York: Anchor, 1973. 칠레의 민중 연합 정부의 집권 기간에 이루어진 모든 측면에 대한 미국과 칠레 저술가들의 65편의 글을 묶은 모음집(파시스트 쿠데타가 일어나기 전에 집필되고 편집되었다).
이와 관련하여:
POLLOCK, John C.: David EISENHOWER. "The New Cold War in Latin America: The U. S. Press and Chile" (pp. 71~86). 1970년부터 1972년까지 6개의 미국 일간지들이 민중 연합 정부에게 보인 적대적인 보도 태도를 분석하고 있는데, 그것은 아래의 5가지 일반적인 주제를 따라 순차적으로 이루어졌다. 아옌데의 고립, 정치 안정에 대한 좌파의 위협, 중간 계급과 상층 계급의 책임 있는 태도, 미국의 다국적 기업들에 대한 저항의 불합리성, 아옌데를 둘러싸고 감지되는 위기.

HUMBERTO, Máximo. "Yankee Television Control" (pp. 120~24). 미국의 TV 네트워크인 ABC, CBS, NBC-RCA를 다루면서 각 방송국이 라틴 아메리카의 TV에

대한 미국의 통제 그리고 아무 생각 없는 소비자의 창출 과정에서 어떤 역할을 하는지 분석하고 있다.

Cine Cubano 4.63/65 (Habana): pp. 80~94. Three articles on cultural imperialism:
"La Industria Cultural Seduce al Capital Monopolista Yanqui." 미국이 경제적·행정적으로 어떻게 라틴 아메리카의 문화 속으로 침투해 들어갔는지를 밝히고 있다. 광고와 뉴스 그리고 USIA의 기능도 함께 다루고 있다.
BARAHONA M., Hernán. "Chile Entre Dos Fuegos: Cine y TV." 미국이 칠레의 TV와 영화를 어떻게 통제하고 있는지를 다루고 있다.
"Publicidad Yanqui en las Elecciones Chilenas." 칠레의 여러 선거에서 미국이 광고들에 어떤 식으로 재정 지원을 했는지 분석하고 있다.

____ 66/67: pp. 68~89, 93.
ALMEYDA, Clodomiro. "Hacer de la TV Instrumento de Elevación Moral y Liberación Humana." 칠레와 라틴 아메리카의 발전에서 TV가 담당해야 할 인간적 과제들을 다루고 있다.
FATRAC (Frente Antimperialista de Trabajadores de la Cultura). "Documento Denuncia: De Cómo USA Usa la Música como Arma de Penetración." 라틴 아메리카의 음악계와 문화계에 미국이 어떻게 침투해 들어갔는지 상세한 문헌을 인용해가며 논증하고 분석하고 있다. 아주 포괄적이고 구체적이며, 서지 사항이 부록으로 붙어 있다.

"Cinéma et Multinationales" in *Ecran* 24 (Paris, April 1974): pp. 38~48.
MATTELART, Armand. "Hollywood en Vente?" 1968~1972년에 있었던 미국 영화 산업의 소유권 변동에 관한 짤막한 노트이다.
GUBACK, Thomas. "Le Cinéma U. S.: Un Business International."

COCKCROFT, Eva. "Abstract Expressionism: Weapon of the Cold War." *Artforum* XII.10 (New York, June 1974): pp. 39~41. 미국의 아방가르드 예술, 그리고 이것이 어떻게 미국의 냉전 정책을 지지하는 용도로 사용되었는지와 함께 문화의 삼투 과정에 대해 짧지만 아주 상세히 연구한 논문이다. (뉴욕에 있는) 현대미술관과 CIA 그리고 로커펠러 가의 이익이 어떤 식으로 상호 연관되어 있는가도 밝히고 있다.

Communications Technology and Social Policy. Ed. G. Gerbner; L. Gross; W. H. Melody. New York: Wiley Interscience, 1973. Anthology.

이와 관련하여:

NORDENSTRENG, Kaarle; Tapio VARIS. "The Non-Homogeneity of the National State and the International Flow of Communications" (pp. 393~412). 커뮤니케이션의 역사적 발전과 함께 이행중인 세계에서 의식의 역할을 다루고 있다.

MATTELART, Armand. "Mass Media in the Socialist Revolution: The Experience of Chile" (pp. 425~440). 민중 연합 정부 시기의 정보력의 구조와 함께 국영 출판사인 키만투가 만화, 소설 잡지, 신문 등의 인쇄 매체를 변화시키는 과정에서 직면하게 된 문제들을 다루고 있다.

Comunicación y Cultura 1 (Santiago de Chile and Buenos Aires, July 1973). 라틴 아메리카의 정치 투쟁이라는 맥락에서 매스 미디어와 교육이 어떤 역할을 해야 하는지를 다룬 잡지의 창간호.

이와 관련하여:

BAZIN, Maurice. "La 'Ciencia Pura' Instrumento del Imperialismo Cultural: El Case Chileno" (pp. 74~88). 추상적 학문이 문화 제국주의에서 어떤 역할을 하는지를 다루고 있다.

MATTELART, Armand. "El Imperialismo en Busca de la Contrarevolución Cultural: 'Plaza Sésamo.' Prólogo a la Telerepresión del año 2,000" (pp. 146~223). 미국 TV 프로인 <세서미 스트리트>의 창작 과정과 구성 방식 그리고 이데올로기적 내용을 분석하면서 이 프로그램이 장차 미국이 세계 교육을 지배하는 것을 가능하게 해주는 모델로 기능하고 있다고 주장한다(같은 제목으로 따로 출판되어 있기도 하다). ____, same title, Caracas: Universidad Central de Venezuela, 1974, p. 88)

____ 2 (Buenos Aires only, March 1974).

MATTELART, Michèle; Mabel PICCINI. "La Televisión y los Sectores Populares" (pp. 3~76). 민중 연합 정부 기간에 TV와 함께 TV가 이데올로기 투쟁의 일부로서 담당한 역할을 분석하고 있다. 이와 함께 아래의 주제들도 다루고 있다. 대중 문화, 분배, 기술의 신화들. 정치적 전위와 문화 기구들의 관계. 칠레의 노동 계급을 대상으로 TV를 어떻게 활용할 것인가 그리고 또 TV는 어떤 영향을 미치는가에 대한 광범위한 연구를 담고 있다. 그리고 각종 발언과 인터뷰, 수많은 사실과 수치도 부록으로 제시되어 있다.

NOMEZ, Main. "La historieta en el Proceso de Cambio Social: Un Ejemplo de lo Exótico a lo Rural" (pp. 109~124). 정치적 변동기의 대중 문화와 만화의 문제 그리고 칠레의 국영 출판사인 키만투의 경험을 분석하고 있다.

ACOSTA, Leonardo. "El Barroco de Indias y la Ideología Colonialista" (pp. 125~158). 15세기와 16세기 그리고 17세기에 있었던 라틴 아메리카 정복의 통합적 부분의 하나로서 문화 지배의 역할과 형태들을 다루고 있다.

BARRACLOUGH, Solón. "Ideología y Práctica de la Capacitación Campesina" (pp. 159~176). 농업 발달 그리고 미국의 기준으로 지배되는 자격 있는 노동자라는 개념을 분석하고 있다.

_____ 3 (1975), p. 230. 라틴 아메리카와 베트남에서 USIA를 다루고 있는 6편의 논문과 문헌들. 아르헨티나와 페루 등 라틴 아메리카 정부의 매스 미디어 정책 중 교육을 원거리에서 통제하기 위한 미국의 프로그램을 분석하고 있다.

"Ficha de Identificación de la Agenda de Información de los EE UU (USIA)." 라틴 아메리카에 대한 USIA의 문화적 침투를 담당하고 있는 사람들의 인명록.

FRESENIUS, Gerardo; Jorge VERGARA. "La Agencia Informativa Norteamericana (USIA) y Sus Boinas Verdes de Papel." 볼리비아, 파라과이, 아르헨티나, 베네수엘라, 과테말라, 니카라과, 파나마, 코스타리카, 산살바도르, 산타도밍고, 온두라스에서 USIA가 익명으로 만들고 있는 『엘 데센가노』라는 반(反)게릴라 만화에 대한 상세한 연구. 많은 삽화가 들어 있다.

BALLOCHI, P. Roberto. "Algunas Antecedentes Sobre el Satélite Educativo para América del Sur." 통신 위성을 통해 미국의 교육을 라틴 아메리카에 팔려고 시도한 미국의 역사를 다루고 있다.

TORRES, Héctor. "Colombia y el Satélite Educativo." 콜롬비아에 위성을 통해 교육시킬 것을 제안한 유네스코와 함께 그것이 미국의 문화적 지배를 강화시키는 등 역효과를 낸 것에 대한 비판.

SANTOS, Enrique. "Tecnología, Imperialismo y Educación." 통신 위성, 시청각 교육 등 교육 기술이라는 미국적 개념에 대한 이데올로기적 연구.

GRAZIANO, Margarita. "Los Dueños de la Televisión Argentina." 1974년에 TV 채널들이 국유화되던 당시 아르헨티나의 지역 TV와 전국 TV의 구조와 소유권에 대한 아주 상세한 분석. 그리고 아래와 같은 6개의 문헌이 딸려 있다. 1974년 페루 일간지들의 몰수 사건을 다룬 페루 혁명 정부의 문헌 2편. 베트남에서의

USIA의 공작에 관한 미국 정부의 전임 영화 관리와 가진 인터뷰. '평화 공존' 시의 선전전에 관해 USIA 관장인 프랭크 셰익스피어와 가진 인터뷰. 유네스코의 위성 통신 교육 제안들. 직접적인 TV 위성 방송의 송신을 규제하기 위한 소련 정부의 입장.

The Democratic Journalist 9 (Prague, 1973).

    EPSTEIN, S. "Imperialism and Manipulating with Public Opinion" (pp. 4~5). 미국의 선전과 선전에 동원된 언어들.

    CARMO, Alberto. "International Telephone and Telegraph: A Gigantic Multinational Octopus" (pp. 15~18). 전세계 여러 나라들의 커뮤니케이션 시스템에 침투한 ITT와 그것이 각국에 미친 영향, 특히 칠레에 미친 영향을 분석하고 있다.

    VARIS, Tapio. "The Changing Role of Electronic Media in World Communications" (pp. 15~18). 국제적인 TV 프로그램들의 내용과 정보의 '자유로운' 흐름.

_____ 2 (1974).

    KREJCI, Jaroslav; Jan CERNAL. "Misuse of Information Technology in the Ideology" (pp. 10~16). 국내 정치를 계획하고 감시하기 위한 미국의 자본주의 사회를 지원하고, 해외에 군사적으로 개입하는 정치를 지원하고, '탈산업주의' 이론과 반공 선전의 토대로서 컴퓨터 데이터 뱅크 등 미국 정보 기술의 발달 과정을 다루고 있다.

    CARMO, Alberto. "Brazil's Problems Today" (pp. 17~20). 미국이 브라질의 교육과 문화를 점점 더 강력하게 통제하게 된 과정을 다루고 있다. 미국의 위성 통신사들이 제안한 교육 프로그램들이 어떤 식으로 전개되어왔는지도 함께 분석하고 있다.

_____ 3 (1974).

    CARMO, Alberto. "When They Speak About Freedom of the Press in Chile" (pp. 3~6). 모든 신문의 출간권에 대한 민중 연합 정부의 정책.

    ZASURSKY, Y. N. "'Free Flow of Information': The Cold War and Reducing International Tension" (pp. 7~11). '정보의 자유로운 흐름'이라는 개념의 진화 과정을 분석하고 있다. 이것은 냉전 시기에 뿌리를 두고 있으며 현재는 자본주의적 가치를 객관화하고 이를 세계의 다른 모든 부분에 강요하기 위해 사용되고 있다는 것을 밝히고 있다. 칠레를 실례로 분석하고 있다.

GRONBERG, Tom; Kaarle NORDENSTRENG. "Approaching International Control of Satellite Communications" (pp. 12~15).

_____ 7/8 (1974).

RODRIGUEZ BETHENCOURT, Miriam. "Sesame Street Disseminates New Aggression" (pp. 20~21). 미국 사업계의 짧은 역사가 TV 프로그램인 <세서미 스트리트>를 발전시켰다는 것을 밝히는 동시에 이것이 국제적으로 어떻게 침투해 들어갔는지 밝히고 있다.

MATTELART, Armand; Daniel WAKSMAN. "Plaza Sésamo and An Alibi for the Author's Real Intentions" (pp. 21~25). 미국이 <세서미 스트리트>를 전세계적인 억압적 교육 체계를 건설하기 위한 모델로 어떻게 개발했는지를 다루면서 아래의 주제들도 함께 다루고 있다. 기술 공학과 미국 사업계의 이익, 통신 위성, 그것이 내세우는 이데올로기, 그리고 통신 위성 이론가들이 주장하는 '중립적·교육적' 성격.

_____ 9 (1974).

VARIS, Tapio. "Global Traffic in Television" (pp. 8~11).

LENT, John A. "Imperialism via Q-Sorts" (pp. 14~17). 서구의 커뮤니케이션 이론과 모델, '전문가들' 그리고 학술 회의 등을 이용해 미국과 영국과 서독이 아시아의 커뮤니케이션 연구를 독점해가는 과정을 분석하고 있다.

NORTH, Joseph. "Chile: The Sacred Duty of Democratic Journalists" (pp. 19~20). 칠레에서 파시즘을 지지하는 장군들에게 모든 언론인들이 "나가라"고 말해야 할 의무가 있다고 주장하고 있다.

DIAZ RANGEL, Eleazar. *Pueblos Subinformados: Las Agencias de Noticias America Latins*. Caracas: Universidad Central de Venezuela, 1967. 미국 통신사들인 UPI와 AP가 라틴 아메리카로 들어가고 나오는 정보를 어떻게 통제하고 있는지, 그리고 이들이 라틴 아메리카 및 전세계 언론과 어떻게 연결되어 있는지를 밝히고 있다. 도미니크 공화국에 미국의 침략 그리고 제3세계 일반을 이들이 어떻게 다루었는지를 실례로 다루고 있다. 그리고 자신들의 독자적인 통신사를 발전시키기 위한 제3세계의 투쟁도 함께 다루고 있다. 많은 사실과 수치가 제시되어 있다.

von DOETINCHEM, Dagmar; Klaus HARTUNG. *Zum Thema Gewalt in Superhelden Comics*. Berlin: Basis Verlag, 1974. '슈퍼맨' 류의 만화를 다루면서 이들이 어떻게 자본주의적 삶의 가치들을 반영하고, 자본주의적 삶의 좌절을 환상으로 바꾸는지 분석하고 있다. 권력과 권력의 왜곡, 자유로운 시장의 표현으로서의 자유 의지, 국가라는 억압적 개념의 재강화, 범죄적 성격에 대한 묘사 등의 주제도 함께 다루고 있다. 많은 그림이 실례로 제시되어 있다.

DORFMAN, Ariel. *Ensayos Quemados en Chile: Inocencia y Neocolonialismo*. Buenos Aires: Ediciones de la Flor, 1974. 아래의 주제를 대상으로 칠레의 11명의 학자들이 쓴 글 모음집. 매스 미디어와 혁명, 아동 문학에 대한 자본주의적 지배(만화 캐릭터인 아기 코끼리 바바), 『리더스 다이제스트』, 『론 레인저』, 민중 연합 정부가 국유화시킨 산업들의 명칭 변경, 책 제작, TV 교육 프로그램, 파쇼들의 이데올로기적 공격들.

_____; Manuel JOFRE. *Superman y sus Amigos del Alma*. Buenos Aires: Ediciones Galerna, 1974. 칠레에서 민중 연합 정부의 통치 이전과 통치 기간 동안에 출간된 만화들에 대한 두 편의 연구. 도르프만이 쓴 앞의 글은 『론 레인저』와 다른 초영웅들을 자본주의 국가의 진화와 관련하여 분석하고 있다. 호프레가 쓴 두번째 글은 칠레의 국영 출판사 키만투가 제작한 만화들에서 나타난 변화들을 검토하고 있다.

ECO, Umberto. *Apocalittici e Integrati*. Milan: Bompiani, 1965. 대중 문화의 개념들과 가치를 비판한 책. 고급·중급·저급 문화라는 개념 등. 키치, 만화들(스티븐 캐니언, 슈퍼맨, 찰리 브라운) 그리고 이들의 캐릭터화와 신화들, 소비. 매스 미디어와 TV를 다루는 장이 따로 하나 있다. (스페인어 번역본으로는 _____, *Apocalípticos y Integrados Ante la Cultura de Masas*, Barcelona: Editorial Lumen, 1968).

Enciclopedia del Fumetto: 1. Ed. Oreste del BUONO. Milan; Milano Libri Edizione, 1969. 19세기 말부터 1960년대까지 미국 만화책들의 발전 과정을 추적한 이탈리아 학자들의 25편의 글 모음집. 만화에서 전쟁과 정치적 억압을 어떻게 환상화된 방식으로 묘사하고 있는가를 다루는 마지막 글 "Cosa Nostra"를 제외한 대부분의 글은 진보적인 성향을 띠고 있다. 특히 스텔리오 밀로의 글 "Appunti sul fumetto fascista"는 무솔리니 치하의 이탈리아에서 『플래시 고든』과 『맨드레이크』 등에 담긴 파쇼적 내용을 분석한다.

FANON, Franz. "This is the Voice of Algeria" in: _____. *A Dying Colonialism*. Harmondsworth, England: Penguin, 1970, pp. 53~80. 해방 투쟁 시기에 라디오에 대한 알제리인들의 태도가 어떻게 바뀌었는가를 다룬 연구서. 프랑스가 통제하던 라디오는 식민주의적 가치들의 상징이자 주입 도구였지만 적극적인 해방의 요소로 바뀌었음을 밝히고 있다.

FARAONE, Roque. *Mass Media in Latin America*, an issue of: *ISAL Abstracts* Year 4, IV.45 (Montevideo, 1973), p. 30 캐릭터와 광고, 자본주의적 미디어의 혼란상, 그리고 지배 이데올로기의 전달 매체로서의 미디어의 기능을 다룬 개론서. '페루 일반 통신법'으로부터의 발췌문들, 그리고 새로운 '아르헨티나 뉴스법'에 대한 짤막한 정보. 라틴 아메리카의 저널리즘 학파들의 목록이 실려 있다. 매스 미디어에 대한 마르크스주의적이고 진보적인 연구서들의 목록이 나라별로 실려 있다.

_____. *Medios Masivos de Comunicación*. Montevideo: Nuestra Tierra, November 1969, p. 60. 매스 미디어, 특히 미국 광고에 의해 왜곡되고 지배받는 모습을 다루고 있다. 목차는 아래와 같다. 모든 사회적 커뮤니케이션 도구들의 공통적인 성격, 광고와 선전, 언론의 자유와 정보를 자유롭게 주고받을 수 있는 권리, 배급과 효과들.

FRAPPIER, Jon. "Advertising: Latin America." *NACLA* (North American Congress on Latin America) *Newsletter* III.4 (New York, July-August 1969): pp. 1~11. 라틴 아메리카에서 미국 광고의 목적과 내용 그리고 구성 방식을 다루고 있다.

_____. "U. S. Media Empire Latin America." *NACLA Newsletter* II.19 (New York, March-April 1968). 라틴 아메리카의 언론과 라디오, TV를 미국의 미디어와 사업계가 어떤 식으로 소유하고 통제하는지를 다루고 있다.

FRESNAULT-DERUELLE, Pierre. "Le récit (ou le scénario-parenthèses) de Bande Dessinée." *La Nouvelle Critique* 49 (Paris, January 1972): pp. 62~65. 어떻게 경제적 압력이 만화의 이야기 전개에 영향을 미치는가를 다루고 있다. 만화의 주간 판매. 그리고 세계가 어떻게 소비 가능하고 폐쇄된 것으로 보이게 되는가를 함께 검토하고 있다. 짤막한 서지 사항이 붙어 있다.

_____. "Une Unité Commerciale de Narration: La Page de Bande Dessinée." *La Nouvelle Critique* 44 (Paris, May 1971): pp. 42~49. 만화의 형식은 자본주의의 경

제적 압력을 통해 발전한다는 것을 밝히고 있다. 이미지와 텍스트, 그림 설명과 말풍선, 줄거리의 구성과 연속적 전개, 각 페이지의 레이아웃 등의 관계를 다루고 있다.

Fumetti di "Unidad Popular": Uno Strumento di Informazione Populare nel Cile di Allende. Milan: Celuc, 1974. 움베르토 에코의 서문이 붙어 있다. 민중 연합 정부의 출판사인 키만투가 1972년과 1973년 초에 발간한 만화책 형태의 대중적인 교육 잡지인 『라 피르마』에 들어 있는 13편의 이야기를 실었다. 관료제, 농업 개혁, 도시 생활, 이윤 착취에 맞선 대중적 투쟁 등을 주제로 다루고 있다.

GIFFORN, Hans. "Comics als Lesestoff von Kindern und als Gegenstand politischer Erziehung" in: *Die Heimlichen erzieher: Kinderbucher und politischer lernen.* Ed. D. RICHTER; J. VOGT. Hamburg: Rowohlt, January 1974, pp. 142~60. 환상을 조작하기 위한 여흥 수단으로서의 만화와 함께 초영웅들과 자본주의적 가치들의 주입을 다루고 있다.

GARCIA LUPO, Rogelio. "El Gobierno Peronista Frente a los Medios de Comunicación de Masas", *Peronismo y Socialismo* I.1 (Buenos Aires, September 1973): pp. 21~24. 미국 통신사인 AP와 UPI가 아르헨티나에서 20년 동안 어떻게 활동했는지를 다루고 있다. 이들이 어떻게 정보(뉴스와 광고)를 통제하고 이 나라의 부르주아 언론들, 특히 『라 나시온』과 『라 푸엔사』와 결탁했는지를 밝히고 있다.

GUBACK, Thomas H. "American Interests in the British Film Industry." *The Quarterly Review of Economics and Business* VII.2 (Urbana, Illinois, summer 1967): pp. 7~21. 미국의 영화 산업이 영국의 영화 생산과 배급을 어떻게 통제하고 있는지를 밝히고 있다.

_____. "Film and Cultural Pluralism." *The Journal of Aesthetic Education* V.2 (Urbana, Illinois, April 1971): pp. 35~51. 경제적 실체로서의 영화 그리고 미국이 유럽의 영화 생산과 배급을 어떻게 통제하고 있는지를 다루고 있다.

GUTIERREZ VEGA, Hugo. *Información y Sociedad.* Mexico, D. F.: Fondo de Cultura Económica, 1974. 북미의 매스컴에 대한 개념들과 내용들 그리고 그것들이 어떻게 매스컴 연구와 결탁되는지를 다루면서 그것들이 멕시코 사회에 얼마나 부정적인 영향을 미치고 있는가를 밝히고 있다. 정보 사업과 소외, 여론 조작, 정보 소비, 전자 매체, 퀴노(Quino)와 리우스(Rius)의 좌파 만화책 등도 함께 다루고 있다.

HOROWITZ, Andrew. "Domestic Communications Satellites." *Radical Software* II.5 (New York, 1973): pp. 36~40. 미국의 통신 위성 프로그램의 발전 과정을 다루면서 미국의 군수 산업과 독점적인 항공 산업과 커뮤니케이션 산업의 이해 관계가 어떤 식으로 맞물려 있는지를 분석하고 있다. 외재적으로는 이들의 이윤 동기와 함께 이들이 어떤 식으로 공동으로 전지구 속으로 침투해 들어가고 있는지를 살피고 있다. 내재적으로는 정보의 흐름에 대한 감시와 통제 그리고 FCC의 무관심에 대해 다루고 있다.

Ideología y Medios de Comunicación. Ed. Manuel A. GARRETON. Buenos Aires: Amorrortu, 1974. 원래 민중 연합 정부의 통치 기간에 이데올로기 투쟁의 다양한 측면을 주제로 다룬 칠레 잡지 *Cuadernos de la realidad Nacional*에 실렸던 논문들의 모음집이다. 이와 관련된 글로는 다음과 같은 것들이 있다.

MARTINEZ, Jesús. "Para Entender los Medios: Medios de Comunicación y Relaciones Sociales" (pp. 94~129). 자본주의적 조건하에서 매스컴의 수단에 대한 포괄적인 분석. 식민주의와 종속 상황에서의 미디어에 관한 부가 따로 있다.

DORFMAN, Ariel. "Inocencia y Neocolonialismo: Un Caso de Dominio Ideológico en la Literatura Infantil" (pp. 170~206).

"L'impérialisme culturel." *Le Monde Diplomatique* 249 (Paris, December 1974): pp. 7~11.

SCHILLER, Herbert L. "Les Mécanismes de la Domination Internationale." 미국의 매스컴 기업과 판매업체들의 성장, 점점 줄어들고 있는 광고와 정보간의 격차, 미국의 광고업체들의 전세계적 확산, 여론 조사, '정보의 자유로운 흐름'이라는 관행, '중립적이고 공격적이지 않은' 오락의 조장 등에 대해 다루고 있다.

MATTELART, Armand. "Une Stratégie Globale pour l'Amérique Latine." 미국의 다국적 기업들과 정부가 전세계적인 선전 캠페인의 일환으로 문화 침투를 어떻게 전술적으로 활용하는지를 다루고 있다. 세계를 '교육하기' 위한 미국의 계획의 중요한 일환인 <세서미 스트리트>, 그리고 라틴 아메리카를 '교육시키기 위한' 미국의 계획에서 브라질이 차지하는 역할도 함께 살펴보고 있다.

"Au Chili: Les Armes de la Contre-révolution culturelle." 칠레의 민중 연합 정부 시

기에 미국의 광고업체들이 어떤 역할을 했는지 분석하고 있다. 이들이 미국 상품을 선전하는 것부터 아옌데 정부의 전복을 기도하는 것까지 다양한 역할을 했음을 밝히고 있다.

TEXIER, Jean-Claude. "Métamorphoses d'une Industrie de la Pensée?" 프랑스의 언론과 출판 산업이 점점 미국 자본에 의해, 그리고 이와 함께 미국적 가치에 의해 지배되고 있음을 밝히고 있다.

RAMONET, Ignacio. "Cinéma Français et Capitaux Américains." 프랑스의 영화 생산과 배본이 미국에 의해 지배되고 있음을 밝히고 있다.

GOBARD, Henri. "Les Gallo-Ricains: Aberrations d'un Nouveau Conformisme." 프랑스의 음악, 의류 산업, 공적인 의례들, 언어, 교육에서 미국의 문화적 가치들의 경쟁력과 위상이 높아지고 있음을 밝히고 있다.

"Imperialismo y Medios Masivos de Comunicación," a special issue of: *Casa de las Américas*, Year 13, 77 (Habana, March-April 1973), p. 174. 여성 잡지, 만화책, 대중 문화, 저널리즘을 포함해 자본주의적·제국주의적 매스 미디어에 관한 8편의 글 모음집.

ACOSTA, Leonardo. "Medios Masivos y Ideology Imperialista." 미국에서 매스 미디어가 어떻게 재정적·정치적·군사적 이해 관계 때문에 발전하게 되었는가를 밝히고 있다. 기술, 진보를 바라보는 미국의 매스 미디어의 관점과 함께 역사를 제국주의적 성장으로 생각하는 이들의 관점을 분석하고 있다. 설득, 광고, 소비, 판매, 언론의 내용, '새로운' 전자와 기술의 '세계', '대중 문화', '이데올로기의 종언' 등도 함께 다루고 있다.

MATTELART, Armand. "La Industrial Cultural no es una Industria Ligera."

VIEWEG, Klaus; Willy WALTHER. "Cambios en la Estructura de Información de la Prensa Imperialista." 과학기술의 변화가 독점 자본주의에 미치는 영향, 특히 저널리즘의 유형, 정보 제공, 뉴스의 유형들, 객관성, 신뢰성, 전문가 등 미디어 이론과 실천에서 나타나는 변화 양상을 살펴보고 있다.

DORFMAN, Ariel. "Salvación y Sabiduría del Hombre Común: La Teología del *Reader's Digest*."

ERHART, Virginia. "Amor, Ideología y Enmascaramiento en Corin Tellado."

MATTELART, Michèle. "'Apuntes sobre lo Moderno: Una Manera de Leer la Revista Femenina."

VERGARA, Jorge. "Comics y Relaciones Mercantiles."

MURARO, Heriberto J. "Ideología en el Periodismo de TV en Argentina."

Imperialismo y Medios Masivos de Comunicación. 2 vol. Lima: Editorial Causachum, 1973, pp. 150, 161.
이와 관련하여:
Volume I:
ACOSTA, Leonardo. "Medios Masivos y Ideología Imperialista" (pp. 7~67).
VIEWEG, Klaus; Willy WALTHER. "Cambios en la Estructura de Información de la Prensa Imperialista."
PEREZ BARRETO, Samuel. "El Caso 'Plaza Sésamo' en el Perú" (pp. 121~50).
Volume II:
DORFMAN, Ariel. "Salvación y Sabiduría del Hombre Común: La Teología de Selecciones del *Reader's Digest*" (pp. 5~38).
GARGUREVICH, Juan. "Informe sobre Algunas Revistas Alienantes en el Perú" (pp. 88~94). 『허스트』, 『웨스턴 퍼블리싱』, 『리더스 다이제스트』, 『월트 디즈니』, 『타임-라이프』, 『비전』 등 제국주의적 출판물들이 페루에 어떻게 이식되었는가와 함께 이들의 반동적 내용도 함께 살피고 있다.
URIBE, Hernán. "La Desinformación: Industria Imperialista" (pp. 121~42). 전세계 매스컴의 성장과 함께 소비하는 인간(Homus Consumen)의 발전 과정에서 라틴 아메리카(특히 칠레, 브라질, 아르헨티나)를 겨냥한 제국주의 매스컴들의 전략을 살피고 있다. 기술의 침투, 언론 통제, 영화, 만화책, 홍보부, 광고업체, 통신사(AP, UPI), 미국 정부 기관(USIA) 등이 그것이다. 이와 함께 라틴 아메리카의 언론인들이 이러한 침투에 맞설 필요가 있음을 강조하고 있다. 많은 중요한 사실과 수치가 제시되어 있다.

Instant Research on Peace and Violence 1 (Tampere, Finland, 1973). Four articles on international communications:
GRONBERG, Tom; Kaarle NORDENSTRENG. "Approaching International Control of Satellite Communications" (pp. 3~8). 미국형 '커뮤니케이션의 자유'와 제국주의의 침투를 방지하기 위해 유네스코와 다른 기관들이 취한 조치들에 관한 보고서.
MATTELART, Armand. "Modern Communications Technologies and New Facets of Cultural Imperialism" (pp. 9~26). 미국의 대중 문화와 미국의 전시 경제의 결

탁. 미국의 전자업체들과 항공산업체의 결탁 그리고 이러한 업체들이 세계의 과학과 교육을 어떤 식으로 군사화하고 있는가를 다루고 있다. (스페인어 원본을 번역한 것이다: _____, *La Cultura como Empresa Multinacional* (Mexico, D. F.: Ediciones Era, 1974).)

VARIS, Tapio. "European Television Exchanges and Connections with the Rest of the World" (pp. 27~43). 서유럽과 동유럽에서 TV 프로그램들의 흐름과 함께 그것들이 개발도상국과 어떤 관계를 갖고 있는가를 분석하고 있다. 많은 사실과 수치가 제시되어 있다.

VAYRYNEN, Raimo. "Military Uses of Satellite Communications" (pp. 44~49). 미국이 군사용으로 통신 위성을 개발했음을 밝히고 있다.

INTERNATIONAL ORGANIZATION OF JOURNALISTS (IOJ), ed. *The Chilean Coup and Its Cruel Aftermath*. Prague: IOJ, 1974, p. 153. 칠레의 파쇼 쿠데타를 자세히 다룬 문헌들이 들어 있다. IOJ의 선언문과 호소문, 인터뷰들, 아옌데 최후의 날에 대한 자세한 기록들, 그리고 이후에 자행된 파쇼들의 고문에 대한 자세한 자료가 들어 있다.

TIMOSSI, Jorge. "Augusto Olivares: A Revolutionary Journalist" (pp. 29~33). 아옌데와 함께 라 모네다에서 죽은 국영 TV 사장에 대한 이야기.

CARMO, Alberto. "When They Speak about Freedom of the Press in Chile" (pp. 43~58).

"The Present Situation of the Press and Journalists in Chile" (pp. 59~86). 민중 연합 정부 시기의 언론과 라디오, TV의 통제와 소유. 쿠데타 동안의 좌파 미디어의 파괴. 파시스트 정권 치하에서의 좌파 미디어에 대한 통제 등을 다루고 있다. 살해되고 투옥되거나 망명한 언론인들의 명단이 들어 있다. (마지막 논문은 같은 제목으로 따로 출판된 적이 있다: _____, [Prague: IOJ, 1974], p. 16.)

___. *Chile: One Year Later*. Prague: IOJ, 1974, p. 34. 1973년 9월에 있었던 쿠데타 이후 칠레의 언론인들과 언론을 둘러싸고 벌어진 여러 사건들에 관한 상세한 보고서. 반아옌데 언론에 대한 미국의 경제적 지원부터 탄압과 살해까지 자세히 살피고 있다. 이름이 알려진 9명의 살해당한 언론인, 45명의 투옥된 언론인, 이들의 투옥 상황, 경찰의 테러, 해직 언론인, 언론 통제, 지하 출판, 칠레 국민을 지원하기 위한 IOJ의 활동 등에 관한 정보도 찾아볼 수 있다.

_____. *La FIOPP: Instrumento de la Política "Interamericana" de los EE. UU.* Prague: IOJ, 1967, p. 41. 라틴 아메리카에서의 FIOPP(전문 언론인 전아메리카조직연맹)의 정치적 역할을 다루고 있다. 이 조직이 CIA의 자금 지원을 받는 미국 중심의 '아메리카 신문 조합'의 도구임을 밝히고 있다.

_____. *The Media Today and Tomorrow.* Prague: IOJ, 1974, p. 131. 통신 위성 기술이 점점 더 발전하고 국제적인 커뮤니케이션에 사용되면서 나타나는 문제들에 관한 8편의 글 모음집. 유네스코의 커뮤니케이션 정책에 관한 일련의 선언과 문헌이 부록으로 들어 있다.

KOLOSOV, Yuri. "Global TV and Its Prospects" (pp. 5~10). 과학, 문화, 교육에서 위성의 이용 가능성과 기술의 평화적 사용에서 제기되는 정치적·선전적 문제들을 다루고 있다.

NORDENSTRENG, Kaarle; Tom GRONBERG. "Approaching International Control of Satellite Communications" (pp. 11~23).

KOZLUK, Tadeusz. "Problems of Television Satellite Broadcasting" (pp. 24~32). 법적·정치적 문제들, 그리고 국가의 주권과 통신의 평화적 이용을 다루고 있다.

NALIN, J. "The Scientific and Technological Revolution and Journalism: The Case 'For' and 'Against'" (pp. 33~43). 위성 통신과 선전, 국가의 주권, 그리고 소련이 위성 방송과 관련해 유네스코에 제안한 내용들을 다루고 있다.

VARIS, Tapio. "The Changing Role of Electronic Media In World Communications" (pp. 44~50).

MATTELART, Armand. "Modern Communications Technologies and New Facets of Cultural imperialism" (pp. 5B~83).

ADESANIA, Ade. "The Psyche Under the Pressure of Information" (pp. 84~95).

NORDENSTRENG, Kaarle. "Prognosis for the Development of Mass Media and Their Uses" (pp. 96~111).

_____. "Uruguay and Mass Media Today," an issue of *Journalists' Affairs* 15/16/17 (Prague, 1974), p. 28. 1967~1973년까지의 우루과이의 매스 미디어를 다루고 있다. 우루과이의 지배 계급을 지원하는 데서 USIA와 CIA가 한 역할과 함께 이론과 계획 그리고 작전의 전개에서 J. T. 클래퍼와 USIA 전문가들이 수행한 이론적 지원 활동, 대중 설득의 목적과 독점적인 선전 기술, 매스 미디어의 소유, 언론의 자유와 언론

인 등을 다루고 있다. 1967~1973년까지 언론의 자유를 침해한 조치들에 대한 상세한 연대기가 부록으로 달려 있다.

JANCO, Manuel; Daniel FURJOT. *Informatique et Capitalisme*. Paris: Maspero, 1972. 정보과학과 컴퓨터 기술이 자본주의적 재생산 과정과 생산 관계 그리고 이것이 계급 투쟁에서 차지하는 위치 등에 대한 상세한 분석. 4부로 되어 있다. 우리의 논의와 관련된 부분은 제국주의적 팽창, 자본주의적 생산 양식의 국제화, 전쟁과 정치적 억압을 다루고 있는 장들이다. 전세계의 IBM에 관한 많은 사실과 수치가 제시되어 있다.

Journal of Communications XXIV.1 (Philadelphia, Pennsylvania, winter 1974).
- FAGEN, Patricia W. "The Media in Allende's Chile" (pp. 59~70). 민중 연합 정부 시기에 동아 매스 미디어를 변화시키는 과정에서 제기된 문제들을 다루고 있다. 압도적인 사적 소유권, 좌파 미디어가 경제적으로 경쟁하는 것의 어려움, 대중 언론의 낡은 내용을 변화시키는 문제 등.
- GUBACK, Thomas H. "Film as International Business." 영화와 TV 영화 생산의 경제학과 함께 영화와 TV 프로그램의 국제적 흐름을 지배하기 위해 미국의 영화 산업이 공동 제작 시설을 어떻게 사용하는지를 다루고 있다.
- VARIS, Tapio. "Global Traffic in Television" (pp. 102~109). 국제적인 TV 프로그램과 배분 구조를 다루고 있다. 유럽과 개발도상국으로의 프로그램(이데올로기) 판매는 미국과 영국이 독점하고 있음을 밝히고 있다. 유로비전과 인터비전(사회주의 국가들)간의 뉴스의 불균등한 흐름도 다루고 있다.
- SCHILLER, Herbert I. "Freedom from the 'Free Flow'" (pp. 110~116). 소수의 강력한 자본주의 국가들, 특히 미국에서 개발도상국으로 정보와 가치들이 일방적으로 흐르는 것에 대한 국제적인 저항이 급증하고 있는 것과 함께 미국의 독점적 미디어들이 전세계로의 경제적 침투를 지속시키기 위해 '자유로운 흐름'이라는 개념을 사용하고 있음을 밝히고 있다.

KAHN, Albert E. The Game of Death: *Effects of the Cold War on Our Children*. New York: Cameron and Kahn, 1953. 미국 내에서의 냉전 정책, 특히 미국 정부의 정책을 지원하기 위해 1940년대와 1950년대에 미국의 교육 체계를 군사화한 것에 대한 연구서. 5장이 우리의 논의와 관련되어 있는데, 이 장은 폭력과 전쟁, 범죄에 관한 '공포의 나이아가라' 그리고 아동용 만화책, TV 프로그램, 영화 생산의 환상적인 내용을 다루고 있다.

KOLOSOV, Yuri. "TV and International Law" *The Democratic Journalist* 11 (Prague, 1974): pp. 21~24. TV 위성 방송의 직접적인 사용과 관련된 UN 내의 쟁점들을 다루고 있다. 반동적인 방송, 국가의 주권, 방송되는 내용과 위반에 대한 정부의 책임 등이 그것이다.

KUNZLE, David. "Art in Chile's Revolutionary Process: Guerrilla Muralist Brigades." *New World Review* XLI.3 (New York, 1973): pp. 42~53. 개인 소유 언론들의 선전을 격퇴하고 칠레 정부의 이념을 전파하기 위해 민중 연합 정부 기간 동안 전개된 대중 벽화 제작단의 작업을 다루고 있다.

_____. "Art of the New Comic: Mural, Poster and Comic Book in A 'Revolutionary Process,' California, 1972~1974", p. 48. MS. 민중 연합 정부 기간 동안에 행해진 칠레의 문화적 공세, 그리고 우익 선전 매체와 싸우기 위한 대안적 커뮤니케이션 통로들, 특히 벽화와 포스터, 만화 등을 개발하기 위한 이 정부의 노력을 다룬 연구 논문이다. 반동적 언론의 테러 전술, 예술 기관들의 정치화, 라모나 파라 벽화 제작단, 포스터 생산, 국영 출판사 키만투에서 제작한 새로운 만화책의 내용 등도 함께 다루고 있다. (In: *Art and Architecture in the Service of Politics*, ed. H. Millon and L. Nochlin (Cambridge: Cambridge University Press, 1978).)

_____. *The History of the Comic Strip: Volume I. The Early Comic Strip (Narrative Strips and Picture Stories in the Early European Broadsheets, 1450~1826)*. Berkeley, Calif.: University of California Press, 1973. 현대 만화의 선구자들의 발전 과정을 다루고 있다. 영국, 이탈리아, 독일, 네덜란드, 러시아를 사례로 들고 있으며 선전과 대중 투쟁에서 그것들이 종종 진보적인 사회·정치적 역할을 했음을 분석하고 있다. 많은 삽화가 들어 있다.

LAWSON, John Howard. *Film in the Battle of Ideas*. New York: Masses and Mainstream, 1953. 미국의 할리우드의 영화 산업, 그것의 이데올로기적 내용, 미국의 제국주의 정책을 위한 선전 부대로서의 역할에 대한 연구서. 미국의 영화 생산에 관한 많은 구체적인 분석이 들어 있으며, 계급 투쟁의 일환으로 세계 영화 생산을 다룬 장이 따로 하나 설정되어 있다.

MALPICA, Carlos. *Los Dueños del Perú*. 6th ed. Lima: Ediciones Peisa, 1974. 페루의 경제적 · 정치적 · 사회적 · 문화적 삶의 권력 구조를 다루면서 이것이 미국 정부와 사업계의 이해 관계에 의해 지배되고 소유되어 있음을 밝히고 있다. 대부분의 자료는 1968년 이전의 것이다. 8장 중 우리의 논의와 관련된 것으로는 여론, 뉴스, 광고업계, 커뮤니케이션의 소유, 경찰의 감시, 전화, 문화 영역 그리고 대학에 대한 통제를 분석하고 있는 부분이다.

MASS MEDIA GROUP (*Unga Filosofer*, Sweden), ed. "Speeches Given at the Seminar on Cultural Imperialism, Stockholm, October 1974", p. 47. Mimeographed. 세미나의 진행 과정을 기록한 사본으로 중간에 수많은 개입이 있었다. 4개의 텍스트와 함께 칼-올라 닐손의 짤막한 서문이 달려 있다.

SCHILLER, Herbert I. "Mass Media and U. S. Foreign Policy" (pp. 1∼16). 미디어 소유주들과 미국의 대외 정책간의 관계를, 그것이 역사적으로 뿌리를 내린 1940년대부터 냉전을 거쳐 아주 최근까지 미국의 다국적 기업들의 광고 메시지를 전파하기 위한 수단으로 미국형 '정보의 자유로운 흐름'이라는 개념을 조장하기 위해 미국이 유네스코를 이용하기까지의 과정을 통해 살펴보고 있다.

EKBERG, Sven. "The U. S.-Imperialism and Europe" (pp. 17∼25). 지난 20년 동안 미국의 대(對) 유럽 정책을 짤막하게 요약하면서 특히 제3세계에 대한 미국의 제국주의적 이해 관계가 대 유럽 정책에 어떤 영향을 미쳤는가를 살피고 있다.

DeVYLDER, Stefan. "The Imperialism and the Dependent Countries" (pp. 26∼33). 자본주의 국가들로부터 제3세계로 소비 유형을 전달하는 과정에서 제국주의적 선전과 광고가 어떤 역할을 하는지를 라틴 아메리카를 사례로 분석하고 있다.

VARIS, Tapio. "The Flow of Television Programmes" (pp. 34∼47). 자본주의 중심부에서의 미디어 생산의 집중, 미국 제품과 이데올로기의 전세계적 유통, 외국에서의 미국 제품, 미국의 새로운 시장 개척을 위한 기술의 사용 등을 다루고 있다.

Mass Media and International Understanding. Ed. France VREG. Ljubljana, Yugoslavia: School of Sociology, Political Science, and Journalism, 1969. 1968년에 같은 이름으로 류블랴나에서 개최된 토론회의 회의록.

VREG, France. "Structural and Functional Changes in the Public and World Community" (pp. 34∼50). 정부와 국민의 변화하는 관계 그리고 그것이 국제적 커뮤니케이션에 미치는 영향 등을 다루고 있다.

SMYTHE, Dallas W. "Conflicts, Cooperation and Communications Satellites" (pp. 51~73). 통신 위성의 발달, 그리고 이것이 국제적으로 야기하는, 특히 미국이 제3세계에 이데올로기적으로 침투하는 것과 관련된 사회·정치적 문제들을 다루고 있다.

SCHILLER, Herbert I. "International Communications, National Sovereignty and Domestic Insurgency" (pp. 92~107). 매스 미디어에서 나타난 기술적 변화와 경제 권력을 다루고 있다. 자본주의 국가들에서 이러한 권력의 집중이 초래한 부정적 효과와 함께 개발도상국들의 성장을 통제하는 문제를 비판하고 있다.

MATTELART, Armand. *Agresión en el Espacio: Cultura y Napalm en la Era de los Satélites.* Santiago de Chile: Ediciones Tercer Mundo, September 1972. 국제적인 통신 위성의 발달 과정에서 미국 산업이 수행한 역할을 조직, 내용, 효과라는 측면에서 상세한 문헌을 곁들여 분석하고 있다. (아래의 책에 재수록되어 있다:
_____, *Agresión desde en el Espacio: Cultura y Napalm en la Era de los Satélites* (Buenos Aires: Siglo XXI, 1973).)

_____. *La Cultura como Empresa Multinacional.* Mexico, D. F.: Ediciones Era, 1974. 베트남 전쟁 이후 미국 다국적 기업들의 시민적 재전환, 평화 공존하에서의 새로운 형태의 이데올로기적 공세, 대중 문화 신화의 진화 과정 등을 다루고 있다. 목차는 다음과 같다. I. Super-bombarderos y Superheroes; II. Cultura de Masas y Económia de Guerra; III. Los Nuevos Dueños y Publicos de la Agresión Cultural; IV. La Industria del Turismo en la Reconversión del Imperio; V. Conclusión: La Muerte de Superman.

_____; Patricio BIEDMA; Santiago FUMES. *Comunicación Masiva y Revolución Socialista.* Santiago de Chile: Ediciones Prensa Latinoamericana, 1971. 칠레의 사회주의 건설의 일환으로서 매스 미디어와 문화의 변혁을 다룬 세 편의 논문.

MATTELART, Armand. "Comunicación y Cultura de las Masas." 부르주아적·제국주의적 커뮤니케이션의 본성과 함께 미디어의 과제를 다루고 있다.

BIEDMA, Patricio. "Prensa Burguesa, Prensa Popular y Prensa Revolucionaria." 부르주아지에 의한 매스 미디어의 재흡수 문제를 다루고 있다.

FUNES, Santiago. "Escritura, Producción Literaria y Proceso Revolucionario." 문화와 글쓰기의 문제를 다루고 있다.

_____; Carmen CASTILLO; Leonardo CASTILLO. *La Ideología de la Dominación en una Sociedad Dependiente*. Buenos Aires: Ediciones Signos, October 1970. 농업 개혁에 저항하는 동안 드러난 칠레 지배 계급의 이데올로기의 구조와 내용을 분석하고 있다. 서지 사항이 붙어 있다.

_____; Mabel PICCINI; Michèle MATTELART. *Los Medios de Comunicación de Masas: La Ideología de la Prensa Liberal en Chile*, a special issue of: Cuadernos de la Realidad Nacional 3 (Santiago de Chile, March 1970, 2nd ed.), p. 287. 칠레의 자본주의 언론의 가치와 내용에 대해 상세한 문헌을 곁들여 분석한 일련의 글들로, 칠레 언론이 얼마나 미국의 경제와 이데올로기에 침투당하고 있는지를 자세히 밝히고 있다.

MATTELART, Armand. 1장 "El Marco del Analisis Ideológico," 미국의 '커뮤니케이션 연구'에 대한 비판; 2장 "Estructura del Poder Informativo y Dependencia," 칠레의 종속적인 매스 미디어에 대한 통제; Ch. 3장 "La Mitología de la Juventud en un Diario Liberal," 청년이라는 신화.

PICCINI, Mabel. Chap. IV. "El Cerco de la Revistas de Idolos," '팬' 잡지들에 대한 분석.

MATTELART, Michèle. Chap. V. "El Nivel Mítico de la Prensa Seudo-Amorosa," '로맨스' 잡지라는 개념과 내용에 대한 분석.

_____; Daniel WAKSMAN. "Más Allá de la SIP." *Chile Hoy* 19~20 (Santiago de Chile, October 1972): pp. 16~17. SIP(전미언론협회)의 구조와 통제, 미국과 라틴 아메리카 매스 미디어 소유주들의 이해 관계를 통일시켜준 집단에 대한 분석을 담고 있다. 스크립스-하워드 신디케이트의 역할을 강조하고 있다.

Medios Masivos de Comunicación, a special issue of: *Referencias* III (Habana, 1972), p. 556. 매스 미디어에 관한 25편의 글 모음집. 4부로 되어 있다. 일반론, 이론적 연구들, 다양한 미디어 시스템에 대한 연구들, 제국주의 미디어. 이와 관련된 글들은 아래와 같다.

WOLFE:, Catherine M.; Marjorie FISK. "Por qué se Leen las Tiras Cómicas."

MARTINEZ, Jesús M. "Para Entender los Medios de Comunicación y Relaciones Sociales."

MATTELART, Armand. "Por un Medio de Comunicación de Masas no Mitológico."

ECO, Umberto. "Apocalípticos y Integrados Ante la Cultura de Mesas."

MATTELART, Michèle. "Nivel mítico de la Prensa Seudo-Amorosa."

ICAIC EDICIONES. "La Industria Cultural Seduce at Capital Monopolista Yanqui."

ECO, Umberto. "El Mito de Superman."

MATTELART, Armand. "La Dependencia del medio de comunicación de Masas."

MORALES, Argueles. "Panamá: Presencia y Violencia Cultural del Imperialismo." *Cine Cubano* 78/79/80 (Habana): pp. 70~76. 파나마에 제국주의가 침투하기 위한 일환으로 미국이 통제하는 매스 미디어의 반동적인 문화적 역할을 다룬 글.

MUJICA, Hector. *Apuntes para una Sociología Venezolana de la Comunicación.* Caracas, 1973, p. 153 Mimeographed. 국제적인 매스컴 이론과 연구에 대한 개괄과 비판을 담고 있는 책. 다양한 국가들의 매스 미디어의 구조와 내용에 대한 분석도 함께 들어 있다. 이와 함께 그것이 베네수엘라의 매스 미디어 발전과 어떤 관련을 맺고 있는지도 함께 살피고 있다. 서지 사항이 부록으로 들어 있다.

MURARO, Heriberto. "La Manija," a series of three articles in *Crisis* (Buenos Aires): 1. May 1973; 2. June 1973; and 3. July 1973, pp. 43~54; 52~60; and 64~69, respectively. 1장 "Quienes son los Dueños de los Medios de Comunicación en América Latina," 라틴 아메리카, 특히 콜롬비아, 칠레, 멕시코, 페루의 매스 미디어의 구조와 소유를 분석하면서 그것이 미국 사업계의 이해 관계에 종속되어 있음을 밝히고 있다. 그리고 언론과 라디오를 되찾기 위한 칠레와 페루 정부의 정책도 함께 살펴보고 있다. 2장 "Los Dueños de la Televisión Argentina," 아르헨티나 TV의 권력 구조 그리고 이것이 ABC, CBS, 『타임-라이프』에 의해 통제되고 있음을 밝힌 연구. 3장 "El Negocio de la Publicidad en la Televisión Argentina," 아르헨티나 TV에 관한 광고에 대한 분석. TV 광고의 생산, 그것의 효과들, 미국 광고업계(J. 월터 톰슨, 매컨-에릭슨)와 미국 사업계의 후원자들의 이해 관계가 경제적으로 서로 얽혀 있음을 밝히고 있다.

NAISON, Mark. "Sports and the American Empire." *Radical America* VI.4 (Cambridge, Massachusetts, July-August 1972): pp. 95~120. 제2차 세계대전 이후 미국의 대중 스포츠 관람의 발전 과정을 살피고 있다. 총 3부로 되어 있는데, 우리의 논의와 관련된 것으로는 미국과 제3세계와 미국 흑인들과의 관계라는 관점에서 바라본 스포츠, 그리고 미국의 이해 관계 속으로 여러 민족과 문화를 동화시키기 위한 수단이자 도구라는 것을 밝히고 있는 부분을 살펴볼 수 있다.

"New Frontiers of Television." Symposium, Bled, Yugoslavia: June 1971. 이와 관련된 글들은 다음과 같다.

BOJANIC, Ivo. "On the Hindrances of the New Frontiers of Television." 매스 미디어의 국제적 활용을 금지하고 있는 사회·정치적 문제들을 다루고 있다.

SMYTHE, Dallas W. "Cultural Realism and Cultural Screens", p. 16. '자본주의적 리얼리즘'의 역사적 발전을 다루고 있다. 이것의 '탈정치적' 예술, 과학, 이데올로기, 매스컴 연구와 함께 사회주의 문화에 대한 일련의 정식화를 다루면서 국제적 커뮤니케이션의 수준, 개발 도상국들이 이러한 '자본주의적 리얼리즘'으로부터 스스로를 보호할 필요가 있음을 강조하고 있다.

NORDENSTRENG, Kaarle; Tapio VARIS. "International Inventory of Television Program Structure." *The Democratic Journalist* 4 (Prague, 1974): pp. 6~9. TV 프로그램들의 흐름, 세계 시장에서의 미국의 지배, 동유럽과 서유럽간의 흐름 등을 다루고 있다. (1973년 4월에 핀란드의 탬페레대학이 발간한 보고서의 요약본이 실려 있다.)

PASQUALI, Antonio. "Le Cas de l' Amérique Latine: Pollution Spontanée?", p. 10. Mimeographed (for the "Communications de Masse et Pollution Mentale" Conference, Paris, 1971). 베네수엘라와 라틴 아메리카의 매스 미디어의 내용과 질, 그리고 이것이 제국주의적 가치들에 의해 지배되고 있음을 서술한 연구 논문.

SANTORO, Eduardo. *La Televisión Venezolana y la Formación de Estereotipos en el Niño*. Caracas: Universidad Central de Venezuela, 1969. 베네수엘라 TV의 내용을 분석하면서 이것이 아이들의 사회적·문화적 가치관의 발달에 영향을 미치는가를 살피고 있다. 매스컴이 제시하는 기준, 특히 집단적 커뮤니케이션이라는 개념에 대한 미국의 정식화에 대한 비판과 함께 베네수엘라 TV의 내용에 대한 경험적 연구가 실려 있다.

SCHILLER. Herbert I. "Madison Avenue Imperialism" in: *Communications in International Politics*. Ed. R. L. Merritt. Urbana, Ill.: University of Illinois Press, 1972, pp. 318~338. 미국의 다국적 기업들, 이들의 광고 및 홍보부서 부속 기구의

급증, 그리고 전세계 매스컴에 대한 이들의 점증하는 지배력 등의 문제를 다루고 있다.

_____. *Mass Communications and American Empire*. Boston: Beacon Press, 1971. 미국 매스 미디어의 구조와 정책, 그리고 이것이 국제적 커뮤니케이션에 미치는 영향을 상세한 참고 문헌을 곁들여 경제적·정치적으로 분석하고 있다. 그리고 미국의 매스 미디어의 구조와 정책은 군사적 이해 관계에 의해 지배받고 있음도 함께 밝히고 있다. 이밖에도 전자공학과 반혁명, 미국 전자 산업의 전지구적 침투, 방송의 상업화, 전자공학에 포위되어 있는 개발도상국들, 통신 위성, 매스 미디어의 민주적 재구조화를 위한 제안들이 들어 있다.

_____. *The Mind Managers*. Boston: Beacon Press, 1973. 미국 정신 그리고 정보 경영 제국의 확장과 성장에 대한 분석서. 정부, 업계, 광고업체와 홍보 기관들을 다루고 있다. 우리의 논의와 관련된 부분은 4장 「정신 경영이 해외로 나가다, 설득 기술의 수출」과 7장 「새로운 차원의 정신 관리, 시장 법칙에서 직접적인 정치적 통제로」를 들 수 있다.

_____. "National Development Requires Some Social Distance." *Antioch Review* XXVII.1 (Yellow Springs, Ohio, spring 1967): pp. 63~75. 제국주의적 매스 미디어의 기능과 권력 그리고 개발도상국들이 국내로 들어오는 정치적·문화적 메시지를 통제할 필요가 있음을 강조하고 있다.

_____. "Waiting for Orders — Some Current Trends in Mass Communications Research in the United States." *Gazette* 1 (Amsterdam, winter 1974): pp. 11~21. 미국 매스컴에 대한 연구와 미국 사업체들의 경제적 필요 그리고 소비자 개발간의 밀접한(경험적) 관계를 다루고 있다. 각종 여론조사와 통계들, 산업의 계획에서 커뮤니케이션 연구가 맡고 있는 지원 역할이 점점 더 중요해지고 또 미국의 대외 군사 계획에서 연구 부대로 활용되고 있는 점도 함께 분석하고 있다.

_____; Dallas W. SMYTHE. "Chile: An End to Cultural Colonialism." *Society* (New Brunswick, New Jersey, March 1972): pp. 35~39, 61. 칠레의 매스 미디어 그리고 민중 연합 정부가 미디어를 미국이 주도하는 유형의 사적인 생산 증진 수단에서 사회화된 커뮤니케이션 수단으로 변형시키는 데서 당면하게 된 문제들에 대한 연구.

"Science as Cultural Imperialism" in: *Por Qué? Science and Technology in Latin America*. Jamaica Plain, Mass.: Science for the People, December 1972, pp. 19~23. 라틴 아메리카에서 진행된 미국의 문화 제국주의 정책에서 과학이 수행한 역할을 살펴보면서 그것이 미국의 이데올로기를 확산시키고 토착적인 문화 형태들을 미국의 이데올로기로 대체시키는 수단이 되었음을 밝히고 있다. '진보' 로서의 기술이라는 개념들, 제3세계의 교육 과정에서 미국 과학을 가르치는 것과 그것이 발전에 미친 영향들, 두뇌 유출, 미국 사업계의 확장을 확실히 하기 위해 라틴 아메리카의 대학들을 탈정치화할 필요성 등도 함께 다루고 있다. 브라질을 사례로 이용하고 있다.

SILVA, Ludovico. *Teoría y Práctica de la Ideología*. Mexico City: Editorial Nuestro Tiempo, 1971. 마르크스주의적 이데올로기 이론과 함께 몇몇 형태의 자본주의 이데올로기와 그것이 라틴 아메리카의 발전에 끼친 실제적 영향에 대한 비판을 담고 있다. 특히 여기서의 논의와 관련된 부분은 "Los Comics y su Ideología", "El Sueño Insomme: Ideas sobre Televisión, Subdesarrollo, Ideología," 로 만화와 TV 그리고 저개발을 다루고 있다.

SIQUEIROS, David A. "Mouvement et 'Remous' de l' Art au Mexique: Cinéma National ou Falsificateur" in: _____. *L' Art et la Révolution*. Paris: Editions Sociales, 1973, pp. 95~108. 멕시코 영화의 특징에 대해 짤막하게 요약하면서 멕시코 영화가 할리우드와 자본주의 세력들로부터 큰 압력을 받고 있음을 밝히고 있다. 이와 함께 영화 산업 그리고 영화를 교육에 활용하는 것을 국유화할 것을 촉구하고 있다.

SMYTHE, Dallas W. "Reflections on Proposals for an International Programme of Communications Research", p. 14. Mimeographed (for the International Association for Mass Communications Research, General Assembly and Congress "Communications and Development," Buenos Aires, September 1972). 커뮤니케이션 연구를 위한 유네스코의 프로그램들. 커뮤니케이션을 발달시키려면 기술을 사용할 필요성이 있다는 것과 함께 개발 도상국들에 미치는 선진 자본주의 국가들의 소비 기술의 유해한 결과들을 다루고 있다.

SOLANAS, Fernando E.; Octavio GETINO. *Cine, Cultura y Descolonización*. Buenos

Aires: Siglo XXI, 1973. <라 호라 데 로스 호모스>의 영화 제작자들과 부에노스아이레스의 '해방 영화 그룹'의 성원들이 쓴 일련의 이론적 텍스트들과 실천적 결과들. 이들은 이 책에서 '해방의 영화' 또는 '제3의 영화'의 역사적 맥락을 살펴보고 있다. 즉 할리우드 영화에서 '작가 영화'를 거쳐 제3세계 민중들, 그리고 제국주의 중심부의 소수자들의 반제국주의 투쟁의 일환으로 영화가 발전해왔다는 것이다.

Textual 8 (Revista del Instituto Nacional de Cultura, Lima, December 1973), p. 79. 라틴 아메리카에서의 문화 제국주의, 이데올로기, 광고, TV에 관한 10편의 글 모음집. 이와 관련된 글로는 다음과 같은 것들이 있다.

URRUTIA BOLONA, Carlos. "Comunicación Masiva y Agresión Cultural." 사회적 가치의 형성 과정에서 매스 미디어의 역할과 문화적 지배.

DRINOT SILVA, Rafael. "Publicidad: Producción y Consumo de lo Cotidiano." 자본주의 사회의 구조와 재생산에서 광고가 수행하는 기본적인 역할과 함께 라틴 아메리카의 여러 국가들의 경제에서 미국의 광고 회사가 핵심적인 위치를 차지하고 있음을 밝히고 있다.

PEREZ BARRETO, Samuel. "El Caso 'Plaza Sésamo' en el Perú." 미국에서 개발된 '교육용' TV 프로그램인 <세서미 스트리트>가 미국이 라틴 아메리카에 문화적·경제적으로 침투하기 위한 무기 역할을 한다는 사실과 함께 이 프로그램이 페루에서 방송권을 박탈당한 이유를 밝히고 있다.

DORFMAN, Ariel. "Salvación y Sabiduría del Hombre Común: La Teología del *Reader's Digest*." 『리더스 다이제스트』의 이데올로기, 내용과 조직, 파편화, 신화와 허위 지식 등을 다루고 있다.

GONZALES MONTES, Antonio R. "Bugs Bunny en el U. S. Army: Azar o Coincidencia Ideológica." 미국 TV 프로그램들의 내용.

TAPIA DELGADO, Gorki. "'Los Picapiedra' Aliados del Imperialismo." 미국 TV 연속극인 <플린스턴 가족>과 함께 미국형 소비자의 유아적이고 수동적이며 순응주의적인 태도가 발전하게 된 과정을 밝히고 있다.

RAMOS FALCONI, Ruben. "Medios de Comunicación de Masas: Mito y Realidad." 미국의 다국적 기업과 이들이 미디어를 어떻게 활용하는지, 페루의 혁명적 실천을 다루고 있다. "El Papel Socio-Político de los Medios de Comunicación Masiva" 같은 제목으로 1972년 11월에 코스타리카에서 열린 회의의 결론은 라틴 아메리카의 매스 미디어 연구를 정치화할 것을 촉구하고 있다.

"Transnationales: Le Défi," an issue of: *Politique Aujourd'hui* 1-2 (Paris, January-February 1975), p. 128. 미국의 다국적 기업들, 세계 은행, 제국주의에 관한 10편의 글 모음집. 우리의 논의와 관련된 부분은 「다국적 국가」라는 논문이다.

    DUBOIS, Jean-Pierre; Paul RAMADIER. "Le Nouvel Ordre Mondial." 미국의 다국적 산업들의 전술을 다루고 있다.

    COLLINS, Joseph D. "Etats-Unis et Transnationales Américains: Retour à l'Envoyeur." 미국 정부와 군부의 지원으로 미국의 금융 체계가 전세계적으로 팽창하게 된 과정을 다루고 있다.

    MATTELART, Armand. "Vers la Formation des Appareils Idéologiques de l'Etat Multinational." 미국의 주요한 광고업체, 회계업체, 경영업체, 판매업체, 싱크 탱크, 홍보업체, 여론조사업체들이 다국적화된 것을 분석하고 있다. 이와 함께 이들이 전세계적으로 미국형 '소비사회'를 계획하는 데서 점점 더 커다란 역할을 수행하고 있으며, 미국의 다국적 기업과 금융업체들의 팽창을 확실히 하기 위해 (브라질이나 칠레 같은) 사회·정치적 '조합 국가'들에 점점 더 깊숙이 개입하고 있음을 밝히고 있다. 또 이들이 미국 정부의 이데올로기를 대변하는 이데올로기적 날개와 대변인 역할을 하고 있음도 함께 폭로하고 있다.

Voices of National Liberation. Ed. Irwin SILBER. Brooklyn, New York: Central Book Co., 1970. 1968년 1월에 열린 '아바나 문화 대회'에서 발표된 92편의 글 모음집. 어윈 실버의 서문이 실려 있다. 총 6부로 나뉘어져 있다. 대회 참가자들에 대한 환영 인사, 피델 카스트로의 폐회사, 정관, 위원회의 보고서들, 대회의 결의문. 우리가 다루고 있는 모든 주제와 관련되어 있지만 특정 주제와 긴밀하게 관련되어 있지는 않다.

    SIERRA, Cainas. "Consuming Radio and Television Programs Like Pop Corn, Hot Dogs or Coca Cola."

    HUY CAN, Cu. "The Obliteration of National Culture Is the War Cry of Conquerors."

    RAWASH El DIEB, Mohamed. "The Brain Drain."

    BELAL, Abdelaziz. "Cultural Depersonalization Under Colonialism."

    PINEDA BARNET, Enrique. "Colonization of Taste."

    MARTINEZ, José. "The Cultural Colonization of Latin American Countries."

    CHERIF, Cheick. "As Long as the Mass Media are Owned or Controlled by the Capitalist Monopolies, They Cannot Serve the Cause of the Popular Masses."

Les Tintins de la Ve, issue number 15 of Le Point (Paris). 프랑스의 어린이 잡지들을 살펴보면서 그것들이 하나같이 반동적 내용을 담고 있다는 사실과 함께 2천5백만의 독자를 갖고 있다는 것을 밝히고 있다.

WAGNER, Dave. "Donald Duck: An Interview." *Radical America* VII.1 (Cambridge, Massachusetts, 1973): pp. 1~19. 디즈니의 사업의 역사와 이데올로기, T. W. 아도르노, 혁명적 문화에 관해 도널드 덕과 가진 가상 인터뷰.

WETTSTADT, Gunter. *Technik und Bildung: Zum Einflu burgerlicher Technikphilosophie auf die imperialistische Bildungsideologie*. Frankfurt am Main: Verlag Marxistische Blätter, 1974. 정치 이데올로기가 기술에 미치는 영향을 분석하면서 교육이 어떻게 과학과 기술을 부르주아의 이익에 봉사하도록 만드는지 분석하고 있다. 우리의 논의와 관련된 부분은 교육과 그리고 그것이 제국주의적 발전에서 맡는 역할과 관련해 자본주의적 기술 이데올로기가 어떤 역할을 하는지를 다룬 장에서 찾아볼 수 있다.

칠레판에 쏟아진 언론매체의 평가들

칠레에 새로운 계급의 적이 생겼다. 사디스트인 도널드 덕이 바로 그이다. …… 도르프만과 마텔라르는, 칠레의 아옌데 정부의 사회주의적 변혁에서 도널드 만화야말로 현실적 적이 될 수 있다고 주장한다. 그의 만화가 자유 기업과 같은 부르주아적 제도를 옹호하기 때문이라는 것이다.

시카고 트리뷴

… 한 장 거의 전체가 도널드의 지독한 구두쇠 삼촌이 사람들을 이용해 재산을 불리는 온갖 사례를 폭로하는 데 할애되어 있다.

인터내셔널 헤럴드 트리뷴

… <도널드 덕> 시리즈 중의 하나에서 맥덕은 혐오스러운 설인에게서 싸구려 시계를 '온갖 보석으로 장식된 칭기즈칸의 황금관'과 바꿔치기하고 있다.

샌프란시스코 크로니클

이 책의 저자들은 주장한다. '도널드 덕의 웃는 얼굴이 천진난만하게 칠레의 도시 곳곳을 당당하게 걸어다니는 한, 도널드 덕이 권력 집단을 대변하는 한, 제국주의자와 부르주아들은 발뻗고 편히 잠들 수 있으리라'고.

크리스천 사이언스 모니터

하지만 누군가가 — 결코 음란 폭력물이 아니라 — 아동용 만화책에서 사회적 의미와 정치적 해악을 발견하려면 마르크스주의에 독특한 무미 건조함과 학술적인 엄밀함을 반반씩 섞을 수밖에 없을 것이다. 8시간씩이나 계속되는 카스트로의 연설을 지루해하지 않고 듣고, 또 <도널드 덕>에서 뭔가 수상쩍은 것을 찾아내는 마르크스주의자들에게는 특별한 재주가 있다고 해도 무리는 아닐 것이다. 우리에게 그런 특출난 점이 없다는 것은 참으로 다행스러운 일이다.

피츠버그 이그재미너, 캐나다

심지어 저 순진무구한 도널드 덕의 익살 속에도 이데올로기가 감춰져 있다고? …… 슬프도다, 이제 곧 한 치의 순진함도 용납되지 않는 날이 오리라.

프랑스-수아르, 파리

영문판에 쏟아진 언론매체의 평가들

월트 디즈니가 당신들이 절대 읽지 않길 바라는 〈도널드 덕〉에 관한 보고서….
지난해[1975년] 6월 미국 세관이 이 책의 영어판 선적을 금지한 적이 있다. 디즈니의 저작권을 침해할 소지가 있다는 이유에서였다. 1년 동안 검토한 끝에 세관은 이 책을 수입하는 것은 '해적 행위'가 아니라는 결론을 내렸다.

짐 호버먼, 빌리지 보이스

합헌권리찾기센터는 이 책의 발행인을 훌륭하게 변호해주었다. … 이 책을 압류하는 것은 정치적 이의나 소수자의 의견을 억압하기 위해 법을 남용한 고전적인 사례라 하겠다.

더킷 보고서 1976~1977

… 도널드 덕과 미키 마우스 클럽에 뒤덮여 자라난 우리로서는 눈이 휘둥그레질 만한 사건이 아닐 수 없다…. 엄청난 폭로를 감행한 이 책은 세계 정치에서 미국이 어떠한 역할을 하고 있는지를 밝힌 중요한 사례로서 도서관마다 비치되어야 할 것이다.

라본 야콥슨, 북레거

이 책은 이미 탈식민화의 입문서가 되었다. 이 책은 월트 디즈니 만화의 의미를 검토하고 있다. 그런데 이러한 작업을 아주 정확하고 심도 있게 진행함으로써 전세계의 상황을 조명하고 있다. 치밀한 분석을 자랑하는 프란츠 파농의 글도 이와 비슷한 방식으로 쓰였던 것을 기억한다.

존 버거, 뉴 소사이어티

출간된 지 20년이 지났지만 이 책은 이제까지 발간된 모든 만화 비평서 중 여전히 가장 중요한 책으로 남아 있다. 1970년대 중반 이후로 작성된, 모든 진지한 만화 관련 참고 문헌 목록을 살펴보기만 해도 이 책의 영향력을 짐작할 수 있을 것이다.

로버트 보이드 만화 저널

분석적이고 연역적으로 디즈니 작품을 둘러싼 신화의 껍질을 벗겨내고 있는 이 책을 만화와 다른 대중적인 예술품들이 사람들의 무의식을 형성하는 방식에 조금이라도 흥미를 가진 모든 독자들에게 권하고 싶다….

아서 에이자 버거, 방송 저널

옮긴이 김성오
서울대학교 대학원 영문과 박사과정 수료
현재 실상사작은학교 교사

도널드 덕, 어떻게 읽을 것인가

지은이 아리엘 도르프만 · 아르망 마텔라르 | 옮긴이 김성오
펴낸이 홍미옥 | 펴낸곳 새물결 출판사
꾸민곳 Design Studio 203(Design Producer 장성환)
1판 2쇄 2006년 2월 28일 | 등록 서울 제15-52호(1989.11.9)
주소 서울특별시 마포구 연남동 565-31 우편번호 121-868
전화 (편집부) 3141-8696 (영업부) 3141-8697 | 팩스 3141-1778
E-mail sm3141@kornet.net
ISBN 89-5559-118-7

이 책의 한국어 판 저작권은 에릭양 에이전시를 통한 The Wylie Agency (UK) LTD사와의
독점계약으로 새물결 출판사가 소유합니다. 저작권법에 의하여 한국 내에서 보호를 받는
저작물이므로 무단전재와 복제를 금합니다.